산경제사
구총서
1

한국전쟁과 부산경제:
경부성장축의 강화

김대래 · 정이근 편

도서출판
해남

Busan Economic History Series 1

Korean War and Busan's Economy:

Reinforcement of Seoul–Busan Axis

Dae-Rae Kim and Lee-Geon Jung, eds.

Haenam Publishing Co.

차 례

CHAPTER 4 부산의 인구 및 노동자 상태변화

CHAPTER 5 부산 금융의 위상과 특질

CHAPTER 6 부산상공회의소와 1950년대의 경제회복

CHAPTER 7 자원배분과 중앙집중

서 문

이 책은 부산경제사연구회의 공동 연구성과로 이루어졌다. 부산경제사연구회는 1999년 7월 10일 출범하였다. 처음에는 김종한, 김호범, 박섭, 박영구, 장지용, 정이근의 여섯 명으로 출발하였고, 나중에 안식년을 마치고 돌아온 김대래가 합류하였다. 발족한 직후에는 지역경제를 연구하는 데에 필요한 논저와 부산경제의 현상과 역사에 관한 기존 저작물들을 읽었다.

2000년 여름에 부산경제를 계속 연구하려면 부산경제의 장기통계를 만들어야 한다고 의견을 모았다. 부산경제와 관련된 많은 견해와 논의들이 있었지만 적지 않은 논의들이 막연한 통념이나 이미지에 기초해 주장되고 있었다. 이러한 한계를 극복하기 위해서는 일차적으로 부산경제에 관한 장기시계열 통계에 기초한 연구가 필요하였다. 이에 연구자들은 부산경제의 장기통계를 작성하고 이에 기초한 분석을 위한 작업에 돌입하였다.

장기적으로는 19세기 말부터 최근까지의 통계를 모두 정비할 것을 염두에 두었지만, 처음에는 상대적으로 하기 쉬운 1945~2000년에 한정하였고, 제조업 · 노동 · 교육 · 무역 · 금융 · 재정 통계를 정비하였다. 그러나 이러한 작업에만 매달릴 수는 없었기 때문에 작업량에 비해서 시간이 많이 걸렸다. 그런 과정에서 2003년 7월 다행히 부산시로부터 '20세기 부산지역 경제통계의 추계와 부산경제의 변동분석(Ⅰ)'이라는 주제로 과제를 받아 20세기 전체의 부산경제 통계정비와 해석에 관한 기본작업을 완성하였다.

이러한 정비를 토대로 연구회는 한국연구재단(구 학술진흥재단)으로부터 '부산지역 경제의 장기변동: 통계자료의 정비와 분석, 1900~2000'이라는 과제를 수탁받아 2003. 9. 1~2004. 8. 31 동안 연구를 진행하였다. 그 동안 축적되었던 자료의 정리와 오류의 수정 및 새로운 자료의 발굴을 병행함으로써 연구를 한 단계 더 진전시킬 수 있었다.

기초연구를 수행한 후 연구자들은 다시 한국연구재단으로부터 '한국전쟁과 경부성장축의 강화-부산경제의 분석을 중심으로-'라는 과제를 받아 2004. 12. 1~2005. 11. 30까지 연구를 진행하였다. 본서는 바로 이 연구결과를 정리한 것이다. 사실 20세기 부산경제 통계를 정비하고 관련 연구를 진행해 오는 과정에서 여러 편의 논문들이 발표되었고, 또 20세기 부산 제조업을 연구한 박영구의 성과가 부산발전연구원에서 두 권의 책으로 간행된 바 있지만, 연구자들의 성과를 단행본으로 엮어 내지는 못하였다. 그런 점에서 본서는 이러한 연구자들의 성과를 단행본으로 엮은 첫 결실이다.

본서의 제목이 된 과제를 신청할 당시 연구자들이 생각하였던 연구가설은 일제 강점기에 형성된 경부성장축이 해방 직후 이완되었다가 한국전쟁을 계기로 다시 강화되었다는 것이었다. 일본의 침략으로 급격히 성장하였던 부산이 서울과 함께 경부성장축의 중심축을 이루던 것이 해방과 함께 일본과의 관계가 단절되면서 약화될 수밖에 없었는데, 한국전쟁으로 미국-일본-한국을 연결하는 구도가 나타나면서 경부성장축도 다시 복원되었다는 가설이었다. 그리하여 연구자들은 과제 제안서에서 '한국전쟁과 경부성장축의 강화-부산경제의 분석을 중심으로-'라는 제목을 제시하였다.

이러한 기본구상은 연구결과 대체로 옳은 것으로 확인되었다. 그렇지만 상반되는 흐름도 약간 있었고 그리고 수도권 및 다른 지역에 대한 연구가 일천한 상태에서 부산경제에서 확인된 것을 지나치게 확대 해석해서는 안 된다는 조심스러움도 작용하여 연구의 진행 중간에 연구과제의 제목을 '한국전쟁과 부산경제: 경부성장축의 변화에 대한 시사'로 변경하였다. 한국전쟁이 경부성장축을 강화한 것은 분명해 보이지만 제목에서는 경부성장축에 어떠한 변화를 주었는가 하는 정도로 좀더 유연한 자세로 접근하기로 하였다.

신중한 자세로 접근하였던 연구자들의 연구결과는 다행스럽게도 당초 연구자들이 제기하였던 가설을 지지해 주었다. 즉, 연구결과는 한국전쟁이

경부성장축을 강화하였으리라는 가설이 대체로 타당한 것이라는 것을 입증해 주었던 것이다. 이러한 결과에 힘입어 연구자들은 본 연구서의 제목을 '한국전쟁과 부산경제: 경부성장축의 강화'라고 결정하였다. 당초의 제목을 다시 회복한 셈이다.

본 연구를 통해 연구자들은 부산경제의 특징에 관해 많은 이해를 할 수 있었다. 일본의 침략과 함께 갑작스럽게 성장해 온 부산이 한국전쟁이라는 또 다른 외적 계기에 의해 다시 한국 산업화 초기의 중심도시가 되었던 특수성을 파악하는 좋은 계기가 되었다. 그리고 오늘날 부산의 경제문제와 도시문제의 근원이 실은 한국전쟁기, 멀리는 일제 강점기까지 거슬러 올라가는 것임을 분명하게 확인할 수 있었다.

그러나 한국전쟁기 경부성장축이라는 주제를 다루고 있으면서도 연구자들의 서술은 부산경제의 틀 안에 국한되어 전국적인 분석시야를 갖지는 못하였다. 경부성장축의 한 극에 대한 분석이 중심을 이루었기 때문에 경부성장축 전체의 동향과 상을 조명하는 데에는 이르지 못하였던 것이다. 이러한 한계는 추후 연구에 의해 보완되어야 할 것이다.

그렇지만 한국전쟁기 지역경제에 대한 연구가 많지 않은 상황에서 본 연구는 후속 연구의 작은 촉매가 되는 보람은 없지 않을 것이라 생각된다. 본 연구에 대한 비판적 성찰을 통해 한국전쟁기 지역경제에 대한 관심과 경부성장축이라는 주제에 대한 깊이 있는 연구들이 이어지기를 기대한다.

본서에 수록되어 있는 각 장의 연구 중 일부는 논문으로 실었던 것을 수정 · 가필한 것이다. 제1장은 「한국전쟁과 부산의 제조업」, 『상경연구』 제22권 제1호, 경성대학교 산업개발연구소, 2006. 6; 제2장은 「해방이후 제조업의 지역적 성장 구조의 변화, 1945-1958」, 『경제연구』 제28권 제2호, 한국경제통상학회, 2010; 제4장은 「한국전쟁과 부산의 인구 및 노동자 상태변화」, 『지역사회연구』 제14권 제3호, 한국지역사회학회, 2006; 제5장은 「한국전쟁과 부산금융」, 『경제연구』 제24권 제2호, 한국경제통상학회, 2006. 6; 제6장

은 「부산상공회의소의 경제적 역할, 1945-60」, 『경제연구』 24-4, 한국국민경제학회 · 한국경상학회, 2006에 발표되었던 것을 이 책의 출판에 즈음하여 각 논문의 책임연구자가 수정 · 가필하였다.

그러고 보니 올해가 한국전쟁 발발 60주년이 된다. 사람으로 치면 환갑을 맞은 세월이다. 한국전쟁이 휩쓸고 지나간 지 반세기가 넘게 지났음에도 불구하고 우리는 정작 한국전쟁을 잊고 있었던 것은 아닌가 하는 생각이 든다. 수없이 상기되고 환기되는 순간들이 있었지만 한국전쟁을 정말 진지하게 우리의 현실문제로 대면하고 연구해 온 것은 많지 않았다. 비록 부산에 국한된 연구이지만 한국전쟁기에 관한 성과를 한국전쟁 60주년에 맞추어 내게 되는 감회가 새롭다.

어려운 출판환경에서도 기꺼이 연구자들의 제안을 받아들여 주신 도서출판 해남의 노현철 대표께 감사드린다.

2010년 4월 15일

대표편집 김대래 · 정이근

CHAPTER 서장

한국전쟁, 경부성장축 그리고 부산경제

1953년 국제시장 화재

CHAPTER 서장

한국전쟁, 경부성장축 그리고 부산경제

I. 머리말

서울과 부산을 잇는 경부축은 많은 영역에 걸쳐 한국의 중추적 위치에 있다. 인구규모에서 줄곧 한국 3대 도시의 위치에 있었던 서울-대구-부산을 연결하는 경부축은 인구비중뿐만 아니라 산업생산에서도 지배적 영향력을 발휘해 왔다.

한국에서 경부축이 가지는 비중은 무엇보다 철도승객 통과량을 통해 확인해 볼 수 있다. 2004년 현재 경부선은 1년에 약 6,800만 명을 수송하였는데, 이것은 약 1억 1,000만 명인 한국철도 전체의 지역 간 여객수송량 가운데 62%에 달하는 양이다. 양적인 면만이 아니라 질적인 면인 거리별 이동량을 나타내는 인거리(passenger-Km) 수치 역시 압도적이다. 전체 약 179억인km 가운데 72%인 128억인km를 경부선이 담당하고 있다.[1)]

경부축으로의 밀집은 인구뿐만 아니라 더 근원적으로 산업생산에서도 나타났다. 이미 1960년대 초 국민총생산의 65% 이상, 공업생산량의 80% 이상이 이 축으로 집중되었으며 결국 이 축은 1960년대 경부고속도로 건설로 연결되었고 이후 집중과 편향은 고착화되었다. 그 결과 지난 20세기 한국

1) Daum 백과사전 '경부선' 검색결과(http://enc.daum.net/dic100/contents.do, 2010. 3. 29).

경제의 전개를 지리적 공간과 관련지어 연구한 바에 따르면, 서울과 부산을 잇는 경부축에서 산업의 우위성은 압도적이었다.[2] 이윤 · 구자형의 연구에 의하면 수도권의 제조업 집적도는 1939년 42%에서 2003년에는 48%가 되었으며, 영남권은 같은 시기 각각 36%와 35%를 기록하여 안정적인 우위를 지속하였다.[3] 지역내 총생산에서도 1985년의 서울과 대구 그리고 부산의 경제적 비중을 합하면 40.11%에 이르고 있다. 경기와 인천 그리고 경남북을 더하면 그 비중은 74.03% 이른다.[4]

이처럼 경부축에 인구와 산업생산이 밀집되어 왔다는 사실은 서울과 부산을 잇는 경부축이 한국 경제성장의 중심축이었다는 사실을 말해 준다. 사실 경부성장축[5]은 한국경제에서 핵심적 역할을 하여 왔으며 경제를 넘어 사회 · 문화적으로도 큰 영향력을 발휘해 왔다. 그러나 이러한 현실적 중요성에도 불구하고 '경부성장축'이라는 개념이 학술적으로 사용되어 오지는 않았다.[6]

경부성장축을 과학적으로 개념화하기에는 전국을 포괄하는 경제적 측면의 방대한 실증연구와 다른 분야에서도 많은 연구가 이루어지고 집적될 필요가 있다. 본서에서 경부성장축을 언급하면서도 분석을 부산경제에 한정하고 있는 것도 사실은 연구의 일천함 때문이다. 더 많은 연구의 축적위

2) 20세기 한국 제조업의 지리적 분포를 검토한 최근의 연구는 "영남권과 수도권의 제조업 집중현상은 …… 식민지기에 만들어지고 그 후에도 바뀌지 않은 ……" 것으로서, 이 같은 지역적 분포의 안정성은 놀라운 일이라고 평가하고 있다. 이윤 · 구자형(2005), p. 70.

3) 이윤 · 구자형(2005), p. 70.

4) 통계청 홈페이지 자료에서 작성(http://www.kosis.kr/domestic/theme/do01_index.jsp, 2010. 3. 30).

5) 경제지리적 용어인 본 연구의 경부성장축(Seoul-Busan Axis)이란 산업의 지역구도를 나타내는 의미로 서울과 부산을 중심축으로 하는 경부선 주변의 산업성장을 내포한다. 두 경제적 중심지를 축으로 하여 그 사이 지역이 경제적으로 발달한 역사적 사례로서 에도 시대 일본의 에도와 오사카를 잇는 에도-오사카축(Edo-Osaka Axis)을 들 수 있을 것이다.

6) 경부축은 교통 또는 정치적 수사로서 언급되어 왔을 뿐 한국 사회의 일단을 파악하는 사회과학적 개념으로 명시적으로 사용되어 오지는 않았다. 다시 말하면, 서울과 부산을 연결하는 지역의 우선적 발전을 함축하는 경부성장축을 한국 및 지역사회를 파악하는 도구로 개념화하지는 않았던 것이다.

에서 경부성장축의 개념이 도출되어야 하지만, 본서에서 사용하고 있는 경부성장축이 단순히 '지리적 부존자원과 수송체계상의 지위에 무게를 두는' 경제지리적 의미에 그치는 것이 아니라는 것이 연구자들의 생각이다.

경부성장축이라는 용어법은 단순히 다른 지역보다 앞선 서울과 부산 그리고 경부선 부근의 경제적 집적만을 의미하는 것은 아니다. 이 용어법은 그러한 의미를 넘어 역사적 유산과 그리고 무엇보다도 정치적인 의미까지를 내포하고 있다. 다시 말하면, 경부성장축이라는 용어는 식민지 시기 동안 만들어진 한국경제의 지리적 유산(일본의 관문으로서의 부산과 일본의 중국 대륙 진출의 교두보로서의 경부선-경의선 등), 국제정치적 변동(일본에 의한 한국의 식민지화, 중국의 공산화와 한국전쟁에 의한 국제정치적 구도의 변화 등)이나 국내 정치적 구도(이를테면, 고도 경제성장 시기인 1960년대~1980년대 동안 한국 정치권에서의 국내산업에 대한 지리적 결정 등)까지를 함의하고 있다.

이렇게 볼 때 경부성장축은 한국경제와 부산의 근대화를 조건 지은 계기였을 뿐 아니라, 그것은 20세기 중후반에도 여전히 유효한 의미를 갖고 있으며, 특히 부산경제의 변동을 이해하는 데는 매우 유력한 설명 틀을 제공하고 있다. 실제로 연구자들은 명시적이던 묵시적이던 경부성장축이라는 개념을 염두에 두고 연구를 진행하였는데, 이것은 부산경제의 성쇠를 이해하는데 경부성장축이 매우 중요한 의미를 갖는다고 생각하였기 때문이다.

그리하여 저자들은 비록 과학적 개념으로 아직 정립된 것은 아니지만, 부산경제의 변동을 이해하는 중요한 준거 틀로서 경부성장축을 상정하고 이것이 한국전쟁을 통해 어떻게 되었으며 역으로 이것이 부산경제에 어떤 결과를 가져왔는가를 파악하고자 하였다.

Ⅱ. 부산경제와 경부성장축

1. 부산의 등장과 경부성장축의 대두

부산은 19세기 말 개항과 함께 갑자기 등장한 도시이다. 주지하다시피 일제의 한반도 침략이 본격화되기 전까지 부산의 중심은 동래였고 훗날 일본인의 정주로 급격한 도시화가 진행되는 신시가지는 어촌이었다. 이러한 부산에 변화가 오기 시작한 것은 1876년 일본의 강압에 의한 개항이 결정적 계기였다. 개항으로 부산은 주목할 만한 무역거점으로 등장하였으며, 그러한 성격 때문에 일찍부터 일본인의 이주에 의한 도시화가 진행되었다.[7]

그렇지만 한국 전체로 볼 때 개항 직후에는 정치적 영향력이나 교역에서 일본보다는 청나라와 더 활발하였다.[8] 그러다 청일전쟁 이후로 접어들면서 한반도에서 일본의 힘이 강화되자 교역통로나 문물 유입창구로서 서해안 지역이 갖는 강점이 사라지는 대신 부산을 중심으로 하는 영남지역이 상대적으로 유리한 지형을 갖게 되었다. 마침내 일본의 식민지로 편입되면서 한국은 일본과 거의 배타적인 경제관계를 구축하게 되었는데, 이러한 상황은 일본과의 지리적 근접성으로 인해 부산을 새롭게 한국의 관문으로 등장시키는 계기가 되었다.

일본의 침투와 무역항으로 기능하면서 나타난 첫 번째의 변화는 부산

7) 부산이 갑자기 근대도시로의 길을 걸었던 것은 일본의 침략과 밀접한 연관을 가지고 있다. 조선조 이래 대일교역의 창구로서 왜관을 가지고 있었던 부산에 일본인들은 일찍부터 이주하여 세력을 부식하였으며, 왜관을 거점으로 한 일본인 거류지는 급속한 도시화의 길을 걸었다. 일본인들의 급격한 이주와 투자로 인해 부산은 한국에서 가장 먼저 근대산업이 이식되었던 도시였다.

8) 19세기 말까지 한국은 전통적으로 주로 중국과 교류 · 교역 관계를 유지해 왔다. 청(淸)나라와의 관계가 가장 중요한 국제적 교류였고 국제무역 또한 비록 조공무역의 형태이지만 중국과 주로 이루어져 왔다. 중국과 가까운 서해에 위치한 인천이 한국의 관문의 역할을 하였고 서해안에 연한 충청과 호남에도 대외교역의 거점이 만들어졌다.

이 당시 한국의 원격지 교역의 중심으로 성장하기 시작하였다는 것이다. 부산은 1908년 이후부터 인천을 제치고 한국 제1의 수출항으로 자리매김하였다. 그러나 한국 최대 소비시장이었던 경성을 옆에 두고 있었던 인천에 수입에서는 1914년까지도 뒤쳐져 있었다. 그러다 수입에서도 1915년부터 인천을 추월하였으며, 무역액 전체로는 1913년부터 인천을 제치고 한국 최대의 교역항이 되었다.[9)]

2. 경부철도와 경부성장축

20세기 들어와 형성된 경부성장축의 기원과 변모에 관한 직접적 연구는 아직 없지만, 20세기 한국 제조업의 지역적 집적에 관한 이윤 · 구자형의 연구는 경부성장축의 안정적 존재를 잘 보여 주고 있다. 이 연구에 따르면 경부성장축으로의 기업집적은 수송수단 및 수송체계의 개선에 의한 수송비 하락의 결과였다. 즉, 경부성장축을 중심으로 제조업이 집적되고 유지된 것은 일제 강점기에 부산과 서울 그리고 신의주를 축으로 수송망체계가 건설되고 이후에도 그러한 수송망체계가 유지되고 보강되었던 결과였다는 것이다.[10)]

부산이 인천을 제치고 한국 제1의 대외교역항으로 부상하는 데에는 경부철도의 개통이 중요한 역할을 하였다. 총길이 444.5km에 이르는 경부철도는 1901년(광무 5) 8월 20일 북부기공식을 서울 영등포에서, 9월 21일 남부기공식을 부산 초량(草梁)에서 거행하고, 1904년 12월 27일에 완공되었다. 그리고 1905년(광무 9) 1월 1일 전 구간을 개통하였다.[11)]

같은 해 9월 11일에는 경부선과 일본철도가 부관(釜關)연락선을 매개로

9) 부산상공회의소, pp. 420, 500~501.
10) 이윤 · 구자형(2005), p. 41 참조.
11) Naver 사전 '경부선' 검색결과(http://100.naver.com/100.nhn?docid=10306, 2010. 3. 29).

연결되었다. 1906년(광무 10) 경의선(京義線)을 개통함으로써 1908년 부산-신의주 간 직통급행열차인 융희호(隆熙號)를 운행하게 되었으며, 1911년 11월 1일부터 만주(중국 북동지방)까지 직통급행을 운행함으로써 국제선의 기능을 갖게 되었다. 1933년 4월 1일부터 부산-심양(瀋陽) 간 국제급행을 운행하였고, 1939년 11월 1일 부산-베이징(北京) 간 직통급행열차가 운행되었다.[12)]

경부철도의 개통은 인천의 시장권을 축소시키고 부산의 시장권을 확대시키는 결정적 계기가 되었다. "경부철도의 개통 이전에는 인천의 판로가 상당히 넓었지만, 해륙교통이 발달함에 따라 경부선을 이용하여 직수입하는 것이 많기 때문에 그 연선의 고객 거의 전부를 잃기에 이르렀다"[13)]는 기록에서 보듯이 경부선 연변에 위치한 지역의 물산들은 부산을 통해 교역이 되었다.[14)] 부산의 국내교역은 개항 이래 꾸준히 성장하였고, 특히 러일전쟁 이후 급속한 신장세를 나타내었는데, 그 주된 요인은 경부철도의 개통에 의하여 철도 주위의 내륙 지방이 부산의 시장권에 새로이 그리고 깊숙하게 편입되었기 때문이었다.

식민지 지배체제가 정비되고 철도운수가 본 궤도에 오르자 경부선 및 경의선의 종단항으로서의 부산의 역할은 더욱 강화되었다.[15)] 1917년 부산

12) 1939년 일본의 대륙침략 목적에 의하여 복선화되었고, 1974년 서울-수원 간이 전철화(電鐵化)되었다. 2003년 4월 수원-병점 간 복복선화되었고, 2005년 병점-천안 간 복복선 전철화가 완료되었다. 2006년 12월에 전 구간 전철화가 완료되었다.

13) 이헌창(1985), p. 183.

14) 이헌창(1985), p. 221. 물론 경부철도 개통의 효과를 너무 과장해서는 안 된다. 러일전쟁 이후 한국의 원격지 간 유통의 동향은 지역적으로 상당한 편차를 보였는데 그 편차를 경부철도의 개통에 기인하는 것으로만 보기는 어렵다. 러일전쟁 이후 인천을 축으로 하여 목포, 군산, 진남포를 연결하는 서해안의 유통에서는 고려된 모든 상품이 러일전쟁 이전에는 비교적 순조롭게 증가하다가, 그 이후 수년 동안에 격감하는 추세로 역전되었다. 반면 경상도와 함경도의 분업관련을 중심으로 하는 동해안의 유통에서는 러일전쟁 이후에도 명태와 미곡은 증가추세를 유지하였고, 마포와 면포는 감소추세로 역전되지만 서해안의 유통보다 역전시기가 늦을 뿐 아니라 감소추세가 완만하였다. 이러한 지역적 차이의 원인은 좀더 연구해야 할 부분이다. 경부철도 개통의 영향이 모든 것은 아니라 할지라도 철도 개통의 영향을 일정 부분 잘 보여 주고 있다. 이헌창(1985), p. 292.

을 통해 일본으로 이출된 쌀은 52만 2,950석이었는데, 이 가운데 65%인 37만 8,767석이 철도를 통해 들어온 것이었다. 1918년에는 철도편으로 들어온 쌀이 74만 1,686석인데 비해 해운선박편으로 부산에 들어온 쌀은 19만 804석이었다. 이들 쌀은 대부분 일본으로 이출되었다. 부산역의 세력권은 경상남북도에 있는 경부철도상의 여러 역뿐만 아니라 호남선의 논산, 이리, 김제, 장성, 태인 그리고 경의선의 사리원, 신의주, 진남포 등지로 확대되었다. 이들 각 역은 1만 석 이상의 쌀을 부산으로 이출하였다.[16)]

일제 강점기 한국의 철도는 국내지역 간의 물자와 사람의 이동만을 위한 것은 아니었다. 전체적으로 볼 때 한국철도는 일본과 만주를 상대로 하는 국외수송이라는 더 넓은 틀에서 역할을 수행하였다. 일본-한국-만주를 공고하게 연결하여 병참수송을 원활히 함으로써 대륙침략의 동맥을 구축하는 것이 목적에 깔려 있었기 때문이다.[17)] 그리고 그러한 연결고리에 바로 부산이 있었다.

그런 점에서 한국이 일본경제에 포섭되고 부산이 한국과 일본의 교역창구가 된 것은 경부성장축 형성의 기본전제이면서 한국경제에서 지역적 구도가 본격적으로 변모하는 출발이었다. 즉, 경부성장축의 기원은 일본의 한국침략과 그 교두보로서 부산의 지리적 위치 때문이었다. 이에 따라 부산-서울-신의주를 잇는 경부성장축상의 수송망이 구축되고 나아가 이 수송망을 중심으로 기업 및 다양한 경제활동들의 집적이 이루어지면서, 경부성장축은 하나의 경제적 계열로 형성되었던 것이다.

일제 강점기 동안 경부성장축의 경제적 규모가 한국경제를 압도할 정도로 지배적인 것은 아니었다. 그렇지만 태평양 전쟁기에는 더 강화되는 추세에 있었다.[18)] 1943년 현재 도별 공장직공수를 보면 경기가 10만 2,217

15) 정재정(1999), p. 439.
16) 정재정(1999), p. 440.
17) 정재정(1999), pp. 498~499.
18) 박영구(2005a), 제5장 참조.

명, 경남이 3만 7,910명, 경북이 1만 9,544명으로 남한 공장 직공의 각각 51.6%, 19.1%, 9.9%로 이 세 도를 합하면 80.1%에 이른다. 일제 말기로 가면서 경기와 영남지역의 공장직공수의 비중은 높아지고 있었다.[19)]

3. 해방과 경부성장축의 동요

일제 강점기에 구축되고 강화되기 시작하였던 경부성장축은 해방과 함께 크게 동요하게 되었다. 해방으로 일본인이 퇴각하면서 일제 강점기를 통해 맺어졌던 한 · 일 간 분업관계는 완전히 단절되었다. 이러한 단절은 일본과의 분업관계를 통해 지탱되었던 경부성장축에 타격을 주지 않을 수 없었다. 무엇보다도 일본과의 경제관계 단절로 한국경제는 일시에 원료와 부품 그리고 기계의 부족에 직면하였다. 이것은 해방 직후 급격한 생산위축의 주요 원인이었다.

해방과 함께 실시된 미군정하에서 원조물자들이 일부 들어왔지만 생산의 위축을 막을 수 있는 것은 아니었다. 원조의 양이나 원조물자의 성격 등에서 원조가 생산의 애로를 타개할 수 있는 것은 아니었기 때문이다. 특히, 일제 강점기 식민지적 분업구조에 가장 깊숙이 연결되었던 부산은 해방 직후 전국에서 가장 심각한 생산축소를 경험하였다. 해방 직후인 1946년 11월 현재 부산과 경남의 사업체수는 전국의 각각 7.1%와 19.7%를 차지하고 있었는데, 휴업공장수에서는 그 비중이 각각 10.3%와 31%에 이르렀다.[20)] 휴업의 주요 원인은 원료부족이 대부분이었고 그 다음이 기계문제였다.

일본과의 경제관계가 단절되면서 대외교역은 극도로 위축되었는데, 그와 함께 교역대상에서도 변화가 수반되었다. 해방 직후(1945~1948년)까지 무역은 정부에 의한 관영무역이 지배하여 금액에서 민간무역액은 크지 않

19) 호리 가즈오(2003), p. 335.
20) 김대래(2006), p. 77.

았지만, 민간무역의 대상국은 일제 강점기와는 판이하게 달라졌다. 해방되던 1945년 민간수출액에서 가장 큰 비중을 차지한 것은 중국이었는데, 그 비중은 35.9%에 달하였다. 1946년에는 81.4%에까지 달하였다. 이후 중국의 비중은 줄어들지만 홍콩의 비중이 늘어나는 것을 고려하면 민간수출의 압도적인 비중은 일본이 아닌 홍콩을 포함한 중국이었다.[21)]

민간무역의 수입액 동향도 비슷하였다. 1945년 한국의 민간무역 수입액의 46.8%가 중국산이었고, 1946년에는 그 비중이 94.5%까지 올라갔다. 1947년부터 중국의 비중은 낮아졌지만 일본으로부터의 수입액 비중은 1948년까지 5%를 밑돌았다.[22)] 원조를 통한 미국과의 교역을 제외한 대외민간무역은 미국의 대일단절정책의 결과로 일본을 대신하여 중국, 홍콩 그리고 마카오가 주요 대상지역이 되었다. 비록 짧은 기간이었지만 일본을 대신하여 다시 중국과의 교역이 주요 대상으로 등장하였던 이 흐름 역시 경부성장축의 약화에 영향을 주었다.

대외교역에서 나타난 이러한 변화와 함께 한국 내에서의 회복도 지역별로 이전과는 차이가 있었다. 극심한 경제적 혼란 속에서 한국민들은 생존과 생활을 위해 생산을 회복하지 않을 수 없었는데, 일본과의 분업관계가 단절된 상황에서 적어도 한국전쟁 전까지는 한국민 스스로의 힘으로 생산을 일으키는 수밖에 없었다. 해방 직후 일본과의 경제관계 단절 및 분단 그리고 미군정의 부적절한 정책 선택 등으로 인해 산업은 매우 혼란스러웠고, 그 와중에서 식민지 시대 동안 형성된 생산기반이 적지 않게 파괴되었다. 그런 혼돈의 와중에서 각 지역에서는 국지적인 수요에 바탕을 둔 토착중소공업이 광범하게 발흥하였다.[23)]

명시적인 강조는 아니지만 다음의 연구가 그러한 시사를 강력하게 보

21) 김대래 · 최성일(1996. 1), p. 87.
22) 김대래 · 최성일(1996. 1), p. 87.
23) 新納豊(1984); 김대래(2006), p. 222; 배석만(2000), p. 88; 박영구(2005b), p. 167.

여 주고 있다. 이에 따르면, 한국 내 부존자원을 최대한 활용하여 생존을 위해 경제를 일으키는 몇 년 동안 한국경제는 무역보다는 지역이 가진 자원을 최대한 활용할 수밖에 없었는데, 이것은 대외지향적이라기보다는 국지적인 재생산권의 성격을 강하게 갖게 하였다는 것이다.[24)]

해방에서 한국전쟁에 이르는 시기의 경우 신뢰할 만한 자료가 많지 않아 지역별로 정확한 생산의 추이는 파악하기 곤란하다. 그렇지만 지역별 사업체수와 종사자수를 통해 간접적으로 파악한 바에 따르면, 이 시기 한국경제에서는 지역별로 상대적으로 독립된 재생산권이 형성되는 것이 간취된다는 것이다. 즉, 일본으로부터의 기계와 부품 그리고 원료의 조달 그리고 일본시장으로의 수출과 연결되어 있었던 경부성장축이 일본의 퇴각으로 급격히 위축되는 한편, 이것을 대신하여 한국 내에서는 지역별 자원과 노동의 결합에 의한 회생이 도모되면서 지역별로 상대적으로 독립적인 재생산권의 형성 움직임이 나타나기 시작하였다는 것이다.[25)] 이러한 일련의 상황전개는 일본의 침략으로 구축되었던, 그리하여 일본의존적인 경부성장축에 변화를 불가피하게 하였다.

4. 한국전쟁과 경부성장축의 재강화

해방에서 한국전쟁에 이르는 짧은 시기는 한국의 현대사를 여는 격동기였다. 해방은 정치경제적으로 식민지 지배에서 벗어나 자립적인 민족국가를 건설할 수 있는 절호의 기회였다. 그러나 해방과 함께 온 분단은 이후 한국의 역사적 운명을 좌우하게 되는 큰 분수령이 되었다. 소련이 점령한 북한은 사회주의 체제로, 그리고 미군이 점령한 남한은 자본주의 체제로 갈라졌다. 더욱이 미소 강대국 간의 대립을 근저로 하는 냉전이라는 세계사적

24) 新納豊(1984).
25) 김대래(2006), p. 222.

상황 속에서 전개된 한국전쟁은 이후 남한(이후 한국)의 자본주의적 발전에 결정적인 영향을 미쳤다. 뿐만 아니라 한국전쟁은 한국경제의 지역적 구도에도 많은 영향을 주었다. 전쟁으로 인한 피해의 지역적 불균등을 예외로 하더라도, 한국전쟁을 겪으면서 형성되고 고착화된 동아시아의 국제적 질서는 한국 내에서의 지역별 역할에도 많은 영향을 주었다.

한국전쟁은 해방 직후 짧은 시기 동안 진행되었던 경향을 일거에 반전시켜 버렸다. 사실 경부성장축의 부활 내지 재등장 기미는 이미 해방과 함께 미군이 진주하면서부터 내포되어 있었다. 미국은 내재적으로는 일본-한국을 연결하는 동북아 구상을 가지고 한국에 진주하였고, 그 일환으로 일본으로부터 물자를 도입하기로 하고 그것들을 부산항을 통해 들여왔다. 이런 상황에서 한국전쟁은 미국-일본-한국의 구도를 더욱 강화시키는 결정적인 계기가 되었다.

더구나 한국전쟁으로 부산 인근지역을 제외한 전국이 전장화되면서 경제기반의 엄청난 파괴가 수반되었다. 한국전쟁의 물적 피해는 서울이 1,769억 환으로 전체 피해액의 43%를 차지하여 가장 큰 피해를 기록하였다. 그 다음이 경북으로 14%를 차지하였다. 그에 비해 부산이 포함되어 있는 경남의 피해는 11%였고, 이어 경기가 9.7%의 비중을 차지하였다.[26] 서울, 경기 그리고 경상도에서의 피해를 합치면 거의 80%에 이르고 있는데, 이것은 역으로 일제 강점기 경부축의 경제적 비중이 매우 높았음을 보여주는 것이기도 하다.

서울의 피해가 가장 크긴 하였지만 전국적으로 산업의 형태에 따라 피해는 광범위하게 나타났다. 특히, 당시 주요 공업지대의 하나였던 경인과 삼척 공업지대의 시설들이 많이 파괴되었다. 그에 반해 부산의 산업시설은 거의 전쟁의 피해를 보지 않았다. 그리하여 전쟁기간중 산업지대로서의 중

26) 강동원(2003), p. 18.

요한 역할을 실제로 담당한 곳은 부산 중심의 영남공업지대였다.[27] 전쟁의 피해를 크게 입지 않은 것이 주요한 원인이지만 이와 함께 전쟁기간 중 경인지역의 공장시설이 일부 이전[28]됨으로써 산업상의 지위를 더욱 강화시킨 결과이기도 하였다. 또 전쟁이 장기화되면서 부산 중심의 복구노력이 우선적으로 진행되고, 전쟁수요에 뒷받침된 자극으로 신설기업이 많아진 것도 큰 원인이었다.[29] 아울러 막대한 군사 및 원조물자가 부산항을 통해 들어와 분배되었고, 전국의 기업인들도 부산으로 몰려들었다.

더욱이 부산은 임시수도로서 휴전이 될 때까지 서울을 대신하여 수도의 위치에 있었다. 임시수도로서 또 많은 사람들이 몰려드는 환경 속에서 부산은 기업활동에서도 수도의 역할을 할 수 있었다. 이러한 사실들로 인해 한국전쟁이 부산지역 경제에 중요한 호기로 작용하였음은 부인할 수 없을 것이다. 3년간의 임시수도로서 경제적 심장부를 겸하였던 부산은 다른 지역들이 전란으로 피해를 입을 때 오히려 독점생산의 위치를 누릴 수 있었을 것이다. 또한 전시특수와 피난민 유입으로 인한 시장확대가 자본축적을 위한 좋은 기회를 제공하기도 하였을 것이다.

부산을 중심으로 하는 영남지역의 이러한 산업경제상의 지위 강화는 휴전 후, 나아가 1960년대까지 계속되는데, 특히 원조물자 수입 관문으로서의 부산의 위치와 함께 그러한 지위를 더욱 강화시켰다.[30] 즉, 한국전쟁을 통해 주요 군수물자 유입의 창구로서 절대적 역할을 하였고 또 수많은 피난민의 최후 거주지가 되었던 부산은 다른 지역에 비해 한국전쟁의 가장 큰 '수혜지'였다. 나아가 서울과 부산을 연결하는 경부성장축은 이후 한국경제의 주요 성장축으로 기능하였는데 이것은 한국전쟁기에 형성된 경제

27) 이대근(1987), p. 94.
28) 이대근(1987), p. 96. 시설의 이전과 함께 기술과 경영창의력을 갖춘 인물들이 전쟁을 피해 부산에 집중되었던 것도 무시할 수 없는 요인이다. 박영구(2005b), p. 189.
29) 박영구(2005b), p. 188.
30) 이대근(1987), p. 96.

적 기능에 더하여 미국-일본-한국으로 이어지는 새로운 국제적 질서에 의한 것이었다. 한국전쟁으로 더욱 강화된 경부성장축은 초기 한국산업화의 기본축임과 동시에 해방에서 한국전쟁기를 통해 형성된 국제질서의 산물이었다.

그러나 무엇보다도 경부성장축의 재건은 중국의 공산화와 한국전쟁을 계기로 변화된 미국의 동아시아정책 때문이었다. 미군정기 미국의 한 · 일 경제관련 정책은 크게 두 가지 관점에서 논의되었다.[31] 하나는 남한경제를 일본경제권과 단절시키는 대일분리정책이었고, 또 하나는 남한경제를 일본경제에 통합시키는 '지역통합 구상'이었다. 미군정 초기에는 대일분리정책이 관철되었는데, 미군정은 남한경제를 일본경제권으로부터 분리하고자 한국과 일본과의 교역을 억제하였다. 그러나 '일본제국주의가 강성하였던 시기에 형성된' 일본경제블록 해체작업의 일환이었던 이러한 대일분리정책은 트루먼독트린(Truman Doctrine)으로부터 출발하는 냉전주의, 중국의 공산화, 그리고 한국전쟁을 거치면서 한 · 일 지역통합 구상에게 자리를 내어 주지 않을 수 없었다.

이리하여 한국전쟁 전후 세계사적 상황, 특히 동아시아의 지정학적 상황에서 미국의 일본과 한국을 아우르는 동아시아 지역통합전략이 추구되면서 이들 나라들과의 연결고리로서의 부산은 성장의 잠재력을 가지게 되었고, 나아가 경부성장축도 다시 강화되었다. 이것은 해방 전에 형성된 일본-부산-경부성장축이 미국의 이해와 구도에 따라 미국-일본-부산-서울의 경부성장축의 형성으로 변화된 것을 의미한다.

31) 미군정기 한 · 일 경제관계에 대한 미국의 정책에 대해서는 이종원(1993) 참조.

Ⅲ. 본서의 요약

각 장별 내용을 요약하면 다음과 같다.

제1장 「부산의 제조업: 충격과 대응」에서는 한국전쟁 전후 부산의 제조업 변화와 제조업 관련 주요 변수들을 고찰하고, 이를 통해 한국전쟁을 전후하여 미국-일본-경부축이 어떻게 변하고 있고 부산의 제조업은 내재적으로 이에 어떻게 대응하고 있는가를 고찰하고 있다. 이러한 고찰의 결과, 이 글은 한국전쟁과 동아시아 지정학의 변화에 따라 미국의 의도로 고착화되고 강화된 미국-일본-부산-경부축이 부산 제조업 발달에 긍정적으로 작용하였음을 밝히고 있다. 나아가 특히 주목되는 점은 이러한 성장축이 부산 제조업 발달에 긍정적 측면과 동시에 부정적 측면이 있음을 강조한다. 부연하면, 부산 제조업의 성장이 대외의존형으로 바뀌는 전환기적 계기가 되었고, 이러한 높은 대외의존성으로 결국 장기적인 몰락의 근본원인이 되는 양면성이 있다는 것이다.

제2장 「제조업의 지역적 성장구조 변화, 1945~1958」에서는 해방 이후 1950년대에 이르는 기간 동안 제조업의 지역적 발전을 변화-할당분석을 이용하여 분석하였다. 한국전쟁을 전후한 시기를 세 시기로 나누어 분석한 결과, 첫째 해방공간에서는 경부성장축이 약화되면서 광역경제권이 붕괴되었고, 각 지역은 전통적인 전문화 영역을 중심으로 회복이 진행됨과 동시에 지역재생산권이 형성되고 있었다. 둘째, 한국전쟁을 전후한 기간 동안 대부분의 지역에서는 여전히 지역재생산권이 강화되었지만 경남과 경북을 중심으로 광역경제권이 형성되었다. 셋째, 1950년대 후반에는 광의의 수도권이 산업연관을 형성하면서 전체의 성장을 주도하였고, 다른 지역에서는 특화가 진행되었다. 전체 기간에 대한 분석결과 서울이 전쟁기간에

일시적으로 침체한 것을 제외한다면 서울-경기지역과 충남-경북-경남을 잇는 경부성장축이 한국전쟁을 기점으로 다시 강화되었다고 할 수 있다.

제3장 「부산의 무역과 국별 무역구조」에서는 한국전쟁이 부산항의 지위에 미친 영향을 국별 무역구조의 변화를 중심으로 밝히고 있다. 미군정기 동안 부산항은 인천항에 최고 무역항의 지위를 내어 주었는데, 이는 미군정의 대일단절정책의 결과로 무역은 주로 중국과 이루어졌기 때문이다. 나아가 이 연구는 중국의 공산화와 한국전쟁을 계기로 미국은 일본을 중심으로 하는 동아시아 지역통합정책을 실시하고, 이에 따라 한국은 '미일 편중무역구조'가 형성됨으로써 부산항은 70% 이상의 무역비중을 차지하는 굴지의 무역항으로 부상하였음을 밝히고 있다.

제4장 「부산의 인구 및 노동자 상태변화」에서는 한국전쟁을 전후한 시기에 부산의 인구 및 노동자 상태의 변화를 분석하여, 한국전쟁으로 인한 1950년대 부산 인구의 팽창으로 부산이 경부성장축의 한 거점이 되었음을 밝히고 있다. 나아가 이러한 인구 팽창이 부산 노동자의 상태에 어떠한 변화를 야기하였는지를 서울 및 대구와 비교하면서 살피고 있다. 이 연구에 의하면 한국전쟁 시기에는 경부성장축이 강화되었다기보다는 단절되었다고 보고 있다. 그렇게 판단하는 이유는 부산과 서울의 전국 대비 인구비중이 1949년보다 한국전쟁 시기가 낮기 때문이다. 경부성장축이 강화되는 시점은 이 인구비중이 1949년 수준으로 회복되는 1954년부터라는 사실을 지적하고 있다. 또한 주목되는 점은, 한국전쟁은 부산경제의 위상을 외형적으로 강화시켰음에도 불구하고 부산 노동자 상태의 개선으로는 이어지지 못하였다는 사실을 지적하고 있다. 왜냐하면, 한국전쟁으로 인한 부산 인구의 급팽창으로 전쟁 이전보다 낮은 경제활동참가율, 높은 물가, 열악한 주거환경, 그리고 서울 대비 높은 완전실업률, 저임금, 높은 생계비 때문이었다.

제5장 「부산 금융의 위상과 특질」에서는 부산지역 금융의 변동을 예금

과 대출의 총량지표를 이용하고 그리고 서울과 대구 등 주요 도시들과 비교하면서 분석하고 있다. 이 분석은 해방 이후 식민지 금융체제 붕괴의 수습, 전시금융에의 대응 등 해방과 한국전쟁기를 통하여 부산 금융의 적극적 대응결과, 그 위상이 강화되어 전국 차원에서 중요한 위치를 차지하게 되었음을 보여 준다. 이러한 측면에서 부산 금융은 한국전쟁을 계기로 강화된 경부성장축의 한 단면을 반영하고 있다고 이 연구는 제시하고 있다.

제6장 「부산상공회의소와 1950년대의 경제회복」에서는 한국전쟁을 전후한 시기 부산상공회의소를 중심으로 부산 기업가단체의 경제활동을 검토하고 있다. 본서의 대부분의 연구들이 한국전쟁 전후 부산경제의 활력화를 주로 외생적 요인에서 찾는 것에 반해, 이 연구는 내적 조건 곧, 부산지역의 경제주체 특히 기업가의 활동에 시각을 맞추고 있다. 이 연구에 따르면, 부산의 상공업자들이 결집된 부산상공회의소는 지방정부의 경제적 기능이 약하였던 1946~1960년 동안 지방정부를 보완하면서 부산경제에 긍정적으로 기여하였다는 것이다. 다시 말하면, 이 연구에서는 부산상공회의소는 일본인이 남긴 물적 재산을 잘 관리하였으며, 부산경제의 재건과 성장을 위해 여러 가지 사업을 하였고, 나아가 부산시의 직할시 승격운동에서 주도적인 역할을 수행하는 등 부산경제의 어려움을 타개하고 부산산업의 발달을 위해 노력하였다는 사실을 밝히고 있다.

제7장 「재원배분과 중앙집중」에서는 한국전쟁 전후 한국의 중앙재정과 지방재정의 동향 및 특징을 분석하여, 그것이 경부성장축에 어떠한 영향을 미쳤는가를 살펴보고 있다. 한국전쟁을 거치면서 나타난 한국 재정의 중요한 변화 중의 하나는 지방세원의 중앙십중화 강화였는데, 이에 따라 지방세와 국고지출금이 근간이었던 지방재정은 중앙정부의 국고지출금이라는 보조금에 크게 의존하였다. 이러한 재정운영의 변화 속에서 중앙정부는 지방에서, 특히 농촌지역으로부터 수취한 재원을 도시지역에 지원하였고 이리하여 기존에 도시화되었던 경부공업축 또는 경부성장축에 유리한

자원배분을 가져왔다.

Ⅳ. 맺는 말

한국전쟁을 계기로 경부성장축은 재강화되었으며, 그 한 축에 부산이 자리하였다. 부산은 한국전쟁 이후 풍부한 노동력, 상대적으로 파괴되지 않고 남아 있던 공업시설 그리고 대외교역의 창구로서 1950년대의 전후부흥과 1960년대 이래 경공업화를 주도하였다. 특히, 중국의 공산화와 한국전쟁을 계기로 미국의 관심 속에서 복원되었던 한 · 일 경제관계는 1960년대 이후 분명하게 드러나게 되는 동아시아에 있어서의 미 · 일 · 동아시아 3각 순환[32]을 구축하면서 한국의 고도성장을 뒷받침하였다.

중국의 공산화로 인한 서해안의 폐쇄에 대응하여 나타난 태평양 지향의 이 3각 순환은 다시 부산을 한국의 관문으로 기능케 하면서 경제개발의 주역으로 등장시켰다. 그리고 이에 기초하여 경부성장축도 강화되어 갔다. 경제개발 시작기인 1960년대는 이러한 경부성장축의 성장이 두드러지게 나타난 시기였다. 부산의 직할시 승격, 경부고속도로의 건설은 경부성장축에 대한 추인과 강화의 과정이었다.

그 이후 1970년대 말까지 부산은 한국 산업화를 선도하였다. 1960년대와 1970년대는 가히 부산의 시대라고 해도 좋을 만큼 부산의 공업은 활기를 띠었다. 부산의 수출이 전국에서 차지하는 비중은 1972년에는 26.2%까지 올라갔다.[33] 1960년대 중반에서 1970년대 중반의 시기 부산의 수출은 전

32) B. Cumings(1984).
33) 현재 부산의 수출은 전국의 약 3%에 머물고 있다.

국비중의 20%를 상회하였으며, 이러한 호황에 힘입어 한 해의 인구증가율이 10%가 넘는 해도 있었다.

1970년대 중반까지 호황을 누렸던 부산경제는 1970년대 후반부터 하락세를 보이기 시작하였다. 중화학공업화가 본격 진행되고 있는 상황에서 경공업도시로의 위상을 그대로 가지고 있던 한계가 드러나기 시작한 것이다. 더욱이 1992년 중국과의 수교 및 중국경제의 비약적 성장에 따라 중국과의 교역이 급격히 증가해 왔다. 수교 10년 만에 중국이 한국의 최대 교역국으로 등장한 현실은 매우 중요하다.

이것은 지난 1세기 동안 닫혀 있었던 서해안 시대가 재개막되었음을 의미한다. 그리고 이것은 우리의 오랜 역사가 말해주듯이 중국과 인접한 서해안 시대가 다시 열리고 있음을 시사한다. 1세기 전에 등장하여 현대 한국경제의 성장에 중추적인 역할을 해 왔던 경부성장축은 그 역사적 조건의 변화로 사실상 해체의 과정이 진행되고 있다고 할 수 있다.

이러한 과정은 경부성장축의 한 지점에 있는 부산경제에 많은 영향을 미쳤으며 앞으로도 그러할 것이다. 사실 오늘날 부산은 제2의 도시를 겨우 인구규모면에서 유지하고 있으며 제1관문[34)]의 역할도 급격히 퇴조하고 있다. 부산경제는 한국경제가 경부성장축을 중심으로 성장할 때 번영을 구가하였고, 그 축이 이완되면 활력을 잃을 수밖에 없다.

이에 더하여 1980년대 이후 가속화되고 있는 수도권집중도 경부성장축의 의미에 변용을 불러오고 있다. 경제가 지식·정보산업으로 넘어가면서 집적의 이익이 큰 수도권으로 경제력이 몰려드는 추세에 기인하는 것이지만, 그 영향은 수도권 단일경제권을 운위할 만큼 강력하게 나타나고 있다.

서해안 시대의 개막과 수도권집중의 가속화로 인해 오늘날 경부성장

34) 인천공항의 수출액이 부산항을 통한 수출액을 추월하는 현상이 나타난 것이 대표적인 증거이다. 더욱이 인천을 비롯한 서해안에 대규모 항만 개발이 추진되고 있는 것도 향후 관문의 역할에서 변화를 가져올 것이 예고되고 있다.

축의 역사적 의미는 퇴색하였다. 일제의 침략과 함께 형성되기 시작하고 해방 직후, 특히 한국전쟁을 계기로 다시 강화되었던 경부성장축은 한때 한국의 공업화와 경제성장에서 핵심적인 구조였지만, 이제 그 중요성은 많이 잃어버렸다. 그와 함께 경부성장축의 한 축을 이루었던 부산경제도 긴 쇠퇴의 길을 겪고 있다.

이런 속에서 근래에 들어와 서해안 시대의 개막으로 서해안 지역이 지역균형발전의 모티브를 찾듯이 부산과 경상, 동남해안 지역 역시 일본의 후쿠오카 지역과 국제적인 초광역경제권을 구상하고 있는 것은 서해안 시대를 맞아 떨어지고 있는 경제활력을 태평양 지향성의 복원을 통해 극복하려는 움직임이라 할 수 있다. 이제는 역사상 존재하였던 왜곡되고 편향적인 경부성장축이 아니라 서해안 시대의 개막과 함께 지역의 균형발전을 위한 경부성장축의 역할을 기대한다.

참고문헌

강동원, 「한국전쟁의 물적 피해와 그 경제적 영향」, 서강대학교 경제학석사학위논문, 2003.

김대래, 『해방직후 부산 · 경남의 공업』, 효민, 2006.

김대래 · 최성일, 「해방직후 무역정책의 전개와 그 성격」, 『부산여자대학교 논문집』 제41집, 1996. 1.

김진엽, 「한국 고무공업의 전개과정에 관한 연구: 1945-60」, 서울대학교 대학원 석사학위논문, 1985.

박영구, 『부산의 제조업, 1900-2000(Ⅰ): 근대부산의 제조업–1900-1944: 통계와 발전』, 부산발전연구원, 2005a.

______, 『부산의 제조업, 1900-2000(Ⅱ): 현대부산의 제조업–1945-2000: 통계와 발전』, 부산발전연구원, 2005b.

배석만, 「해방 후 한국전쟁기 부산지역 공업구조의 변화」, 『항도부산』 16, 2000.

부산상공회의소, 『부산경제사』, 1989.

新納豊, 「解放初期南朝鮮における經濟循環の胎動」, 『韓國經濟試論』, 백조서방, 1984.

______, 「철도개통후의 낙동강 선운」, 『한국근대경제사연구의 성과』(권병탁 박사 화갑기념논총 2), 1989.

이대근, 『한국전쟁과 1950년대의 자본축적』, 까치, 1987.

______, 『해방후 1950년대의 경제』, 삼성경제연구소, 2002.

이 윤 · 구자형, 「한국제조업의 지리적 분포, 1909-2003」, 『경제사학』 제38호, 2005. 6.

李鍾元, 「戰後美國の極東政策と韓國の脫植民地化」, 『近代日本と植民地』 8,

岩波書店, 1993.
이헌창, 「한국 개항기의 상품유통과 시장권」, 『경제사학』 제9호, 1985. 12.
정재정, 『일제침략과 한국철도』(1892-1945), 서울대학교출판부, 1999.
호리 가즈오, 『한국근대의 공업화』 -일본자본주의와의 관계-, 주익종 옮김, 전통과 현대, 2003.
Cumings, B., "The Origins and Development of the Northeast Asian Political Economy: Industrial Sectors Product Cyclels, and Political Consequences," *International Organization*, Vol. 38, No. 7, 1984.
Daum 백과사전.
Naver 백과사전.

CHAPTER 1

부산의 제조업: 충격과 대응

동국제강 모습 1947년 창업

CHAPTER 1

부산의 제조업: 충격과 대응

Ⅰ. 서론

해방 이전 서울-부산-일본의, 경부-일본축이 형성됨으로써 부산의 제조업은 그 영향을 크게 받고 있었다. 해방 후 이 축은 일시에 붕괴되었다가 전후 이루어진 미국의 아시아 경제에 대한 새로운 편성의도가 개입되면서 부산은 다시 그 연결 중심지 역할을 강요받게 되었다. 이 과정에서 발생한 한국전쟁은 초반부터 한국전쟁 격전지를 남부로 이동시켰고, 또 일본을 군수보급지로서 강화시킴으로써 미국-일본-부산, 그리고 경부축을 연결하는 부산의 역할을 더욱더 강화시켰다.

본장에서는 한국전쟁을 전후한 기간의 이러한 미국-일본-경부축 연결선이 가진 의미 속에서 한국전쟁 전후 부산의 제조업 변화와 제조업 관련 주요 변수를 고찰하고자 한다. 이를 통해 한국전쟁을 전후하여 미국-일본-경부축이 어떻게 변하고 있고, 부산의 제조업은 내재적으로 이에 대해 어떻게 대응하고 있는가를 살펴본다. 단, 한정된 지면제약을 피하고 문제의 초점을 모으기 위해 본장에서는 기존 연구에서 많이 지적되고 있는 해방 후 적산문제와 한 · 미 · 일 외교 · 정치문제 등은 생략하고, 한국전쟁기를 전후한 시기의 부산 제조업과 지역경제에만 초점을 맞추어 사실을 발굴하고 이에 기초하여 새로운 연구과제를 찾아 내고자 한다.

Ⅱ. 한국전쟁 직전의 부산 제조업: 미국-일본-부산-경부축의 재건

해방 직후 부산의 중소기업 움직임은 주목할 필요가 있다. 해방 직후 상황은 혼란 속에서도 상대적으로 중소기업에 유리한 다음의 조건들이 형성됨으로써 중소기업에 새로운 환경변화가 나타났기 때문이다.

첫째, 1945~1950년의 시기는 상대가격의 급격한 변화와 함께 이전의 일본 연결고리가 끊어진 독립적 공업구조, 새로운 공업구조로의 변화가 진행되던 시기였다. 해방과 함께 이루어진 이러한 지각변동 속에서 새로운 공업구조가 만들어진다는 것은 새로운 진입기회와 성장기회를 중소기업에게 주는 것이었다. 즉, 시장이 급속히 새롭게 만들어짐으로써 중소기업들은 대기업이 선점한 기존 시장의 잔여수요(residual demand)에만 매달릴 필요가 없어졌다.

둘째, 해방은 제2차 세계대전이라는 전쟁과 전시경제를 통과한 후 이루어졌는데, 통상적으로 해방과 전쟁 직후 중소기업에게는 유리한 상황이 나타난다. 그 이유는, ① 대기업은 전쟁과 연관되어 있기 때문이고, ② 중소기업은 전쟁중 통제의 직접대상이 되어 원료난 등 모든 면에서 제약받아 활동이 제한되어 있었으며, ③ 전후 항상 식민지, 전쟁수혜론에서 대기업이 자유롭지 못함으로써 중소기업에 대한 기대와 지원이 커지고, ④ 전후 소비수준의 하락으로 시장이 매우 세분화되기 때문이다.

셋째, 부산은 해방 후 귀환한 해외동포로 생필품 중심의 중소기업 제품시장이 대기업 제품시장보다 더 크게 형성될 수 있었다. 1945년 12월 현재 귀환한 한국인 14만 5,705명의 70%에 가까운 10만 465명이 부산항을 통해 귀환하였고, 1946년 12월까지 귀환한 한국인 268만 3,478명의 18% 정도인 47만 1,000여 명이 경남에 잔류하였다.[1)]

실례를 보면, 기존 조선소에서 나온 근무자들이 소규모 공장을 다수 건설하였는데,[2] 부산에 본부를 두고 해방 후 가장 먼저 결성된 '경남선박공업협회'회원을 보면 해방 당시 56개 업체였지만 2년 반 만에 20개 조선소가 새로 만들어졌다.[3] 후에 건설화학공업('제비표페인트'), 문화볼펜 등 9곳의 계열 자회사를 가진 '강남그룹'으로 성장하는 출발이었던 '남선도료상회',[4] 그리고 1960년대 번영을 가져왔던 '조광페인트'도 각각 1945년 12월, 1947년 3월에 설립되어 갑자기 늘어난 인구 속에서 생필품시장을 겨냥하여 사업을 시작하였다.

그 결과 업종별 공장수를 보면, 직접 생활과 관련된 필수품이었던 중소기업의 섬유·화학고무·식료품공업이 전시하 억제되다가 해방공간에서 다시 진입이 급증하는 것으로 나타난다. 해방정국에서 부산의 인구급증으로 섬유의류, 화학고무, 식료품의 생필품부문 수요는 크게 늘어나 소규모 기업들의 진입기업이 많았고, 따라서 〈표 1-1〉에서 보듯이 순공장수 변화로 보면 이들 부문의 순감소가 가장 적었고 심지어 섬유공업은 공장수가 늘기까지 하였다.

넷째, 대기업들이 원료와 기술을 일본 등 해외, 원거리에 의존함으로써 해방 후 타격을 많이 받았던 것과 달리, 중소기업들은 원료와 기술, 시장 등에서 자체적인 자급 및 지역조달체제를 갖추고 있어 타격이 적었고 또 안정적인 기반을 유지할 수 있었다. '조광페인트' 사례는 해방 후 새로 진입한 중소기업들이 대기업과 달리 자체 기술과 지역 내 원료, 그리고 지역 내

1) 崔永鎬(1995), p. 127; 동아일보(1946. 12. 10).
2) 대한조선공사(1968), p. 62.
3) 배석만(2005), p. 157. 물론 여기에는 '대선조선철공소'처럼 해방 이전 공장을 인수하여 새로 창업한 곳도 있다.
4) '건설화학공업'은 1952년 적산을 인수함으로써 중소기업으로 보기 어렵고 또한 적산을 인수하였다는 점에서 이전의 '남선도료상회'와 직접 연결되었다고 보기 어려운 점도 있다. 하지만 '건설화학공업'의 인수·사업·운용 등 모든 면에서 모체가 된 것은 황학구가 설립한 조그만 도료업체였던 '남선도료상회'였다. '건설화학공업' 역시 자체 회사기록에서 그 출발을 '남선도료상회'로 기록하고 있다(건설화학공업주식회사, 2005. 8. 16).

표 1-1 일제 지배 말과 해방 후 업종별 공장수 변화

(단위: 개)

구분	1941년 3월		1946년 4월	
	공장수	지수	공장수	지수
섬유	29	100	37	128
금속기계 및 조선	125	100	38	30
요업 및 유리 공업	25	100	2	8
화학(고무)공업	23	100	10	43
제재 및 목제품 공업	41	100	13	32
인쇄업	19	100	4	21
식료품공업	99	100	53	54
기타	220	100	10	5
계	581	100	169	29

자료: 釜山府(1942); 조선통신사(1948); 『조선해방연보』(1946); 김의환(1972), pp. 1052~1053.

시장을 바탕으로 하고 있음을 보여 준다.

'조광페인트' 설립자인 양윤복은 해방 후 인구급증에 따라 페인트의 큰 수요가 있을 것이라 예상하고 자신의 집에 '조광페인트공업사' 공장을 직접 차렸지만 기술자를 구할 수 없었다. 그래서 자신이 직접 페인트 기술을 개발하면서 만들기 시작하였는데, 부산에서 구할 수 있는 모든 자연재료를 사용하여 보았다. 그 중 가장 좋은 것으로 개발한 것이 송진과 콩, 그리고 들기름을 원료로 하여 섞은 것이었는데, 이 페인트는 써 본 사람들이 다른 페인트와 달리 역겨움이 없고 작업이 편리하다는 반응을 보여 대성공을 거두었다('조광페인트' 증언).[5]

이상과 같이 해방 후 이전에 비해 중소기업에 상대적으로 유리하게 전

5) 이 증언의 내용은 1946년 말 또는 1947년 초의 이야기이다. 공식적인 회사의 기록에 의하면 '조광페인트'는 1947년 3월에 '조광페인트공업사'로 창업되었고 이는 1967년 1월에 법인체로 조직 변경하면서 '조광페인트공업(주)'으로 재설립되었다. 조광페인트(2005. 10. 1).

표 1-2 업종별 · 규모별 부산 제조업(1946년 11월 현재)

구분	금속	기계 기구	화학	요업	방직	제재 목재	식품	인쇄 제본	토목 건설	기타	합계
5명 미만	1	1	2	1		3	12			1	21
5~9명	5	31	8	6	5	22	9	4	2	1	93
10~19명	17	35	15	4	10	17	6	5	5	4	118
20~99명	21	32	9	18	26	2	5	4	1	8	126
100~199명		2	4		2				2		10
200~499명		1	2	1							4
500~1,999명		1			1						2
2,000명 이상					1						1
합계	44	103	40	30	45	44	32	13	10	14	375

주: 1일 8시간 이상 근무자를 대상으로 조사하고, 휴업사업체와 기술자는 제외함.
자료: 남조선과도정부중앙경제위원회(1948).

개된 새로운 조건들로 인해 규모별 공장상황이 파악되는 1946년 11월 부산 공업의 규모별 상황을 보면, 〈표 1-2〉에서 보듯이 200명 미만 공장이 전체의 96.3%, 20명 미만이 전체의 61.9%를 차지하고 있었다. 특히, 업종별로 20명 미만 업체의 비중이 고무신을 포함한 화학공업은 62.5%, 식품공업은 84.4%를 차지하였으며, 심지어 전형적인 노동사용공업인 방직업에서도 33.3%를 차지하고 있었다.

이러한 부산 제조업의 움직임에 새로운 배경으로 등장한 것이 바로 해방 후 다시 재건된 일본-부산-경부축이었는데, 해방 전과 달랐던 것은 미국의 이해에 맞도록 출발점에 미국이 포함된 미국-일본-부산-경부축이 만들어졌다는 점이다. 미국의 관심은 서울과 그 북쪽에 있었지만, 부산은 해방 후 미국, 그 연결지로서의 일본, 그리고 서울과 그 북쪽을 연결하는 경부축-일본-미국의 결합지점이 되었다. 미국은 전후 아시아의 구도를 재편하는 과정에서 일차적으로 일본과 한국을 묶는 경제권을 구상하여, 주한경제

표 1-3 1946~1947년 항만별 외국선 입출항 실태

구분			부산		인천		군산		목포	
			척	톤	척	톤	척	톤	척	톤
입항	1946	일본	523	381,209	0	0	0	0	1	12
		미국	177	387,675	1	4,549	0	0	0	0
		총수	711	775,050	145	14,860	6	1,560	8	355
	1947	일본	11	13,443	0	0	0	0	5	148
		미국	2	1,970	0	0	0	0	0	0
		총수	16	18,540	221	4,520	5	192	9	407
출항	1946	일본	522	406,621	0	0	0	0	0	0
		미국	163	396,142	0	0	0	0	0	0
		총수	691	809,067	130	6,223	1	1,542	11	571
	1947	일본	14	25,330	0	0	0	0	1	866
		미국	2	1,970	0	0	0	0	0	0
		총수	16	27,300	207	4,425	4	170	1	866

주: 1) 1947년은 1~9월간 수치임.
2) 묵호항은 실적이 적어 생략함.
자료: 조선은행조사부(1948), p. I-133.

협조처(Economic Cooperation Administration Mission on Korea: ECA)와 미 육군성의 대립 끝에 결국 일본으로부터의 필요물자 도입을 늘리도록 최종 결정함으로써,[6] 다시 해방 후 부산항의 역할을 확대시키는 기회를 가져다 주었다. 〈표 1-3〉에서 보듯이 해방 후 미국이 중심이 된 원조물자는 일본 · 미국 선박에 의해 부산에 들어왔고, 부산항으로 들어온 양은 전체 원조의 78~98%를 넘었다. 전체 남한 물동량의 80%를 차지하던 원조물자의 80%가 부산항을 통해 입항하였고, 부산항에서 국내시장으로 나간 물량은 전국 항구 이출총량의 65%에 이르러[7] 이는 일제 지배시기 물동량 처리 평균비중 30%의 배 이상을 넘는 것이었다.

6) 차철욱(2002), pp. 22~23.
7) 조선은행조사부(1948), pp. I-174~175.

이 원조물자는 일본을 통해 조달되고 수송 역시 일본 선박에 의존하는 경로를 주경로로 하였으므로 다시 부산, 부산 제조업의 일본에 대한 연결이 이루어졌다. 물론 해방 후 한국 공업과 국적(한국) 선박의 파괴로 외국선박이 한국에 여러 물자를 수입해 들여오고 있었고, 따라서 외국선박이 국내항구에 출현하는 것은 부산항만은 아니었다. 그러나 〈표 1-3〉에서 보듯이 다른 인천, 군산, 목포 등의 주요 개항장과 비교해 볼 때 이들 다른 도시의 항구에는 일본 · 미국 국적선이 거의 입항하지 않았다는 점에서 부산은 뚜렷한 차이가 있었다. 부산은 해방 후 일본, 미국에 다시 의존하는 한국경제의 문제를 그대로 가지면서 이러한 연결구조의 중심이 되고 있었던 것이다. 실제로 1947년부터 부산역 통과화물의 8~9할이 미국 원조물자였고,[8] 이것들은 대부분 일본을 통해 들어왔다. 심지어 일제 지배기와 해방 이후 국내산으로 채워지던 원면도 미국산의 비중이[9] 1947년부터 88.2%, 1948년 97.5%, 1949년 99.9%로 급속히 변하고 있는 예에서 보듯이, 원조를 통해 미국과의 간접고리가 확대되고 있는 가운데 미국과 일본은 자체적으로도, 통과무역으로도 다시 부산과 결합되고 있었다.

미국-일본-경부축이 미국의 의도에 의해 만들어지고 이에 따라 1947년부터 점령지역행정구호(Government and Relief in Occupied Area: GARIOA) 자금으로 미국 원면이 도입되는 등 원조물자가 들어오기 시작하다가, 1948년 '바터(barter)무역'이 본격화되면서[10] 1949년에는 부산의 공장가동률이 급속히 상승하기 시작하였다. '바터무역'의 본격화는 해방 이후 공장이 규모를 늘릴 수 없었던 가장 큰 병목인 원료난 · 자금난 문제를 해소해 주었기 때문이다. 여기에 1948년 정부가 수립됨으로써 정부지원이 보다 현실감 있게 이루어져 1948년 말부터 공업생산활동과 기업활동이 매우 활발해지기

8) 부산일보(1948. 4. 1).
9) 전시 강제생산으로 1940년 면의 자급률은 125%에 달하였고, 1942년에는 107%에 이르고 있었다. 조선은행조사부(1948), p. III-38.
10) 김진엽(1985); 최상오(2000); 배석만(2001).

시작하였다.

1948년 이후 부산 시내에는 신발공장이 우후죽순처럼 생겨나서 이미 1948년 말에는 무려 71개나 되었고 하루 3만 켤레 이상 생산업체만도 '삼화', '보생', '신라', '동양고무' 등 14개 업체나 되었으며,[11] 1949년에는 '홍아타이어' 공장의[12] 본격생산 등이 가세하면서 부산의 고무공업이 한국 공업의 중심산업으로 대폭 확대되었다. 원료가 공급되고 자금난이 해소되면서 1949년에는 고무업계의 경쟁이 치열해졌고, 또 원면을 둘러싼 방직업계의 경쟁도 활발해졌다. 1925년 설립된 '동명제재소'(東明製材所)가 건축경기의 호황에 힘입어 '동명목재상사'로 회사명을 바꾸고 사업을 대폭 확장함으로써 부산의 목재산업이 전국 중심산업으로 나타나기 시작한 것도 1949년이었으며,[13] '대동산업'이 밀양, 진주, 진해 등지에 있는 제사공장(製絲工場)을 인수하고 강원도 춘성에 60만 정보의 뽕나무밭을 조성하여 규모를 대폭 확대하면서 본사를 서울로 옮김과 동시에, 부산의 제사업이 전국 중심산업으로 새출발한 것도 바로 1949년이었다.[14] 목재와 함께 부산 제조업의 대표산업인 신발공업으로서 부산경제의 최전성기인 '양진시대'를[15] 만든 양태진 사장이 1948년 4월 만들어진 '국제고무공업사'를 '국제화학주식회사'로 확대하여 하루 6만 켤레 생산시스템을 갖추는[16] 등 부산의 신발제

11) 성병두, 「38. 인물편 양정모」, 부산일보(2004. 6. 18).
12) '홍아타이어(주)'는 '운크라' 원조자금으로 건설되었는데 당시로서는 국내 굴지의 기업체로서 규모와 시설면에서 매우 크고 좋은 공장이었다. 이연재(李年宰)가 부산 남포동에 '미진(美進)상회'를 설립하고 무역업과 해운업으로, 특히 소맥분 수입으로 엄청난 치부를 한 후 '조선중공업(주)' 사장에 취임한 것이 1948년이고, 서면에 있는 '홍아타이어(주)'를 인수하고 '국제신문'과 '조선석유(주)' 사장에 취임한 것이 1949년이었다. 성병두, 「26. 인물편 이연재」, 부산일보(2004. 5. 19).
13) "'동명제재소'가 …… 광복 후 꿈틀거리는 건축경기를 타고 공전의 호황을 기록하자 '동명목재상사'로 바꾸고 사업을 대폭 확장하였다." 이종재(1993), p. 187.
14) 서울로 이전과 함께 자본금 1억 원의 '이화상사(주)'로 회사명도 바꾸었다. '이화상사'는 다시 설립 또는 인수한 생사회사가 16개사로 늘어나자 1955년 회사 명칭을 '한국생사(주)'로 바꾸었다(성병두, 「24. 인물편 김지태」, 부산일보(2004. 5. 12)), 부산에서 성장한 기업들이 성장과 함께 서울로 본사를 이전하는 역사는 이때부터 시작되었다.
15) '국제상사'의 양태진과 '동명목재'의 강석진은 전국을 대표하는 부산 제조업체의 대표였고, 부산 경제인들은 1960년대, 1970년대 초 부산 제조업의 번영시대를 두 사람의 이름 끝자를 따서 이렇게 불렀다.

조업이 왕성한 본격생산을 보인 것도 1949년이었다.[17] 또한 사실상의 부산 석유관련 화학공업의 시작이라고 할 수 있는 '조개표석유(주)'와 '동아석유(주)'도 1949년에 설립되었다.[18] 부산 철강공업의 산증인이었던 '동국제강'의 모태인 '조선선재'가 철강업을 시작한 것도 1949년이었고,[19] 한국 로프산업을 만들어 온 '동양제강'이 창립된 것도,[20] 부산의 대표적인 향토기업인 '송월타월'이 '송월타월공업사'로 수건을 만들기 시작한 것도 1949년이었다.

이렇게 1948년부터 활발해진 중소 공장주들의 경쟁과 전국규모로의 생산을 확대하고자 하는 선두 사업체들의 노력이 1949년에는 현실화되었다. 한편, 1949년에는 인플레이션 속에 진행된 상대가격의 급속한 변화, 그리고 일본 경제권과의 단절, 남북한 분단에 따른 타격 등으로 인한 전체 산업구조의 변화와 함께 공업부문에서의 부문별 · 사업체별 구조변동도 활발히 일어났다. 溝口敏行 · 梅村又次 編(1988)은 해방 이후 1953년까지의 시기를

16) 1949년 양태진은 전 재산을 아들 양정모의 회사인 '국제고무공업사'에 쏟아 부어 '국제화학주식회사'로 확대 발족시키고 그 사장에 취임하였다. 성병두, 「36. 인물편 양태진」, 부산일보(2004. 6. 14); 성병두, 「38. 인물편 양정모」, 부산일보(2004. 6. 18).

17) 부산의 신발고무업체는 부산의 중심 제조업으로 오랫동안 자리하였다. 이 신발고무업체는 세 가지 부류가 있었는데, 첫째는 1945년 이전 뿌리를 가지고 설립된 것이고, 둘째는 해방 후 만들어진 신흥기업이며, 셋째는 적산기업을 인수한 것이다. 첫째로는 '천일고무', '경성고무' 그리고 1947년 다시 문을 연 '신흥고무'와 역시 1947년 다시 창업한 '신라고무'가 있다. 사실상 일제지배하의 부산 고무공업은 공황과 전시기 원료수입의 문제로 대부분 몰락하였다. '신라고무'는 나중에 '국제고무'로 넘어갔다. 두 번째 부류가 부산 신발제조업의 전성기를 가져온 부류인데, 1945년 설립된 '덕원고무', 1946년 설립된 '삼일고무', 1947년 설립된 '건민고무', '합성고무', '태화고무', 1948년 설립된 '국제고무', '선광고무', 1949년 설립된 '대진고무', '제일고무', '영신고무' 그리고 1951년과 1952년에 설립된 '일생고무공업소'와 '대양고무', 1953년 설립된 '동양고무'가 있다. 이들은 1949년 가장 왕성한 진입과 활동의 모습을 보여 주었다. 세 번째가 적산기업으로 '남선고무', '삼화고무', '조선고무', '동일고무', '보생고무', '경남특수합자회사' 등이 있다. 현재 부산에 남아 있는 기업은 '동양고무'의 후신인 '화승'뿐이고 김해에 '국제고무'의 후신인 '국제상사'가 남아 있다. 분류 정리 및 설립연대와 회사명은 김태현(2004), pp. 57~58, 236에서 구하였다.

18) 성병두, 「30. 인물편 신중달」, 부산일보(2004. 5. 31).

19) '동국제강'(2005. 8. 19)을 보면 1954년 서울 영등포구 당산동 4가 91번지를 '동국제강'의 모태로 기록하고 있다. 이는 장경호가 1954년 당산동에 있는 '한국특수제강'(전신은 적산기업인 '조선특수합금')을 인수하고 '동국제강'이라는 명칭을 처음 사용한 데 기인한다. 그러나 이미 장경호는 부산에서 1949년 창립한 '조선선재'를 인수해 철강업을 운영하고 있었다.

20) 동양제강(2005. 9. 21).

산업구조의 급변시기로 보았고,[21] 통상적으로 현대한국 연구자들도 한국전쟁기까지를 혼란기라고 보고 있지만, 이것을 보다 정교하게 나누어 보아야 할 필요성이 있음을 알 수 있다.

이런 속에서 1949년에는 기존 기업 간 경쟁과 규모키우기가 극심해져 기업몰락과 인수(acquisition)가 진행되었다. 그리고 원자재난과 자금난 해소에 따른 일부 중심기업의 창업이 1949년에 이루어졌지만, 기존 기업들의 생산규모 확장과 가동률 증가가 급속히, 크게 이루어져 기업들의 신규 진입은 오히려 억제되었다. 이는 오늘날에도 진입억제수단으로 선발기업에 의해 일반적으로 쓰여지는 상황과 유사한 것이었다.[22] 실제로 〈그림 1-1〉에서 보듯이 1968년 잔존 제조업 기업체 중 1949년 제조업 진입기업체수는 17개로 매우 적었다. 물론 여기에서 조사된 설립연도별 제조업 기업체수는 1968년 조사시 현존하는 기업체만을 대상으로 한 것이므로 1949년에 설립되었다가 1968년 이전에 몰락한 기업은 빠지게 된다. 바터무역의 확대와 함께 원료난이 해소되면서 1949년 설립된 많은 기업체들이 한국전쟁 등 어느 시기보다 변동이 심하였던 1950년대를 통과하면서 몰락하였을 가능성은 매우 크다. 그러나 이런 가능성을 인정해도 현존하는 기업 중 1949년 진입기업수가 1948년, 1950년에 비해 45.2%, 57.5%나 적다는 것은 이때 진입기업이 적었다는 것을 보여 준다.

그 결과 〈그림 1-2〉에서 보듯이 1949년 제조업 사업체수는 14.6%나 대폭 줄어든다. 하지만 생산액, 종사자수, 부가가치, 급여액, 출하액, 고정자산 등 모든 지표는 합병과 몰락에 따른 감소요인도 있었지만, 전체적으로 새로운 미국-일본-경부축의 연결에 따른 국내외 신시장 확대, 가동률 증가와 규모확대, 생산확대 등으로 대폭 증가하였다. 이는 전국적 현상이기도

21) 溝口敏行 · 梅村又次 編(1988).

22) 한국의 경우도 1997년 외환위기 이전 거의 모든 중화학공업에서 기존 대기업들은 인수 · 합병과 암묵적 담합으로 생산설비 확대와 생산가동률 확대를 시행함으로써 신규 기업의 진입장벽을 만들었고 이는 외환위기를 확대시킨 원인이 되었다.

그림 1-1 제조업 기업체 설립연도별 수(1968년 9월 조사)

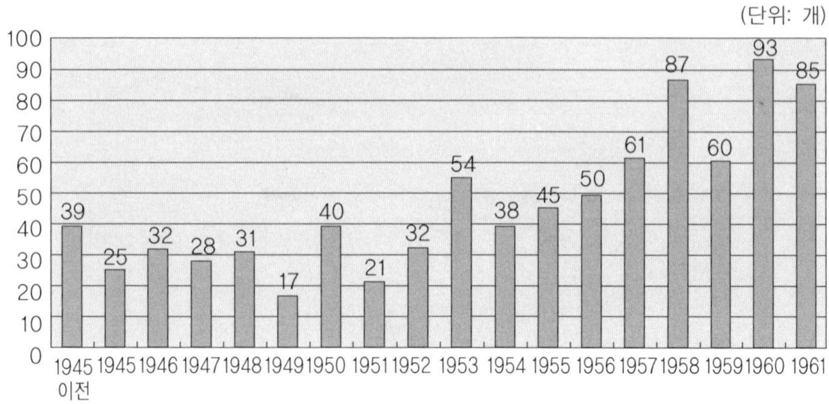

주: 부산상공회의소가 조사한 내용으로 그 기준이 명확히 밝혀져 있지 않아 뒤에 사용하고 있는 사업체수와 대조가 불가능하며, 광공업통계조사보고서상의 사업체와 일치하지 않는 것에서 조사의 다른 기준이 포함된 것임.
자료: 부산상공회의소(1968); 김의환(1972), p. 1000.

하였는데, 전국적으로도 1949년 제조업의 생산확대가 나타났고 공업 붐이 형성되었다.

이러한 1949년 부산 제조업의 호황은 전쟁이라는 외생변수 발생 직후 1950년 하반기까지도 계속되었는데, 이런 결과는 이제까지 한국전쟁만이 초점이 되었던 것과 달리 1949년이 부산 제조업에서 큰 분수령이었고, 또 부산의 해방 후 급속한 성장원동력을 전쟁에서 찾는 인식에도 과장된 시각이 있음을 보여 준다. 나아가 1949년 부산의 제조업 변동에 관한 이런 수치는 한국전쟁의 평가와 관련하여 보다 심도 있는 전쟁기 이전 1940년대 후반 연구가 필요함을 보여 주며, 한국 산업사에 해방 후 중소기업의 역할복귀가 1949년 전쟁 이전과 이후 어떻게 연결되고 있는가에 대해서도 연구 필요성을 제시하고 있다고 볼 수 있다.

그림 1-2 1940~1950년대 부산의 제조업 사업체수와 종사자수

(단위: 개, 명)

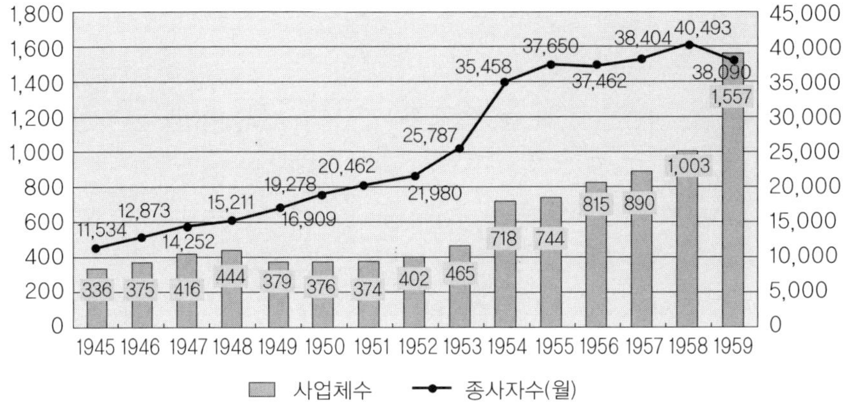

주: 1) 일제 지배하와 해방 이후 일관된 제조업 사업체 조사대상인 5인 이상 종사자를 가진 사업체를 대상으로 함. 이하 동일.
2) 종사자수는 사업주, 무급가족종사자, 피고용자(생산종업원+사무 및 기타)의 합임.
3) 1947년, 1952년, 1954년은 경상남도 값을 환산한 것임.
4) 1945년, 1948년 사업체수는 각각 1946년, 1947년 사업체수, 회사수를 이용하여 회사수를 환산하였고 종사자수는 추정값임.
5) 1947년은 1948년 1월 값임.
6) 1949년은 공장조사(상공부, 1950)에서 가장 큰 공장이 부산에 있는 것을 합산한 것임.
7) 1950년 사업체수와 종사자수, 1959년 사업체수는 추정값임.
8) 1951년 사업체수는 1952년 종사자/사업체 비율로 구하고 종사자수는 1951년 말 직업별 제조업 인구를 경남의 제조업(5명 이상) 종사자수와 제조업 인구비율값으로 환산하여 구함.
9) 1952년 사업체수는 부산/경남 종사자수 비율을 이용해 관영사업체로부터 환산추정된 경남 제조업 사업체수를 환산하였으며, 종사자수는 부산 제조업 인구에 경남 정정비율로 정정 후 경남 제조업 직업인구와 5명 이상 사업체 종사자 비율로 구함.
10) 1953년은 9월 20일 기준이며 경남의 1953년 9월 증가율을 부산에 적용하여 구함.
11) 1954년은 10명 이상 또는 반년간 영업세납액 2,500원 이상으로 하고 업종에 따라 예외가 있다고 되어 있으나 내용을 보면 사실상 5명 이상 사업체 조사와 동일한 것으로 간주됨.
12) 1955년은 10월 31일 기준으로 사업체와 종사자수에는 4명 이하 사업체 16개가 포함되어 있으나 평균규모 5명 이상 사업체이므로 포함함.
13) 1955년은 『66년 광공업조사 보고서』에서 경남 사업체, 종사자 정정이 있으나 종사자수 0.4%, 사업체 2.1%로 차가 적고, 수정할 경우 수정오차가 있어 원값을 기록함.
14) 1956~1957년 사업체수는 공장수를 공장수와 사업체수를 동시에 조사한 1958년 비율로 환산한 것이고, 종사자수는 직업별 제조업 인구수를 환산한 것임. 이때 1957년 직업별 제조업 인구수 합계는 오산이 있어 정정 후 계산함.
15) 1958년은 1959년 3월 31일 기준임.
16) 1959년 종사자수는 제조업 직업인구 감소율을 적용하여 산출함.

자료: 조선은행조사부(1948; 1949); 남조선과도정부중앙경제위원회(1948); 『조선경제통계요람』(1949); 상공부(1950); 대한연감사(1952); 한국은행a(1955; 1959); 경상남도b(1953; 1955~1958); 부산상공회의소b(1954); 대한상공회의소(1955); 부산시c(1956, 1958~1959); 한국은행c(1956); 한국산업은행c(1959); 경상남도c(1957~1958); 경상남도d(1961).

Ⅲ. 한국전쟁과 부산 제조업: 미국-일본-경부축의 강화

한국전쟁의[23] 발발은 학계에서는 일반적으로 부산경제에 매우 긍정적 기회를 준 것으로 평가되어 왔다. “전쟁기 1951~1952년 부산경제와 제조업은 매우 융성하였고 전쟁으로 부산은 해방 후 급성장의 동력을 얻었다”는 인식이 일반적으로 받아들여져 왔다. 그러나 한국전쟁과 관련하여 그 동안 저자가 직접 채취한 여러 증언은 긍정성과 함께 매우 부정적인 평가가 동시에 나타나는 혼돈이 있었다. 부산의 공업이 “사실 전쟁과 함께 고전하였다”는 증언사실과, “부산이 전쟁으로 총동원적인 공업생산 확대에 들어갔다”는 상반된 증언이 그것이었다. 당연히 상반된 증언은 한 쪽이 잘못되었음을 의미하는 것이었다. 하지만 이러한 증언의 어느 쪽도 정당성을 입증할 자료와 통계는 존재하지 않았다. 따라서 이를 확인해 보기 위해서는 이 시기 자료수집을 통한 통계의 추계과정이 필요하다.

새로운 자료의 발굴과 이를 기초로 한 추정 · 환산과정을 통해 얻어진 통계는 부산의 제조업에서 그 동안의 인식과 다른 점이 있다는 사실과, 그리고 상반된 위의 양 증언이 어느 한쪽이 사실이 아닌 양쪽 모두 사실과 부합될 수 있음을 보여 준다. 우선 추계된 통계는 부산 제조업에 1950년 전시로 기존의 전국적인 생산을 혼자 담당하는 폭발적인 가동률 팽창과 생산팽창이 나타났음을 보여 준다. 전국적인 공업생산지수 변동을 보면 1950년 전국의 공업생산은 1949년을 100으로 할 때 101로 차이가 없었지만, 통계적 단층도 포함되었다고 생각되지만 〈그림 1-3〉에서 보듯이 부산의 경우 폭등하였다. 전쟁으로 인해 5명 이상 제조업체수는 정체되어 있었지만, 종사자수는 14.0%가 증가하였고, 특히 생산액이 단층적으로 폭등한 것이다.

23) 한국전쟁의 피해상황에 대해서는 강동원(2003); 대한연감사(1952) 참조.

그림 1-3 제조업 생산액, 급여액, 유형고정자산 추정액(1945~1953)

(단위: 천 원)

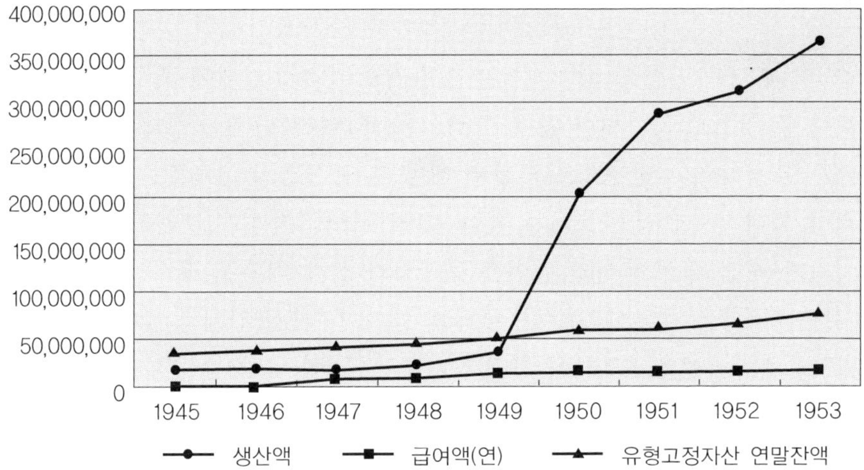

주: 1) 5명 이상 종사자를 가진 사업체를 대상으로 함.
2) 2000년 불변가격이고 화폐개혁을 반영하여 1945~1952년은 1/1,000로 환산하고 1953~1961년은 1/10로 환산함.
3) 유형고정자산 연말잔액은 건설가계정을 제외한 수치임.
4) 1945년, 1947~1949년 생산액은 전국값을 환산함.
5) 1945년, 1948년 급여액은 1946년, 1947년 기준 환산함.
6) 1946년 생산액은 종사자수 비율을 이용해 환산함.
7) 1946년 급여액은 11월 현재이며 실물급여 포함함.
8) 1947년 급여액은 경상남도액을 추정함.
9) 1949~1953년 급여액은 1948(1947)년과 1954년의 값을 이용해 추정함.
10) 1950년 생산액은 1949년과 1951년 값을 1 : 2 가중평균한 것으로 통계적 단층 포함 가능.
11) 1951~1952년 생산액은 1953년을 이용해 환산함.
12) 1953년 생산액은 전국값을 환산하였고 9월 20일 현재임.

자료: 대한연감사(1952); 남조선과도정부중앙경제위원회(1948); 조선은행조사부(1949); 상공부(1950); 한국은행a(1955); 한국산업은행e(1960).

한국전쟁은 부산의 제조업에 기회를 가져다주었다. 1950년 대일통상의 재개와 미국-일본-경부축의 원조물자 도입이라는 부산항의 역할확대와 함께, 부산으로 하여금 인천항에 내주었던 제1 민간항으로서의 위치를 회복

하게 하였다. 즉, 서울-부산-일본의 축이 다시 제1축으로 강화된 것이다. 전쟁이 발발하자 남한의 대표적인 산업지대로 남아 있던 경인 · 삼척지구는 곧바로 그리고 크게 타격을 받아 1951년 공업시설 가동현황은 1949년에 비해 63%에 불과하였지만,[24)] 부산의 경우 상대적으로 한국전쟁에서 타격이 적었다.[25)] 또 전쟁전선의 이동에 따라 '동양고무'(현재 '화승') 등 산업체의 부산 이주도 있었다. 한국전쟁으로 부산에 내려왔던 기업들은 종전 후 다시 본거지를 옮겨 돌아갔는데, 부산에 이전해 왔던 '태화고무'와 '동양고무공업' 등은 그대로 부산에 남았다. 나아가 부산은 전쟁기 임시수도였고 1950~1952년은 전시상황으로 전시중 인구집중과 보급생산의 중심으로 작용하였다.

실제로 원료난이 적었던 면포, 타올 등의 제조업은 전쟁으로 100% 이상 가동률을 보였으며,[26)] 전쟁이 시작되자 1950년 8월 부산에서 군수공업의 총력가동이 시작되어 '국제화학'도 육군군수공장으로 가동을 다시 시작하였고,[27)] 개전 불과 3개월 만에 부산의 공장조업률은 기계 250%, 섬유 150%로 급등하였다.[28)] '국제화학'을 비롯, 화학 5개 공장도 훈련화 군납공장으로 지정되었는데, 군납공장 지정으로 원부자재 공급, 전력특배, 종업원 병역면제 및 공장운영자금 지원 등 제반 정책지원을 제공받게 됨으로써 중요한 성장요인을 갖게 되었다.[29)] 1951년에는 전국 160개 고무공장 중 90개가 부산에서 가동중이었다. 이후 전시와 임시수도로 수요와 자금이 부산에 집중되어 '홍아타이어 공장'[30)] 등은 운크라(UNKRA) 자금을 받는 등 팽

24) 대한연감사(1952), pp. 357~382.
25) "부산은 우리나라의 관문으로서 국제 상역(商易)의 중심지가 되어 있을 뿐 아니라 6.25사변에도 피해 없는 공업지대라는 견지에서도 ……," 부산상공회의소b(1954), 발간사.
26) 한국은행d(1951. 3), p. 612.
27) 국제상사주식회사(1979), p. 72.
28) 부산일보(1950. 10. 25).
29) 김진엽(1985), p. 27.
30) 1951년 전쟁특수를 기대하고 전포동 52번지에 설립된 '홍아공업유한회사'는 타이어와 튜브를 생산하는 다른 회사이다. 대한상공회의소(1956). '홍아타이어'는 오늘날 '넥센타이어'로, '홍아공

창을 이루었다.[31] 그 결과 1950년대 전반기 전국 생산통계를 보면 거의 모든 부분에서 1940년대 초에 비해 감소해 있으나,[32] 부산의 제조업은 1950년에 일시에 1939년 수준을 돌파하였다. 2000년 불변가격지수로 환산할 때 5명 이상 규모 제조업 생산액은 1939년 1,977억 5,029만 원이었으나 1950년 2,057억 7,279만 5,000원이 되었다.[33] 그야말로 1950년 부산은 전국을 동시에 집중시켜 놓은 생산의 폭발적 증가가 있었다. 하지만 한국전쟁으로 인한 생산량 증대는 부산에 몰려든 과잉인구를 기초로 하고 있었기에, 임금의 상승이나 고정자본의 투자를 수반하지 않는 순수 그대로의 절대노동시간과 강도확대에 의한 생산이었다. 이는 〈그림 1-3〉에서 보듯이 이 시기 생산액의 급등에도 불구하고 급여액과 유형고정자산액의 변동이 없는 것으로 나타난다.

이런 속에서 중소기업이 보다 활발히 움직였고 그 역할이 높았지만 전쟁의 피해를 대폭 입은 서울과 비교하면 부산은 전쟁특수로 기업활동의 규모도 이 시기 서울보다 컸다. 기업활동규모를 보여 주는 어음 한 장당 교환액을 보면, 부산은 1926년 이후 서울에 비해 적었으나 〈표 1-4〉에서 보듯이 1950년 이전 1949년의 260원에서 1950년 525원으로 급등하였다. 서울은 323원에서 1950년 436원으로 되어 부산은 서울보다 높아진 후, 한국전쟁과 이후 복구의 1956년까지 서울보다 높았다. 전쟁으로 경제의 큰 흐름도 부산으로 옮겨져 왔고, 경제활동의 규모면에서도 부산이 중심이 되어 움직이고 있었던 것이다.

그러나 이와 동시에 한국전쟁은 다른 한편 부산의 기업들에게 기회를

업유한회사'는 '홍아'로 변경되어 있다.

31) 부산상공회의소c(1982), p. 1488.

32) Edward S. Mason, Mahn Je Kim, Dwight H. Perkins, Kwang Suk Kim, and David C. Cole(1980), pp. 92~93.

33) 1940년 경상가격 공업총생산액은 釜山府(1942)의 공산품 일람표의 생산금액 총합계액으로 구할 수 있지만, 5명 이상 공장생산액은 1939년까지 부산부(1942)에서 구할 수 있다. 물가지수는 한국은행이 작성한 생산자물가지수로 환산하였고 두 차례의 화폐개혁을 반영하여 계산하였다.

표 1-4 어음 1장당 교환액(경상금액)

(단위: 원)

연 도	부 산	서 울	전 국
1945	6	11	7
1946	6	62	58
1947	104	130	121
1948	172	235	210
1949	260	323	298
1950	525	436	430
1951	5,415	5,746	4,911
1952	9,592	3,576	7,994
1953	17,034	15,283	14,968
1954	23,316	22,236	21,478
1955	40,735	33,256	34,136
1956	55,742	45,822	47,209

주: 화폐개혁분을 반영하여 1945~1952년은 1/1,000로 환산하고 1953~1961년은 1/10로 환산함.
자료: 경제기획원(1976. 9); 조선은행(1948; 1949); 한국은행b(1960); 한국은행a(1955~1957).

주기보다는 위기로 작용하였다. 위기의 첫 번째 이유는 원료공급체계상의 문제였다. 이러한 문제는 전쟁 전에 이미 원료공급체계상 해외원료 의존율이 높았던 업종과 대기업 부분에서 많이 나타났다.

1950년 전반기에 국제생고무가격이 폭등하면서 생고무 수입량이 대폭 감소하였고, 5월에는 이미 고무공장들이 심각한 원료난에 빠져 이후 생산을 대폭 축소하고 있었다. 전쟁 전 나타난 이러한 상황은 부산의 공업에 전시기 나타났던 문제가 근본적으로는 오히려 일찍부터 존재하였던 부산 제조업의 해외의존성에 있었음을 보여 주는 것이다.

이미 원료공급체계상의 문제가 발생되고 있었던 상황 속에서 발발한 한국전쟁은 더욱 원료난 문제를 해결불능의 사태로 만들었다. 전쟁이 일어나자 전쟁으로 인해 바로 원자재난, 자금난이 폭발되었다. 해방 직후 원자

재난에 이어 1950년 한국전쟁이 일어나자 심각한 원자재 확보사태와 동시에 극심한 자금난을 겪어야 하였던 '동명목재'('동명목재상사')의 사례는[34)]바로 이러한 당시의 상황을 단적으로 보여 준다.

부산은 온후한 기후가 고무배합에 적합하여 자연적으로 고무공업에 매우 적절한 조건을 갖춘 까닭에, 전후 100% 해외원료 의존형 고무화학공업이 다른 지역과 차별적으로 발전하여 화학공업의 비중이 높았었다.[35)] 예컨대, 해방 후 전국 34개 고무공장 중 꾸준히 발전한 공장은 '보생'(寶生, 李東仁)과 '동일'(同一, 金宗根) 두 경우 뿐이었는데 이 두 공장 모두 부산에 있었다. 부산의 고무화학공업은 1949년 부산 제조업 붐에 따라 '흥아고무'가 '흥아고무'와 '흥아타이어'로 분리되면서 전국 생산을 주도하였고, 전쟁발발로 1950년 8월 '국제화학'을 비롯한 부산의 5개 고무신공장들이 훈련화 군납공장으로 지정되는 기회를 맞았다. 그러나 1950년 나타난 이러한 원자재난과 가격폭등으로 주요 공장들이 군납공장으로 지정된 1950년 8월에도 그 가동률은 고무신공장이 38%, 운동화공장도 30%에[36)] 머물렀다. 전쟁이 소강상태로 들어가고 공급이 다시 활발해지는 1951년 초까지 부산 고무공장들과 여타 공장들은 해외원료 의존 때문에 고전하고 있었고, 더구나 전쟁 직전 1949년 제조업이 급팽창하고 있어서 전쟁으로 인한 원료난 타격을 더 크게 받았다.

위기의 두 번째 이유는 전쟁과 관련되어 낮아진 구매력, 즉 유효수요의 문제였다. 1949년 47만 750명이던 부산의 인구는 1951년 84만 4,134명으로 증가하는 등 전시로 대규모 인구가 부산에 유입됨으로써[37)] 생존형 4명 이하 공업이 급속히 늘어났고, 따라서 1951년 부산 공업인구는 4만 1,784명에

34) 성병두, 「31. 인물편 강석진」, 부산일보(2004. 6. 2).
35) 이런 자연조건 외에 초기 부산의 고무·화학공업의 발전에 주요한 요소가 되었던 것은 인재를 중히 여기는 기업가들이었다.
36) 한국은행d(1951. 3), p. 612.
37) 부산시 자료(2005. 8. 2).

이르렀지만,[38] 이것이 대규모 제조업체의 발전으로 연결되지는 못하였다. 왜냐하면, 〈그림 1-3〉에서 보듯이 이 시기 폭발적 생산액 증가에도 불구하고 부산에 몰려 든 과잉인구의 존재로 임금지급액은 거의 변동이 없어 유효수요, 즉 소비력이 정체되어 있었기 때문이다. 따라서 소규모 기초생활필수품이 아닌 내구재를 생산하는 대기업의 경우, 군납기업이 아니면 안정적인 판매확대가 이루어지지 못하고 있었다. 내구재에 대한 유효수요의 증가가 이루어지지 못하고 저렴한 노동력이 무제한적으로 존재하였기에 투자가 가능한 규모의 생산업체들 역시 〈그림 1-3〉에서 보았듯이, 전시중 유형고정자산 형성 등 시설투자를 거의 증가시킬 수도 없었고 또 증가시키지도 않고 있었다. 유효수요의 정체는 단기적이었다고는 하지만 그러지 않아도 전쟁으로 나타난 기업들의 자금난을 더욱 악화시켰다.

위기의 세 번째 이유는 전쟁으로 부산-일본-미국축이 강화됨으로써 부산에 전쟁관련 외국의 완제품이 대거 투입되어 기술에서 뒤진 부산 생산재공업의 경우 오히려 타격을 심하게 받았기 때문이다. 이런 예는 해방 이후 전국 조선건조능력의 25%, 전국 선박수리능력의 90.5%라는 절대 지위를 차지하고 있어, 부산이 전국 제조업에서 가장 두드러졌던 조선공업의 경우에서 잘 나타난다.[39] 한국전쟁중 "선박수리사업이 왕성해짐에 따라 조선업계에 새로운 활력소를 불어 넣어 주었다"고[40] 하지만, 이는 〈표 1-5〉에서 보듯이 그야말로 전쟁 중 파손된 선체의 보수에 머무르는 것이었다. 신조선(新造船)은 오히려 절대적으로도 1950년 11대에서 1953년 3대로 줄어들었고, 전국에서의 상대적 비중도 해방 직후 37.2%에서 1950년 57.9%로 순간 상승하였다가 1952년 28.6%, 1953년 18.8%로 급속히 추락하였다. 심지어 선

38) 경상남도b(1952), p. 6.
39) 해방 당시 '조선중공업(朝鮮重工業)'은 단일공장으로 신조선 건조능력이 5,000톤에 달해 전국 건조능력의 25%를 차지하고 있었고, 선체수리능력은 30만 톤으로 전국 수리능력의 80%를 차지하고 있었다. 교통부(1958); 부산상공회의소c(1982), p. 351.
40) 부산상공회의소c(1982), p. 351.

표 1-5 한국전쟁 중 부산 조선공업의 생산과 전국 비중

연 도	신조선 (척)	선체보수 (천 톤)	기관제작 (대)	기관보수 (백만 마력)	전국 비중(%)	
					신조선	선체보수
1949	–	68.6	–	460	–	58.5
1950	11	74.9	6	317	57.9	62.0
1951	–	97.2	1	460	–	63.9
1952	4	103.8	–	513	28.6	61.3
1953	3	105.7	–	482	18.8	73.1

자료: 대한조선공사(1968).

체보수도 전쟁 중 확대되었다고 하지만 1953년 전국 비중 73.1%에 불과해 해방 직후 90.5%에 훨씬 못 미치고 있었다. 이는 전쟁으로 다급해진 상황에서 제한 없이 해외선박이 부산으로 대거 유입된 데 따른 것이었다.

전쟁과 함께 나타난 위기의 네 번째 이유는 전쟁에 따른 행정공백과 혼란에 따른 것이었다. 전쟁이 일어나자 그렇지 않아도 밀수가 성행하던 부산에는 행정의 공백을 이용하여 각종 외국 소비물자가 범람하였고, 동시에 전시의 혼란을 틈타 대마도를 중계지로 하는 대일 밀수가 성행하여 부산의 제조업이 타격을 받았다.[41] 부산항과 오사카항은 밀수선으로 북새통을 이루었으며, 밀수꾼들은 고철과 놋쇠를 싣고 가서 국내시세 톤당 10만 원을 35만 엔에 일본에 팔고, 귀로에 포목, 여자용 악세서리, 화장품 등 전시 중 부산에서 초과수요가 존재하였던 소비재들을 실어 날랐다.[42] 이런 상황은 1950년 말과 1951년에 매우 심하였다.

위기의 다섯 번째 요인은 전시경제의 특수성에 따른 정부개입 등 비시장요인이 확대된 문제였다. 전쟁은 언제나 그렇듯이 정부의 생산주체에 대한 직접적 개입의 확대를 가져왔다. 따라서 이러한 상황을 잘 이용하였던

41) 부산직할시사편찬위원회(1990), p. 1105.
42) 이종재(1993), p. 83.

기업과 그렇지 못한 기업의 차이를 분명히 가져다 준 비경제외적인 여러 요인이 많이 작용해 기업들의 운신폭을 제한하였고, 이는 합리적이고 장기적인 경쟁력 추구를 방해하였다. 1951년 4월 23일 '조선방직'에서 '조방낙면'(朝紡落綿)사건이 일어났고, 1952년 '미진상회'에서는 '重石弗'사건이 발생하였다. '조방낙면'사건은 '조선방직'이 군수용 광목에 불량면을 섞어 공급함으로써 전쟁 중 적군을 이롭게 하였다는 반역사건이었고, '중석불'(重石弗)사건은 '조선중공업', '흥아타이어' 사장이던 이연재가 중석수출 대금 15만 달러를 불하받아 밀가루와 비료를 수입하면서 21억 원이라는 대규모 부정이득을 취하고 이를 정치자금화한 사건이었다.[43] 이러한 사건들이 전시 중에 발생한 것도 바로 경제외적인 요인들이 기업활동에 직접 침투한 결과였다. 이 두 사건은 정치와 기업의 연관성과 관련하여 여러 추측을 만들어 내었으며, 기업들에게 정치권으로부터의 경고성 의미도 주게 되어 이후 계속된 정경유착사건의 서막이 되었다. 실제로 '조방낙면'이 터지자 이에 대한 당시 기업인들의 일반적 시각은 "이 사건은 이승만 대통령 연임 반대에 앞장섰던 야당 국회의원 김지태(金智泰)에 대한 정치적 탄압이라는 것"이었고,[44] 사실 여부와 상관없이 이 사건들로 인해 정부에 잘못 보이면 기업이 바로 그 대가를 치른다는 인식이 기업가들 사이에 퍼져 나갔다.

따라서 인구급증과 전쟁보급기지로서의 역할증대 가능성에도 불구하고, 또 '대선발효(大鮮醱酵)공업'의 박선기(朴善琪) 사장이 부산이 임시수도가 되자 1951년 일약 대한주정협회 회장으로 취임하는 등,[45] 수도이전으로 인한 실질적인 부산 경제인들의 위상강화와 폭발적 생산증대에도 불구하고, 전시기 부산의 전체 제조업은 분명히 여러 제약과 어려움을 겪고 있었다.

43) 이 사건으로 '조선중공업', '조선석유', '미진상회', '흥아타이어'의 이연재가 구속되고 서서히 몰락하기 시작하여 1962년 '흥아타이어'도 '한국산업은행' 관리로 넘어갔다.
44) 성병두, 「24. 인물편 김지태」, 부산일보(2004. 5. 12).
45) 성병두, 「29. 인물편 김지태」, 부산일보(2004. 5. 28).

이러한 사실들은 기존의 선험적 인식과 달리, 전시기(戰時期) 부산의 제조업을 규모별 · 업종별로 보다 정밀하게 나누어 연구할 필요가 있음을 보여 준다. 동시에 이러한 사실들은 국내시장 확대에도 불구하고 원료 해외 의존형이 갖는 부산의 한계와 전쟁이 갖는 순기능 이상의 숨겨진 역기능이 매우 크다는 것도 분명히 보여 준다.

이러한 총체적 결과로, 1950년대 한국전쟁기 공장생산액은 1949년에 비해 급등하였지만 동시에 기본적인 일반 인식과 달리 한국전쟁의 전후 기간과 비교하여 전쟁기간 중 5명 이상 제조업 사업체수와 종사자수는 상대적으로 정체되어 있었다. 즉, 기존 업체를 중심으로 폭발적 생산량 증대가 나타났지만, 이는 대부분 가동률을 확대시킨 것이었으며 원자재난, 자금난 등으로 전시기 새로운 사업체의 진입은 매우 어려웠고, 이에 따른 고용증대는 상대적으로 일어나지 못하고 있었다.

그러나 이러한 양극적인 현상 속에서도 한국전쟁과 이후 수습과정은 이미 1948년 말 이래 성장하고 있었던 부산의 중소기업, 소자본 상공인들에게는 창업과 성장확대의 중요한 계기를 제공하였다.

첫째, 전쟁의 장기화는 미국-일본-부산-경부축을 강화함으로써 부산항을 통해 들어오는 대규모의 정부물자 수입을 확대시켰고, 이에 따라 섬유, 양곡, 기계류 등에서 수입항으로서 부산의 역할이 크게 확대되었다.

둘째, 전쟁을 통해 '조선방직', '삼호방직', '조선견직' 등 비교적 대기업으로 군납지정된 기업들은 군납 자체 충당만으로도 공급능력 부족을 겪었고, 따라서 공급부족은 잔여시장(residual market)을 중소기업에게 제공하는 매우 좋은 성장기회를 제공하였다.

셋째, 나아가 전쟁으로 부산에 몰려든 인구의 집중으로 가장 필수적인 저가 기본민수용품의 수요가 대폭 확대되었다. 1967년 11월 '왕표연탄주식회사'로 공식 출발한 '원진'의 최초 출발도 1951년 전쟁시기 부산에 몰려든 이러한 집중된 인구를 대상으로 한 구멍탄 생산이었다.[46] '평화유지' 역시

전쟁 직후의 비누라는 생필품 부족에 착안하여 1953년 10월 설립되었다.

넷째, 뿐만 아니라 전쟁 때문에 소규모 중소공업에 적합한 이동이 간편한 생산시설들이 부산으로 많이 들어와[47] 상대적으로 중소기업들에게 맞는 시설의 확산효과가 발생하였고, 이와 함께 '조선견직'이 중고기계를 분양하는 예에서 보듯이[48] 중소기업에게의 기계, 체화기술의 이전도 활발히 이루어졌다. 기업상태로도 대기업들이 전후 다시 서울로 돌아간 데 비해 중소기업은 이후에도 계속 부산에 남아 있는 경우가 많았다.

다섯째, 더욱 적극적인 중소기업들은 전쟁에서 군수공급품의 틈새시장을 만들어 내었고, 이 군수품 틈새시장을 이용해 창업과 성장을 이루어 나갔다. 물론 중소기업에게 이런 기회는 적었지만, 대기업이 관여하지 않고 있었던 작은 품목의 소량 군수품시장은, 대기업과의 경쟁 없이 일시에 중소기업이 성장할 수 있는 좋은 기회였던 것이다. 1999년 중소기업청으로부터 기술경쟁력 우수기업으로 선정되고 생산성 대상 국무총리상을 수여받은 '오복식품'이 영도에서 '대동식품'으로 1952년 군납업체로 창업한 예는[49] 이러한 사례가 어렵지만 존재하였음을 보여 준다.

여섯째, 한국전쟁이 장기 소강상태에 들어가면서 서울 · 경기지역의 시설복구가 지연되어 일차적으로 부산 중심의 복구노력이 진행되었는데, 이러한 지역 중심의 소규모 복구 움직임은 소규모 지역시장 상품에 보다 특화할 수 있었던 부산의 중소기업들에게는 상대적으로 유리한 기회였다. '제비표페인트'로 잘 알려진 '건설화학공업주식회사'가 도료회사를 동구 범일동에 세운 것은 1952년이었는데, 바로 전쟁과 이에 따른 전후복구가 중요

46) '원진'은 1974년 '경동탄광' 설립에 참여하였고 1975년 '왕표내화'를 설립하는 등 연료전문회사로 성장하면서 1981년 부산 상공업 발전에 기여한 공로로 부산시장 표창까지 받은 부산의 대표기업이었으나, 1987년 양산공장 준공으로 공장을 양산으로 이전하였고 1990년 '원진'으로 회사명을 변경하였다. 원진(2005. 8. 6).

47) 한국무역협회(1953), p. Ⅷ-49.

48) '조선견직'의 김지태는 연고가 있는 종업원들에게 중고기계를 분양하고 중소공장 경영을 유도하였다. 김지태회장창업사십오년사편찬위원회(1978), p. 155; 차철욱(2002), p. 144.

49) 오복식품(2005. 8. 6).

한 사업기반이었다.

일곱째, 전쟁기에 이익을 독점하고 있었던 대기업에 대한 비판이 높아지자 이에 대한 시정조치가 요구되었는데, 바로 이러한 움직임도 중소공장들의 제조 · 판매활동에 긍정적 효과로 작용하였다. 특히, 1951년 가뭄, 1952년 식량난, 비료부족이 발생하는 가운데, 당시 서민들의 생활과 직접 관련된 비료와 양곡을 둘러싼 대기업의 폭리사건으로 1953년 3월에 발생한 부산의 중석불(重石弗)사건은, 전시기 대기업에 대한 비판을 매우 높이면서 대기업에 대한 자금 · 운영 등의 통제가 따라왔고 이때 반대로 중소기업에 대한 관심과 지원이 확대되었다.

여덟째, 창업주 백제갑 씨가 의주에서 부산에 피난와 창업한 '동성화학'의 예에서 보듯이 전쟁으로 북한을 포함한 전국 지역에서 주요 기술과 기업 창의력을 가진 인물들이 부산에 피난와 인적자본이 풍부하였다. 이들은 경영기술, 생산기술을 전수하는 역할도 하였다. 특히, 마지막 이 점은 비록 수량적으로 측정되지는 않지만 이후 1960년대 중반 이후 다시 서울로 인력이 유출되는 데 따라 부산이 인적자본 애로를 겪는 것과 대조되는 중요한 사건으로, 부산의 1960년대 제조업 황금시기를 만드는 데 결정적 역할을 하였다. 해방 후 또는 한국전쟁에서 부산으로의 인구이동과 집중처럼 역사적으로 추계가 가능한 인구이동은 기존 연구시각에서 언제나 주목되고 있는 데 비해, 양적으로 평가곤란하다고 해서 이러한 인적자본의 이동이 경제발전에 미친 영향이 거의 평가되지 않고 있는 것은 역사적 증거에 명백히 위배되는 오류라고 볼 수 있다. 한 예로 미국의 번영이 이러한 우수 인적자원의 적극적 유입노력과 그 결실에 의해 이루어졌다는 것은 이미 공유되고 있는 역사적 사실이다.[50)]

이러한 주요 계기들로 인해 부산의 중소기업, 소자본이 성장함으로써

50) 제2차 세계대전 후에도 미국은 독일의 기술자를 확보하려고 적극 노력하였고 이것이 미국의 항공, 자동차 등 기술발전에 중요한 초석이 되었다.

그림 1-4 부산의 200명 미만 제조업 사업체의 비중(종사자수)

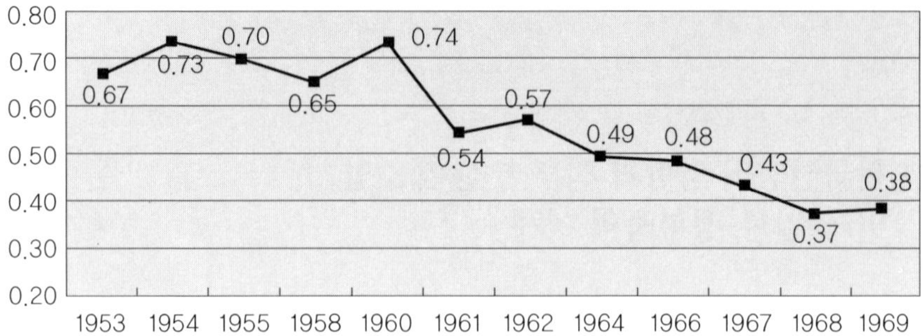

주: 1) 1953년, 1962년은 200명 이하임.
2) 1953년은 9월 20일 현재 부산 추정값임.
3) 1954년은 전국과 경남의 10명 이상 사업체를 환산하여 구한 값임.
4) 1955년은 10월 현재임. 『광공업센서스보고서 시리즈 1』에 의하면 경상남도 값에 수정이 있고 부산도 수정이 있을 수 있으나 사업체 2.1%로 차가 적고 수정할 경우 수정오차가 있어 원값을 이용함.
5) 1955년은 상시 및 임시 종업원 총수로 경상남도 값을 구해 환산한 것임.
6) 1958년은 1959년 3월 말 통계임.
7) 1960년은 전국 환산값임.
8) 1961년은 1962년 2월 조사로 상시종업원 4명 이상 제조업체를 조사하였다고 밝히고 있으나 2명 이상도 포함됨. 각 종업원을 합산하여 구함. 25개 사업체 종업원수 미상은 분류불가로 제외함.
9) 1962년은 5명 이상으로 총사업체수 1,543개가 되어 부산시, 『시정백서』(1969)의 총사업체수 1,397개와 다름.
10) 1964년은 종업원수 미상 31개 업체가 제외되지만 부산상공회의소 조사로 총계가 많아져 상쇄됨.

자료: 한국은행a(1955~1956); 한국은행c(1956); 대한상공회의소b(1955); 한국산업은행c(1959); 상공부 · 한국산업은행(1961); 부산상공회의소b(1962; 1964); 중소기업은행(1963); 경제기획원 · 한국산업은행(1964; 1967; 1970~1971); 한국산업은행b(1968).

1950년대 중소기업들의 종사자수 비중은 높았다. 부산의 200명 미만 중소기업들의 종사자수 비중을 조사해 보면, 〈그림 1-4〉에서 보듯이 1960년대와 대비해 1950년대에는 70%의 매우 높은 비중을 차지하면서 부산 제조업에서 중요한 위치를 차지하고 있었음을 뚜렷이 확인할 수 있다. 부산에서의 이러한 사실은 이대근이 1950년대 연구에서 휴전과 그에 이은 대규모

원조가 신흥 중소공업을 소멸하게 하였다고 주장한 전국적 사실과 대비하여 매우 흥미로운 결과를 제시하고 있다.[51)]

Ⅳ. 한국전쟁의 영향과 전후 부산 제조업: 미국-일본-경부축의 한계

한국전쟁이 부산에 미친 영향은 부정적인 면과 긍정적인 면이 있었지만 적어도 부산의 외세의존이라는 역사적이고 근본적인 구조적 문제에는 매우 부정적으로 작용하였다. 한국전쟁은 원조재개로 다시 시작된 미국-일본-부산-경부축을 분명히 고착화시키고 강화시킴으로써 부흥계획을 일본에 다시 의존하게끔 하는 계기로 작용하였다. 여기에는 미국의 주요한 의도가 있었으며 이를 통하여 일본은 전후복구와 성장의 기반을 마련하였다. 20세기 전반기 일본의 경제성장률은 가장 높았던 시기인 1930~1938년에도 연평균 5.0%였으나 1950년대 한국전쟁으로 이후 일본은 1953~1959년 연평균 GDP성장률이 8.2%에 달해, 1950년대 GDP성장률 미국 4.0%, 서독 7.8%, 영국 2.6%, 프랑스 4.6%를 훨씬 추월하였고 이후 고도성장의 기반을 달성하였다.[52)] 한국전쟁은 이러한 미국-일본-부산-경부축의 강화를 통해 일본에게 성장의 동력을 주었지만, 반면 부산의 제조업에게는 전쟁 직전 1948년 이후의 성장이 다시 일본의존형으로 바뀌는 전환기적 계기가 되었다.

일례로 부산이 중심이었던 조선공업의 경우, 1950년대 원자재의 80%를 해외에서 수입하였는데 대부분 일본에서 수입해 오는 구조였고,[53)] 이는

51) 이대근(2002).
52) UN(1960~1985); 日本銀行(1995).
53) 한국산업은행e(1962), p. 705.

1970년대 초까지 지속되었다. 이런 일본에의 높은 의존구조는 일제지배하에 만들어진 구조가 한국전쟁으로 다시 강화되고 고착화된 데 따른 것이었다.

물론 한국전쟁 시기 일본에의 의존도 상승은 이전 식민지하의 의존구조와는 구조적 차이가 있었고, 내적 구조를 자세히 보면 분명히 개선된 움직임이 있었다. 1930년대 일본으로부터의 수입은 완제품 수입이 전체 수입의 60%에 달하였으며, 특히 부산의 수입은 철강을 제외한 기계, 견직물, 면직물, 피복, 자동차부분품 등 완제품 수입이 주류였다.[54] 즉, 일제 지배하에는 완제품이나 생산가능한 국산원료까지 수입하는 구조를 갖고 있었다. 그러나 1950년대 다시 늘어난 수입은 면사, 인견사, 소모사, 스프사 등 섬유사와 종이류, 건축자재 등 중간재와 기타 반제품이 중심이었다.[55] 그리고 이러한 구조의 변화는 일제 지배하와 달리 전후 1950년대 저임금형 부산의 조립가공 중소기업에게 유리한 구조로 작용하여 이들의 성장을 가져다 주는 계기로 작용하기도 하는 차이가 존재하였다.

문제는 비록 국내의 저임금 노동력이라는 부존자원을 이용하고자 하는 움직임이 나타났다고는 하나, 여전히 소비재 중심의 열악한 공업구조와 함께 한국전쟁 그 자체로 인해 일본제 자본재와 중간재가 급속히 들어와 다시 해외의존형으로 바뀌고 있는데다가, 나아가 겨우 안정화되어 가던 생산능력 연계체계가 한국전쟁으로 다시 파괴되면서 해외에 더욱 의존하게 된 점이었다. 여기에 미국으로부터의 농산물을 중심으로 한 원자재 유입이 급등하였다. 결국 해방 전 일본에의 높은 대외의존성으로 인해 해방 직후 가장 타격을 크게 받았던 부산의 제조업은, 1940년대 후반 자생적 성장노력에도 불구하고 다시 전쟁에 따른 미국-일본-경부축의 강화로 인해, 원자재, 중간재 및 자본재, 기술, 심지어 외제상표 선호까지 총체적으로 대외의존성이 심화되었다.

54) 부산상공회의소a(1989), p. 698.
55) 차철욱(2002), pp. 126~127.

실질적인 내용에서 부산 제조업의 재생산구조가 안정화된 것은 부산도 전쟁이 종료된 1953년 가을부터였다. 전쟁이 종료되자 부산에서는 1953년 9월 창립한 '동아제강' 등에서 보듯이 1953년 가을부터 복구수요를 타겟으로 한 제조업체들의 창립이 시작되었다. 1953년 하반기에는 인견직물이 급성장을 이루었고 11월에는 남한에서 처음으로 제당공장이 설립되었다. 인견직물은 전국규모 1, 2, 3위 기업인 '조선견직'(종사자수 1,554명), '선일직물'(종사자수 367명), '고려직물'(종사자수 228명)이 모두 부산에 있었을 정도로[56] 부산이 중심을 이루고 있었다. 이들 인견직물업은 1953년 말에는 이미 면직물 생산과 동일수준에 이르고 있었고, 1953년 7월부터는 특별외화대부가 이루어져 인견직 기업들이 특수직기를 비롯한 각종 기기를 도입하면서 인견직물의 생산이 급속히 증가하였다. 견직물, 면직물과 함께 모직물업계에서도 생산확장이 시작되었다. 현 '부산방직공업'이 1953년 이전의 '부산방직공사'를 자본금 5억 환으로 하여 '주식회사 부산방직공사'로 재창립하고 1953년 11월 직기 35대 및 건조기 1대를 증설하였다.[57] 이 회사는 원래 1934년 5월 부산진구 가야동 50번지에서 설립된 '帝國製麻織布工場'이 1949년 '부산방직공사'로 개칭되어 있던 것이었다.

1954년에는 전쟁특수의 소멸로 생산은 대폭 줄었지만, 부산은 전국에서 전쟁피해가 적었던 지역이라 전후 전국적인 복구수요를 노린 제조업체의 창립과 고용증가, 그리고 고정자본투자가 폭발적으로 부산에서 이루어져, 부산의 1950년대 제조업 붐이 시작되었다. '도남모방'의 전신인 '도남직물'이 창립되고 '부산방직공사'는 본격적인 면·모직물 가공시설 확장에 나섰다. 이미 1953년 국내 설탕생산에 최초로 성공한 '제일제당'은 1954년 전국 생산의 100%를 차지하고 있었고, 이는 제당과 관련된 관련공업 창업과

56) 한국은행c(1956), p. 140.
57) '부산방직공업'은 회사연혁에서 1934년을 회사의 시작으로 기록하고 있다. 부산방직공업(2005. 8. 18).

고용확대 붐을 1954년 부산에 가져왔다. 1947년 부산진구 연지동에서 창립된 '럭키(樂喜)화학공업사'는 1951년 국내최초 합성수지 성형제품 생산을 개시한 데 이어, 1954년 6월에는 부산 연지공장을 건설하여 합성수지 가공시설을 대폭 증설하고 럭키치약을 생산, 개시하면서 국내생산의 내수 화학상품시대를 열었다. 이로써 부산은 화학공업 연관효과 확대와 함께 화학공업 전성시대를 만들고 있었다.

1954년부터 시작된 부산의 제조업 붐은 한국 제조업의 대표기업인 '삼성'과 'LG'의 부산에서의 새로운 출발을 의미하는 것이기도 하였다. 'LG'그룹의 창업자 구인회는 진주에서 '구인회상점'으로 출발하였지만 해방 이후 부산이 급속히 커지자 부산으로 진출하여 '조선흥업사'란 무역회사를 만들었다. 구인회는 해방시대 가장 인기가 있었던 화장품을 판매하면서 직접 이를 제조하고자 결심하였고, 이에 따라 사실상 'LG'그룹의 모태인 '락희화학'을 1947년 부산에서 창업하였는데 본격적인 합성수지 가공시설을 건설한 것은 1954년 부산이었다. '삼성' 역시 '삼성'의 창업자 이병철이 1936년 마산에서 '협동정미소'로 시작하였지만, 전쟁으로 모든 기업기반을 그대로 버려야 하였다. 이런 상황에서 이병철이 제조업 공장을 갖추고 근대적 기업형태로서 오늘날의 '삼성'그룹을 재출발시킨 것은 1953년 부산에서 출발한 '제일제당'이었고, '제일제당'은 1954년 본격적인 생산확장에 들어갔다. 이런 사실은 부산의 제조업 붐과 함께 1950년대 부산이 한국 제조업을 대표하는 공업도시였음을 단적으로 보여 준다.

또한 일제하 만들어진 한국인 제조업 회사 중 유일하게 부산에 남아 있는 '성창기업'(盛昌企業)은[58] 경북 영주에서 1916년 12월에 정미업 및 목재업의 제조업회사 '성창상점'으로 시작한 후, 1948년 대구로 본사를 옮겼다가 전후복구사업이 본격화되면서 제재업, 특히 합판에 대한 수요가 급속히

58) 성창기업(2005. 8. 13).

늘자 1954년에 부산으로 진출하였다.[59] 정태성(鄭泰星)이 설립한 '성창기업'은 다음 해 본사와 공장도 영주에서 부산으로 이전하면서 이후 부산의 대표적 향토기업으로, 일반합판, 가공합판, 제재목, 합판접착제용 포르말린까지 제조하여 합판공업의 발전을 선도하면서 국내 최초 원목 직수입과 해외수출이라는 두 가지 신기록을 세웠다. '동명목재상사'가 한국전쟁의 복구사업 특수를 배경으로 200여 명 종업원과 함께 현대적 기계설비까지 갖춘 생산라인을 완전히 갖추어 가동한 것도 1954년이었다.[60] 이때의 호황으로 '동명목재상사'가 급성장하였고 대기업으로 도약할 수 있는 토대가 마련되었다. 이후 '성창'과 '동명' 두 회사는 부산을 세계적인 합판 · 목재도시로 만들었다.

부산이 다른 지역에 비해 차별적 우위를 가지고 있었던 조선공업에서도 해방 후 대규모 시설정비와 창립이 이루어진 해가 1954년이었다. 한국정부는 해방 후 우선순위의 공업을 복구하기 위해 조선공업에 신경을 쓰지 못하고 있었고 조선공업계 역시 복구와 소규모 중소조선소 신설에 주력하였을 뿐, 대규모 새로운 시설을 건설하는 것은 엄두를 내지 못하고 있었다. 그러다가 1954년 부산의 '대선(大鮮)조선철공소'가 전국 조선소에서는 유일하게 처음으로 산업부흥국채 1억 5,000만 환을 기초로 하여 3,800톤급 배의 입거수리가 가능하도록 선거(船渠)를 건설하였다.[61] 이후 ICA(International Cooperation Administration) 자금과 산업부흥국채 발행자금이 투입되면서 부산 목조선공업의 대거 시설확충과 '대한조선공사'의 시설확충이 진행되었다. '대한조선공사'는 1937년 부산에서 창업된 '조선(朝鮮)중공업'을 모태로 해방 후 신한공사, 미군정, 남조선 과도정부, 대한민국 교통부 등으로 관리권이 이양되다가 1949년 10월 새로 상호가 바뀐 부산 기업이었다.

59) 부산일보(1996. 10. 10).
60) 성병두, 「31. 인물편 강석진」, 부산일보(2004. 6. 2); 부산발전연구원 부산학연구센터(2003), p. 222.
61) 상공부(1965), pp. 28~32.

그 결과 앞의 〈그림 1-2〉에서 보듯이 1954년에는 부산의 제조업 사업체수와 종사자수가 이전 연도에 비해 54.4%, 37.5% 각각 증가하였고, 유형고정자산 연말잔액 역시 대폭 증가한 것으로 추정되는 통계적 단층현상까지 나타났다. 물론 1954년 사업체수와 종사자수의 이러한 단층적인 높은 증가는, 우선은 전쟁이 끝나고 통계의 정비와 조사대상의 확대가 대폭 있었던 통계단층이 원인이고, 둘째는 전쟁이 끝나고 국내외 총력지원에 의한 전후복구 프로그램이 본격화되어 나타난 현상이기도 하였다. 그러나 앞서 보았듯이 부산의 경우 섬유, 제당, 제분업을 중심으로 한 조선, 화학, 목재 등 모든 공업부문의 창업과 설비투자 확대 그리고 이와 관련된 상호 연계 공업 붐이 주요한 요인으로 작용하였다. 이후 부산의 1950년대 제조업 붐을 타고 1955년 2월에는 한국 자동차산업의 출발인 '신진공업사'도 만들어졌다. '신진공업사'는 1965년 '새나라자동차'를 인수해 '신진자동차공업'으로 바뀌었고, 1968년 국영 '한국기계공업'을 인수해 생산규모를 확장하였다. 자동차공업의 시작과 같이 하여 자동차 부품업체들도 발전하기 시작하였는데, 대표적인 업체가 1955년 설립된 '하동환자동차제작소'이다.

특징적인 것은 이 시기 제조업체수, 종사자수, 생산비와 유형고정자산 등의 공급 측면 제조업 지표들의 급등에도 불구하고 생산액, 출하액, 부가가치액 등 수요와 연계된 변수들은 정체되고 있는 것인데, 이는 제조업 투자가 대폭 늘어나고 있음에도 오히려 공공부문의 전쟁특수가 종결되고 전쟁으로 인한 민간구매력 결핍과[62] 시장가격 폭락이[63] 있었기 때문이었다. 특히, 전국의 구매력 감소가 현저히 나타나 부산의 제조업체들은 생산액을 줄이면서 출고를 낮추고 있었지만 여전히 현금화에 애를 먹고 있었다. 구매력 감소로 〈그림 1-5〉에서 보듯이 1954, 1955년 출하액 역시 폭락, 정체되고 있는 것으로 나타났다. "부산 생산업자들은 팔리지 않는 재고제품을

62) 한국무역협회(1954), p. VII-72.
63) 대한상공회의소a(1976), p. 573.

그림 1-5 출하액(1948~1961)

(단위: 백만 원)

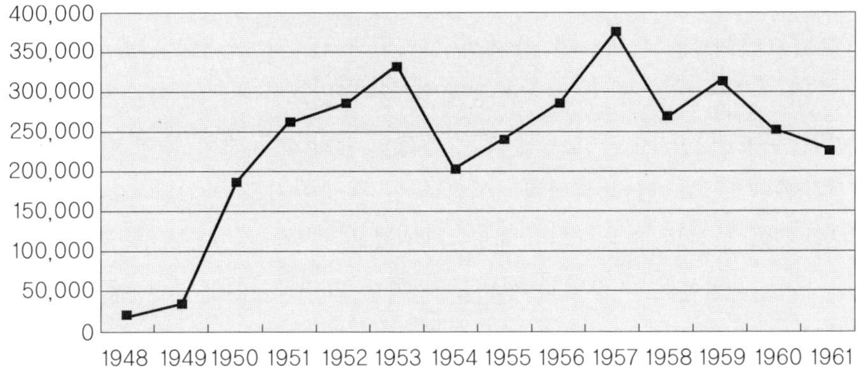

주: 1) 5명 이상 사업체 또는 그와 상응하는 사업체임.
2) 1948~1953년: 1954~1961년 이용 환산액임.
3) 1953년: 9월 20일 기준임.
4) 1954~1957년: 1958년을 이용하여 환산함.
5) 1955년: 10월 31일 기준임.
6) 1958년: 1958년 4월 1일~1959년 3월 31일 기간.
7) 출하액은 경남 출하액을 환산함.
8) 1959년: 1960, 1961년을 이용한 환산액임.
9) 1960년 이후 통계는 1월 1일~12월 31일 기준으로 변경.
10) 경남 통계를 환산함.
11) 1961년: 전국을 환산함.
12) 2000년 불변가격으로 화폐단위 변화를 반영하여 1948~1952년은 1/1,000로, 1953~1961년은 1/10로 환산함.

자료: 상공부(1950); 한국산업은행c(1959); 상공부 · 한국산업은행(1961); 한국산업은행a(1962); 중소기업은행(1963).

담보로 융자나 어음할인을 정부에 요구하였으나 효과를 얻지 못하고 있다"는 보도는[64] 전후부터 1955년에 걸쳐 얼마나 구매력이 떨어지고 있었는가를 바로 보여 준다.

64) 국제신보(1955. 4. 29).

공급과 수요 측면의 불균형 속에서도 1954년의 창업 붐과 설비확장이라는 공업구조의 변화로, 부산에서는 한국 공업구조에서 항상 생산액 1위를 차지하던 식품공업이 아닌 섬유공업이 39%로 생산액 수위를 차지하게 되었다.[65] 섬유공업이 식료품공업을 앞지르고 1위로 올라서면서 정상적인 공업화의 초기단계로 나아가는 이러한 공업구조의 전환은 정상적인 내재적 공업화를 겪은 경우가 아니라 식민지를 통과한 국가, 지역에게는 큰 의미를 갖는 전환기 사건이었다.

휴전 후 뚜렷해진 변화는 미국이 이미 원조물자를 통해 미국산 원면 공급구조로 바꾸고 있었던 한국의 섬유공업을 포함한 전 공업의 공급구조를 미국의 필요에 맞게 바꾸려는 움직임이었다. 부산은 1950년대에 정곡 · 요업제품을 수출하면서 보리, 밀, 제분 등 식료, 섬유, 화학제품 등을 수입해오는 주요 통로로 역할하였다. 이 통로를 강화하면서 미국은 한국전쟁 후 한국의 면방직공업 부흥방안으로, 기존 일본제 시설의 복구나 대체보다[66] 미국의 원면수입 확대와 이를 현실화시킬 새로운 영미제 현대설비 도입을 추진하였다.[67] 미국이 영미제의 새로운 설비도입을 추진한 것은, 미국이 수출하고 있었고 더욱 수출을 확대하고자 하였던 미국 원면에 일본식 시설이 잘 맞지 않았던 이유가 우선 있었다.[68] 그러나 그것보다 더 중요한 이유는 생산력이 높은 신시설의 도입을 통해 미국 잉여원면의 공급을 직접 확대하고, 동시에 한국의 노동집약공업 확장이라는 수직적 국제분업에 입각한 한국 재건이라는 측면이 크게 작용하였기 때문이었다. 종전 후 "1953년 12월에 부산항에 들어온 영국 플랫브라더스(Platt Brothers)사의 5만 5,440추 정방기, 미국 사코로웰(SacoLowell)사의 혼타면기 등 도입 신설비는 해방 이전과는 기술적으로 상당한 격차를 가지고 있는 최신 설비였는데, 예컨대 이전

65) 한국은행a(1955).
66) 한국무역협회(1952~1960).
67) 한국산업은행d(1955), pp. 184~186.
68) 이대근(1987); 김대환(1998), pp. 212~213.

에는 동력을 공장 전체에 후레임과 벨트를 통해 전달하였지만 이 설비는 자체에 모터가 달려 있어서 개별 동작을 하는 설비"였다.[69]

1955년 대일무역이 중단되고 미국제인 ICA 원조물자가 급속히 쏟아져 들어 왔는데, 한국전쟁 후 나타난 일련의 대일무역정책은 미국의 의도하에 미국이 주도하고 있었다. 현재의 기존 시각들은 일본제의 수입금지 및 1955년 일본과의 교역중단 등 일련의 대일무역정책을 전부 이승만정부의 대일강경책으로만 보고 있으나 여기에는 미국의 입장이 있었다. 물론 미국의 입장이 일본을 이용하는 것으로 해방 이후 변질·강화되었던 점을 고려하면 1950년대 이 관계는 보다 정교한 연구가 필요하지만, 한국을 원료에서 자본재까지 미국의 시장으로 만들려는 의도는 분명하였다.[70]

미국의 노력은 일제 지배하 경남이 최대 재래면 산지라는 입지조건상, 그리고 전시 보급기지와 일본 경제권과의 연결구조상 다른 어느 지역보다 섬유공업이 발전하면서, 동시에 이에 기반하여 해방 직후 일본제 기계를 대량으로 보유하고 있었던 부산의 섬유공업을 인위적으로 붕괴시키는 결과를 가져왔다. 이와 동시에 인견직물은 신섬유인 스프직물이나 나일론직물로 대체되기 시작하였는데, 1959년에 '한국나일론'이라는 나일론공장이 대구에 생기고 16개 공장 중 11개가 대구에 설립됨으로써 신섬유공업의 중심도 부산에서 이동해 나가기 시작하였다. 설비기준으로 부산의 면견직공장은 전국 최고의 시설을 자랑하고 있었지만, 미국의 시장형성 노력 가운

69) 이 내용은 단국대학교의 서문석 교수가 일러 주었다. 서 교수는 미국측의 의도에 대한 저자의 원인제기에 대해, 미국은 자국의 설비보다는 잉여원면의 해결에 오히려 비중을 두어 "미국은 주로 원면을, 영국은 원면 대신에 설비 등을 판매한 것으로 판단하고 있다"고 의견을 제시하여 주었다.

70) 섬유공업단지의 이동과 미국산 원면으로의 완전대체라는 계획은 성공하였지만, 그러나 이후 대구 섬유공업의 발전을 보면 최종적으로 미국의 자본재시장까지 만들려는 미국의 의도가 성공하였다고 평가하기는 어렵다. 원면도입시장은 전면적으로 미국으로 바뀌었지만 경성대학교 김종한 교수가 지적해 주었듯이 대구 섬유공업의 기계는 이후 일본제가 압도적이었다. 일본인들은 미국 원면에 맞는 대량생산체제의 기계로 재빨리 바꾸고 있었고 일본어와 일본식에 익숙하였던 경영자와 기술자 그리고 낮은 일제의 가격, 무엇보다 부품의 대체 용이성과 필요시 적시공급의 이점 등으로 대구의 섬유공업에서는 일제 기계가 다시 선호, 선택되었다.

데 한국의 섬유생산시장은 바뀌고 있었다. 여기에 1950년대 중반 이후 인견사 가격의 상승, 인견직물 생산지역의 확대, 전국 가내수공업 생산의 확대, 전후 부산의 구매력 감소에 이어 나일론과의 가격경쟁에서 뒤처짐으로써 부산 인견직물업은 스스로도 침체의 길을 걸어야 하였다. 이후 부산의 대형 8개 직물업체는 1957~1962년 사이에 노동자가 증가한 업체는 2개에 불과하였고 6개 업체는 감소하였다. 그 결과 1950년대 후반에는 미국이 한국 공업의 선택으로 장려하였던 섬유공업에서 기존의 일본-부산-경부축은 미국-부산-대구-경부축으로 경부축이 새로이 구체화되고 있었다. 1955년 8월 한국 정부의 대일본 교역단절조치 역시 부산 산업계에 단기적으로 불리하게 작용하였다. 일차적으로 한일무역의 강제중지조치는 해방 이후 일본으로부터의 원조물자 수송, 그리고 특히 한국전쟁으로 크게 확대되어 온 부산의 대일본 관계를 단절하는 충격을 부산 제조업계에 가져왔고, 이와 관련된 해운 등 3차산업의 후퇴는 더욱더 부산 제조업의 입지를 불리하게 만들었다. 1955년 8월의 대일본 교역단절조치로 선박수요가 줄자 신선박은 물론 중고선조차 선주들이 인수하지 않고 항구에 묶어 두는 실정이었고, 계획조선(計劃造船)으로 조선공장이 만든 배도 인수가 이루어지지 않아 담보로 설정한 배가 차압되어 공매될 정도였다.[71] 사태는 부산의 조선공업계가 계획조선에 선박을 양도받을 선주도 정부가 지정해 주기를 요구하기에까지 이르렀다.[72]

하지만 일부 산업에서 나타난 타격에도 불구하고 1950년대 부산의 제조업체들은 전반적으로 새로이 이루어지고 있는 미국-부산-경부축에 따라 계속 확장을 추구하였다. 이미 전국 비중이 높았던 조선공업(40~50%), 고무공업, 유리공업(36.5%)[73] 외에 1950년대 후반 이후 가장 성장산업이며 지역

71) 상공부(1965), pp. 35~36.
72) 국제신보(1956. 7. 18).
73) 부산직할시사편찬위원회(1990), pp. 1112~1118.

입지적 산업이었던 제당공업과 제분공업을 중심으로 한 식료품공업은 미국으로부터의 원료수입과 함께 확장되었다. 그 결과 제당공업은 부산이 전국 시장의 60% 점유율을 유지하였으며, 제분업에서도 부산은 '극동제분', '조선제분' 부산공장, '신한제분', '남선곡산' 등으로 국내 생산능력의 40%를 차지하였다.

이러한 부산 제조업의 확장을 부추긴 것은 정부정책이었다. 정부는 만성적인 자원 · 자본부족과 한국전쟁으로 인한 자본손실을 타개해 나가기 위해 대부분의 성공한 후발공업국가들이 그러하듯이 제조업 위주의 전형적인 산업 간 불균형성장을 추구하였고, 제조업의 진흥을 위해 화폐개혁을 통한 금융지원 강화의 금융정책과 함께 1956년 간접세 중심으로 세제를 개편하는 재정정책 개혁을 취해 나갔다. 또한 외환정책에서 제조업의 비용을 낮추기 위한 원화 고평가의 고정환율제도도 농업의 희생 위에 시행하였다. 이러한 정책은 효과를 나타내고 있었고 전국적으로도 제조업의 성장기여율이 1955년부터 농림업을 추월하기 시작하여 예외적인 해를 제외하고는 대체적으로 이후에는 계속 제조업 성장률이 농림업 성장률을 앞지르면서 성장을 주도하게 되었다.

이러한 일련의 제조업 지원정책 속에서 1940년대 말 1950년대 한국전쟁을 통해 성장한 신흥 제조업 중소자본 역시 1950년대 후반기 대기업으로 성장하였다. 중소기업에서 성장하거나 1950년대 후반 새로 창립되는 기업 속에는 전통적인 주정업 · 제분업 등 식료품공업이나 고무공업, 직물공업 기업들도 있지만, 신산업으로서의 한국 공업을 선도하는 화학공업과 기계공업, 전자공업 기업들도 다수 있었다. '남선도료', '럭키화학', '조광페인트', '평화유지' 등에 이어 '금북화학공업'과 '순천당제약'이 1955년과 1957년 부산에서 각각 창립되어 부산의 화학공업을 이끌었다. 1950년대 자연입지적 조건으로 고무화학공업이 부산에서 발전하고 있었다면, 부산의 기계공업은 산업입지적 조건으로 조선공업과 섬유공업을 기반으로 발달하였다. '경

희철공소', '동명철공소'가 '대한조선공사'를 끼고 발전하였고, '조흥발동기'는 발동기를 국산화하는 기계공업의 발전에 큰 역할을 하였으며, '대창주물'(이후 '대창중기')은 직물기계 생산에 주력하였다. 한국전자산업의 시작과 성장을 만들어 온 '금성사'가 부산에서 창업한 것도 바로 1958년 10월이었고, 이후 1969년 서울로 본사를 이전하기까지 한국 공업의 선두 성장공업이었던 전자산업은 부산이 주도하였다.

계속적인 투자확대와 함께 1956~1957년에 전후 소비가 복구와 함께 살아나면서 부산은 직물 · 제당 · 제분부문을 중심으로 한 1950년대 부산 제조업 붐의 꽃을 피우고 있었고 이 시기 생산과 출하는 최고조에 달하였다. 특히, 1957년이 되면 생산만이 아니라 수요견인이 뚜렷해져 〈그림 1-6〉에서 보듯이 약간씩 증가하던 연말재고액도 1957년에는 오히려 1956년에 비해 약간 줄면서도, 〈그림 1-5〉의 '출하액'에서 보았듯이 출하액은 이전 최고수준이었던 1953년 수준을 다시 넘어선 것으로 추정된다. 이는 전시기 생산증대와 함께 재고액 증가가 높고 또 재고액이 높았던 것으로 추정되는 1952~1953년 상황과는 내용에서도 다른, 매우 긍정적 내용으로 충분히 해석될 수 있는 것이었다. 1957년 1월 26일 부산상공회의소 제13회 의원총회가 열렸는데 이 자리에서 배상갑(裵上甲) 시장은 축사를 통해 "부산 상공인의 흥폐(興廢)가 대한의 흥폐"라고[74] 자신 있게 말할 정도로 부산의 제조업은 이 시기 전국 제조업을 선도하였다.

그러나 1950년대 후반부터 소비가 살아나고 있었다고 하지만 생산이 급속히 증가함에 따라 남북분단과 동서냉전에 근본적으로 기인하는 수요의 제한문제는 잠복적으로 존재하고 있었다. 1957년에는 일부 업종이지만 섬유, 식품 등에서 과잉생산이 나타나기 시작하였고, 정부는 이를 완화시키기 위해 관련 업계의 요구에 따라 '섬유제품 수입금지' 등을 시행해 나갔

74) 부산상공회의소c(1982), p. 622.

그림 1-6 연말재고액

(단위: 백만 원)

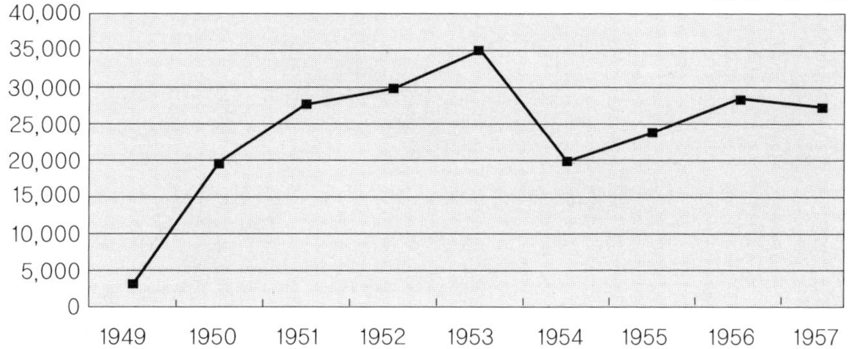

주: 1) 완제품, 半제품, 재공품 재고액, 원재료 및 보조재료, 연료를 전부 합산함.
2) 1949~1953년: 1954~1961년 자료를 이용한 환산액임.
3) 1953년: 9월 20일 기준임.
4) 1954~1956년: 1957, 1958년 기준 환산값임.
5) 1955년: 10월 31일 기준임.
6) 1957년: 1958년 4월 말 현재기준.
7) 2000년 불변가격으로 화폐단위 변화를 반영하여 1948~1952년은 1/1,000로, 1953~1961년은 1/10로 환산함.

자료: 상공부(1950); 경상남도e(1963).

으나 공급과잉을 막지는 못하였다. 새로이 형성된 미국-부산-경부축은 부산 제조업 성장의 힘이 되었지만 역시 원료에서부터 판매시장까지 전반적인 대외지향적인 의존구조를 다시 확대시켜 부산 공업의 한계로 자리잡아 나가고 있었다.

V. 맺음말

해방 후 한국전쟁 직전 미국의 의도에 따라 미국-일본-부산-경부축이 만들어졌다. 일본-부산-경부축으로 형성되었던 해방 전과 달랐던 것은 미국의 이해에 맞도록 출발점에 미국이 포함된 미국-일본-부산-경부축이 만들어졌다는 점이다. 부산은 해방 후 미국, 그리고 그 연결지로서의 일본으로부터의 이입항구라는 점이 부각되면서 경부축-일본-미국을 잇는 결합지점으로 지목되었다. 이러한 구조 속에서 해방 직후 부산의 중소기업 움직임은 1950년대 이후 부산의 제조업 발전과 후퇴를 설명하기 위해 주목할 필요가 있다.

1949년 급속한 부산의 제조업 변화는 높은 성장의 징후를 보여 준다. 이러한 1949년 부산 제조업의 호황은 전쟁이라는 외생변수 발생 직후 1950년 하반기까지도 계속되었는데, 이런 결과는 이제까지 한국전쟁만이 초점이 되었던 것과 달리 1949년이 부산 제조업에서 큰 분수령이었고 또 한국전쟁의 평가와 관련하여 전쟁 직전 지역연구에 대해 보다 적극적인 연구가 필요한 것을 보여 준다. 또한 이 시기 주요한 역할을 하고 있었던 중소기업을 볼 때, 한국 산업사에 중소기업의 역할복귀가 1949년 전쟁 이전과 이후 어떻게 연결되고 있는가에 대해서도 연구 필요성을 제시하고 있다고 볼 수 있다.

한국전쟁의 발발은 학계에서는 일반적으로 부산경제에 매우 긍정적 기회를 준 것으로 평가되어 왔다. 추계된 통계는 전쟁으로 생산액은 급등하고 있었지만 고용과 사업체수 증가는 정체되어 있었음을 보여 준다. 이러한 사실은 그 동안 상반된 증언으로 존재하고 있었던 "전쟁 초기 고전하였다"는 증언사실과, "부산이 전쟁으로 총동원적인 공업생산 확대에 들어

갔다"는 증언이, 공업별 · 업종별 · 규모별로 어느 한쪽이 사실이 아닌 양쪽 모두 사실과 부합될 수 있음을 확인하여 준다.

전쟁의 장기화는 미국-일본-부산-경부축을 강화함으로써 부산항을 통해 들어오는 대규모의 정부물자 수입을 확대시켰고, 이에 따라 섬유, 양곡, 기계류 등에서 수입항으로서의 부산의 역할이 크게 확대되었다. 이는 부산의 제조업에 긍정적이면서 동시에 부정적 요소로 작용하였다. 한국전쟁과 전후 수습과정은 이미 1948년 말 이래 성장하고 있었던 부산의 중소기업 · 소자본 상공인들에게는 창업과 성장확대의 중요한 계기를 제공하였다. 이러한 주요 계기들로 인해 부산의 중소기업 · 소자본이 성장함으로써 1950년대 중소기업들의 종사자수 비중은 높았다.

한국전쟁이 부산에 미친 영향은 부정적인 면과 긍정적인 면이 있었지만 적어도 부산의 외세의존이라는 역사적이고 근본적인 구조적 문제에는 매우 부정적으로 작용하였다. 한국전쟁은 원조재개로 다시 시작된 미국-일본-부산-경부축을 분명히 고착화시키고 강화시킴으로써 한국의 부흥계획을 미국, 일본에 다시 의존하게끔 하는 계기로 작용하였다. 여기에는 미국의 주요한 의도가 있었으며 이를 통하여 일본은 전후복구와 성장의 기반을 마련하였지만, 부산의 제조업으로서는 전쟁 직전 1948년 이후의 성장이 다시 대외의존형으로 바뀌는 전환기적 계기가 되었다.

전후 1954년에는 부산의 제조업 붐이 시작되었다. 제조업체의 창립과 고용증가, 그리고 고정자본투자가 폭발적으로 이루어졌다. 이런 가운데 휴전 후 이전과 달리 나타난 하나이 변화는 미국이 한국을 보다 미국의 이해에 맞게 개편하려는 움직임이었다. 원료제공시장, 나아가 자본재까지 궁극적으로 일본이 아닌 미국으로 대체하고자 하는 움직임이었다. 이러한 노력은 1955년 8월 한국 정부의 대일본 교역단절조치로 연결되었다. 심지어 미국과 세계은행이 한국에 비교우위 공업으로 정착시키려 하였던 섬유공업에서, 기존의 일본-부산-경부축은 미국-부산-대구-경부축으로 경부축이

새롭게 구체화되고 있었다. 국민총생산의 66%, 공업생산량의 81%가 이 축으로 집중되었고 수송로로서 전체 자동차의 81%가 이 축을 통과하고 있어 결국 이 축은 1960년대 경부고속도로 건설로 연결되었다.[75)]

이렇게 1955년 8월 한국 정부의 대일본 교역단절조치와 1950년대 후반 자국상품 시장구조로 바꾸려는 미국 움직임에 의해, 기존 대외-경부축이 급속히 움직이면서 부산 공업은 더욱 미국축에 의존하는 구조로 바뀌어 갔다. 새로이 형성된 미국-부산-경부축은 이후 부산의 단기적인 성장을 가져다주기도 하였지만, 높은 대외의존성으로 결국 장기적인 침체의 근본원인이 되는 양면성으로 나타났다. 그 결과로 부산은 1950년대 말 1960년대 초 다른 어느 지역보다도 크고 긴 불황을 겪었다. 그러나 이러한 위기는 부산 제조업계에 1960년대 초 새로운 공업구조 전환을 모색할 수밖에 없는 기회를 가져다주었다. 그 선택은 바로 부산 제조업계의 몫이었다.

75) 정부의 경부고속도로 건설에 즈음한 건설의의 담화 내용. 이 내용에서는 "우리나라 전체 인구의 63%가 살고 있는 서울, 경기, 충청, 경상도 지방에 교통편의를 제공하고 …… 우리나라 해상 수송량의 55%를 담당하는 부산-인천의 2개 항을 고속도로로 연결, 수입과 수출의 효율화를 제고한다"(홍하상, 2005, p. 122; 한국경제신문, 2004, p. 158)고 되어 있어, 결국 경부축은 인천까지 연결하는 동해안과 서해안의 연결축이 의도되고 있었다.

참고문헌

강동원, 「한국전쟁의 물적 피해와 그 경제적 영향」, 서강대학교 경제학석사학위논문, 2003.

건설화학공업주식회사, '건설화학공업주식회사' 홈페이지, http://www.jebi.co.kr, 2005. 8. 16.

경상남도a, 『경남연감』, 1954.

______b, 『도세개람』, 1952~1953, 1955~1958.

______c, 『도세일람』, 1957~1959.

______d, 『경남통계연보』, 1961.

______e, 『경상남도지(中)』, 1963.

경제기획원, 『한국통계월보』, 1976. 9.

경제기획원 · 한국산업은행, 『광공업센서스보고서 시리즈 Ⅰ, 1963』, 1964.

______, 『광공업센서스보고서 시리즈 1, 기본통계편 '66』, 1967.

______, 『광공업통계조사보고서』, 1970~1971.

교통부, 『육운(陸運)십년지』, 1958.

溝口敏行 · 梅村又次 編, 『舊日本植民地經濟統計』, 東洋經濟新報社, 1988.

국제상사주식회사, 『국제상사 30년사』, 1979.

국제신보사, 국제신보, 1956~1979.

금양, '금양' 홈페이지, http://www.kyc.co.kr, 2005. 9. 10.

김대환, 「1950년대 후반기의 경제상황과 경제정책」, 한국정신문화연구원 현대사연구소 편, 『한국현대사의 재인식 4』, 오름, 1998.

김의환, 「부산 근대공업 발달사 연구」, 『한국근대사연구논집』, 성진문화사, 1972.

김지태회장창업사십오년사편찬위원회, 『김지태회장창업사십오년사』,

1978.
김진엽, 「한국 고무공업의 전개과정에 관한 연구」, 서울대 석사학위논문, 1985.
김태현, 『부산기업사』, 부산발전연구원 부산학연구센터, 2004.
남조선과도정부중앙경제위원회, 『南朝鮮産業勞務力及賃金調査』, 사무처 통계서, 1948.
대한상공회의소a, 『상공회의소 九十年史』, 1976.
_____b, 『전국제조업요람』, 1955.
_____c, 『전국주요기업체명감』, 1956.
대한연감사, 『대한연감 4286년판』, 1952.
대한조선공사, 『대한조선공사 30년사』, 1968.
동국제강, '동국제강' 홈페이지, http://www.dongkuk.co.kr, 2005. 8. 19.
동아일보, 1946. 3. 20~1947. 12.
동양제강, '동양제강' 홈페이지, http://www.ropes.co.kr/pub_index.htm, 2005. 9. 21.
만호제강, '만호제강' 홈페이지, http://www.manhorope.com, 2005. 8. 19.
박영구, 「지역 장기 제조업 통계의 작성 방법과 추계: 부산, 1945-2000」, 『경제학연구』 제53집 제2호, 한국경제학회, 2005. 6.
배석만, 「1950년대 부산지역 고무공업의 구조변화」, 『1950년대 한국자본주의 발전과 부산』, 부산경남역사연구소 · 한국역사연구회 공동 심포지엄 논문집, 2001.
_____, 「1930-50년대 조선공업 정책과 조선회사의 경영」, 부산대학교 박사학위논문, 2005.
부산발전연구원 부산학연구센터, 『부산항변천사』, 2003.
부산방직공업, '부산방직공업' 홈페이지, http://www.busantex.co.kr, 2005. 8. 18.

釜山府, 『釜山の産業』, 1942~1943.

부산상공회의소a, 『부산경제사』, 1989.

______b, 『부산상공명감』, 1954, 1962, 1964.

______c, 『부산상의사』, 1982.

______d, 『부산안내』, 1964.

______e, 『부산제조기업체실태조사서』, 연도불명.

부산시a, 『부산의 상공업』, 1965, 1967.

______b, 『부산의 역사』, 1978.

______c, 『시세일람』, 1956, 1958, 1959, 1961.

______d, 『시정백서』, 1969.

______e, 『통계수시보』, 1967.

______f, 『통계연보』, 1962~2000.

부산시사편찬위원회, 『釜山略史』, 1965.

부산일보사, 부산일보, 1948. 4. 1~2004. 10. 19.

______, 「향토기업을 찾아서」, 부산일보, 1996. 10. 10~1996. 12. 26.

부산지방해운항만청, 『부산항사』, 1991.

부산직할시, 『상공통계연보』, 1969~1971.

______, 『부산직할시 20년』, 1984.

______, 『부산직할시 30년』, 1993.

부산직할시사편찬위원회, 『부산시사』 제2권, 1990.

상공부, 『단기 4283년도판 공장 · 광산명부』, 1950.

______, 『조선공업』, 1965.

상공부 · 한국산업은행, 『광업 및 제조업 사업체조사 종합보고서 1960』, 1961.

성병두, 「부산경제야사」, 부산일보, 2004. 2. 9~2004. 6. 28.

성창기업, '성창(盛昌)기업주식회사' 홈페이지, http://www.sungchang.co.kr,

2005. 8. 13.
오복식품, '오복식품' 홈페이지, http://obok.co.kr/kor/companyinfo/history.asp, 2005. 8. 6.
원진, '원진' 홈페이지, http://www.wonjin.co.kr, 2005. 8. 6.
이대근, 「한국전쟁과 1950년대 자본축적」, 서울대학교 경제학과 박사학위논문, 1987.
_____, 『해방 후 · 1950년대의 경제: 공업화의 사적 배경연구』, 삼성경제연구소, 2002.
이종재, 『재벌이력서』, 한국일보사, 1993.
日本銀行, 『國際比較統計』, 1995.
제일제당, 『제일제당 10년지』, 1964.
조광페인트, '조광페인트' 홈페이지, http://www.ckpc.co.kr, 2005. 10. 1.
『조선경제통계요람』, 1949.
조선은행조사부, 『조선경제연보』, 1948.
_____, 『경제연감』, 1949.
조선통신사, 『조선연감』, 1948.
『조선해방연보』, 문우인쇄서관, 1946.
중소기업은행, 『광업 · 제조업사업체조사보고 1962』, 1963.
차철욱, 「이승만정권기 무역정책과 대일 민간무역구조」, 부산대학교 박사학위논문, 2002.
최상오, 「1950년대 외환제도와 환율정책에 관한 연구」, 성균관대학교 경제학박사학위논문, 2000.
崔永鎬, 「해방직후의 재일한국인의 본국귀환, 그 과정과 통제구조」, 『한일관계사연구』 4, 1995.
한국경제신문사, 『이병철 vs 정주영』, 2004.
한국무역협회, 『무역연감』, 1952~1960.

한국산업은행a, 『1961 전국광업 및 제조업사업체 표본조사보고』, 1962.
______b, 『광공업통계조사보고서 1967』, 1968.
______c, 『광업 및 제조업 사업체조사 종합보고서』, 1959, 1961.
______d, 『한국산업경제 10년사』, 1955.
______e, 『한국의 산업』, 1960, 1962.
한국은행a, 『경제연감』, 1955~1959.
______b, 『경제통계연보』, 1960.
______c, 『광업 및 제조업사업체 名簿』, 1956.
______d, 『조사월보』, 1947. 5~1979. 2.
홍하상, 『주식회사 대한민국 CEO 박정희』, 국일미디어, 2005.
Mason, Edward S., Mahn Je Kim, Dwight H. Perkins, Kwang Suk Kim, and David C. Cole, *The Economic and Social Modernization of the Republic of Korea, Studies in the Modernization of the Republic of Korea: 1945-1975*, Cambridge, Mass.: Harvard University Press, Korea Development Institute, 1980.
UN, *Yearbook of National Account Statistics*, 1960~1985.

CHAPTER 2

제조업의 지역적 성장구조 변화, 1945~1958

1952년 중앙동 시가지

CHAPTER 2

제조업의 지역적 성장구조 변화, 1945~1958

Ⅰ. 서론

한 나라의 성장과 발전은 모든 지역에 걸쳐 동일한 규모와 정도로 진행되지는 않는다. 한 국가의 산업이나 공업구조의 전반적인 변화는 지역 간 격차 또는 차별성을 동반하여 나타나는 것이 일반적이다. 지역으로 한정하면 어떤 지역은 특정한 시기에 고도의 성장을 경험하기도 하고, 또 쇠퇴하기도 한다. 만약 이러한 지역 성장구조의 시간적 변동을 어떤 명확한 유형으로 파악할 수 있다면 이를 '성장축'이라고 파악할 수 있다.[1)]

제조업 성장축의 변화는 국가 전체를 공통분모로 하여 지역 제조업의 성장 또는 위축과정을 장기적이고 거시적으로 분석함으로써 파악할 수 있다. 그런데 기존 연구의 대부분은 산업입지에 대한 연구, 혹은 산업입지의 변화요인을 구조적으로 접근하여 분석한 연구[2)]이거나, 또는 지역산업을 변화–할당분석(shift–share analysis) 등을 통해 분석한 것[3)]이 대부분이다. 지

1) 형기주(1976, p. 6)는 이를 '동태적 축'으로 개념 정의하고 있다.
2) 이들 연구의 대부분은 경제지리학자에 의해 진행되었다. 김재철(1999)은 지가상승과 임금상승을 포함한 노동력 재생산요인이 제조업 입지변화의 중요한 요인임을 지적하고 있다. 또 유환종(2001)은 탈공업화와 재산업화가 동시에 진행되는 역동적인 구조재편과정에 대한 분석을 행하고 있다. 그러나 이들 두 논문 모두 장기적 관점에서 분석한 것은 아니며, 각 지역 제조업의 성장차이에 기인하는 공업구조의 시간적 · 지역적 변동과정을 추적한 것도 아니다.
3) 부산지역에 한정한다면 임정덕의 연구 등이 그 좋은 예이다. 임정덕(1997; 2001)은 변화-할당분석(shift-share analysis)을 이용하여 지역제조업 성장이 국가성장에 의한 것인지 경쟁력을 가진 것

역 간 성장의 차이로 인한 '공업지역 구조의 동태적 축'을 다룬 연구는 일제 시대를 대상으로 한 형기주의 연구,[4] 그리고 최근에 1970년부터 1995년까지의 시기를 다룬 김영성의 연구,[5] 그리고 이윤 · 구자형의 연구가 거의 전부이다. 이 중에서 이윤 · 구자형(2004)의 논문은 1955년에서 2002년의 기간을 다루었고, 이윤 · 구자형(2005)의 논문은 1909년에서 2003년을 다루었다. 이윤 · 구자형은 제조업이 특정 지역에 모이고(집적, agglomeration), 특정 산업이 특정 지역에 모이는(특화, specialization) 현상을 분석한 최근의 대표적인 연구성과라고 할 수 있다. 특히, 장기에 걸친 변화를 분석하였다는 점, 원집중지수를 평균수렴요인과 분산요인으로 분해하는 분석방법을 사용한 것(이윤 · 구자형, 2005), 이를 다시 미국의 경우와 비교하거나(이윤 · 구자형, 2004), 최근의 정책에 대한 시사점을 도출한 것(이윤 · 구자형, 2005)은 공헌이라고 할 수 있다.

그런데 이들 논문들은, 첫째 모두 해방 이후의 시기에 대해서는 분석에서 제외하고 있다. 이윤 · 구자형(2005)의 경우는 1955년과 1958년을 포함하고 있지만 그 이외의 시기에 대한 분석은 결여하고 있다. 이는 통계자료가 정비되어 있지 않기 때문이다. 또 이 시기는 일반적으로 해방 이후의 혼란기, 한국전쟁 이후의 부흥기 정도로 치부되고 있다. 그러나 해방 이후 1950년대는 한국경제의 초기조건이 형성되었던 시기이며, 제조업의 경우는 지역적 발전구조의 큰 틀이 만들어진 중요한 시기이다. 따라서 이 시기에 대한 구체적인 분석은 반드시 필요하다.

둘째, 형기주의 연구와는 달리 기타 논문들은 어떤 시기에 어떤 지역이 어떤 산업을 중심으로 성장하였는가를 구체적으로 밝히고 있지 않다. 그러

인지 등에 대한 분석을 하고 있다.

4) 형기주(1975; 1976)는 1910년에서 1945년에 걸친 도별 공업생산액을 토대로 공업지역 구조의 동태적 축을 명시적인 형태로 유형화하고 있다.

5) 김영성(2001)은 발전이라는 개념을 사용하고 있다. 즉, 지역발전 수준을 측정하고 평가하는 방법으로 객관적 접근과 주관적 접근을 병행하고 있고, 단일경제지표나 다수의 객관적 사회지표 이외에 주민의 지역발전과 생활에 대한 태도 등을 포함한 개념지표를 사용하고 있다.

나 단지 어떤 지역에 산업이 집중되었다는 것보다 어떤 시기에 어떤 산업을 중심으로 어떤 지역이 발전하였는가를 분석해야만 제조업 성장의 지역별·시기별 특징을 명확히 할 수 있다. 이를 통해 지역의 성장 또는 지역균형발전이라는 최근의 화두에도 일정한 시사점을 도출할 수 있을 것이다.

본 연구에서는 한국전쟁을 전후한 시기 한국의 성장축의 변화를 고찰하고자 한다. 한정된 자료를 최대한 정비하여 기존 연구에서 제외되어 있는 해방 이후 1950년대 제조업의 지역적 발전구조를 해명하고자 한다. 특히, 어떤 지역이 어떤 산업을 중심으로 성장하였는가를 구체적으로 밝히고자 한다.

Ⅱ. 통계자료와 분석방법

1. 통계자료의 문제

한국전쟁을 전후한 시기 성장축에 관한 고찰은 통계자료의 확보와 분석방법의 채택이라는 두 가지 어려움이 있다. 이 중 통계자료 문제를 살펴보면 일관된 시계열 총계자료의 부족, 부문별 분류체계상의 혼란, 지역 간 경계의 문제 등으로 요약할 수 있다.

먼저 해방 직후 시기에는 충분한 시계열 통계자료를 확보할 수 없다는 것이 분석의 가장 큰 걸림돌이다.[6] 특히, 성장축의 분석을 위해서는 제조업의 전국 자료는 물론이고, 지역별·부문별 자료가 필요하다. 그런데 지역

6) 1948년 『조선경제연보』(조선은행조사부, 1948)에 경남 공업에 관한 1947년의 자료가 있지만 섬유·기계·화학·식료품 공업의 4부문에 불과하다. 1948년 자료는 『경제연감』(조선은행조사부, 1949)에서 전체 공업에 관한 수치를 찾을 수 있지만 부문별 구분이 제시되어 있지 않다.

별 · 부문별 시계열 통계자료가 갖추어져 있지 않는 것이 현실이다. 특히, 생산액 통계 등 구체적인 자료를 전혀 구할 수 없다. 해방으로부터 한국전쟁 이전까지의 제조업 사업체수와 노동자수의 변화를 보여 줄 수 있는 자료조차도 매우 제한되어 있을 뿐만 아니라, 각 통계자료마다 상이한 조사 양식과 체계를 따르고 있다. 따라서 본 논문은 확보가능한 이 시기 모든 지역별 · 부문별 통계자료를 찾고, 이를 하나하나 검토하여 일관된 체계에 맞추어 재정비하였다.

해방 직후의 상황을 보여 주는 자료는 미군정기에 나온 『남조선 산업 노무력 및 임금조사』(남조선과도정부중앙경제위원회, 1948)이다. 동 자료는 노동 및 임금에 관한 풍부한 내용을 담고 있는 조사보고서이다.[7] 1940년대 말의 상황을 보여 주는 거의 유일한 자료는 상공부가 발간한 『공장 · 광산 명부』(1950)이다. 이 자료는 한국전쟁 직전의 전국 및 지역의 제조업체수와 노동자수를 밝히고 있는 자료로, 1949년 12월 말 현재 5인 이상의 직공을 사용하고 있거나, 5인 이상의 직공을 사용할 수 있는 시설을 가진 공장 및 광산을 대상으로 하고 있다. 한국전쟁이 지난 이후에는 한국은행조사부와 한국산업은행에서 발간한 『광업 및 제조업 사업체조사 종합보고서』가 1955년과 1958년의 자세한 조사자료를 담고 있다.[8] 이들 자료를 이용한다면 해방 직후, 1940년대 말(한국전쟁 이전 시기), 한국전쟁 직후(1955년), 1950년대 말의 상황을 비교하여 분석할 수 있고, 이를 통해 해방 이후 한국 제조업의 지역적 발전구조의 변화, 특히 한국전쟁 전후의 구체적인 모습을 밝힐 수 있다.[9]

7) 원제목의 영문 표기는 다음과 같다. USAMGIK, CENSUS DIVISION(COMMERCE 45), Industrial Labor Force and Wage Survey for South Korea as of November 1946. 이 자료는 1946년 11월 현재의 시점에서 작성되었다. 그리고 이 조사자료의 요약은 조선은행조사부(1948), pp. III-152~155에 다시 수록되어 있으며, 많은 곳에서 이 자료의 조사결과를 소개하고 있다. 이 자료에 대한 구체적인 분석은 김대래(2006), pp. 59~88 참조.

8) 한국은행조사부(1956); 한국산업은행 · 한국은행조사부(1959). 이 밖에 한국은행조사부(1956) 자료를 활용하였다.

그런데 상기의 자료는 표준산업분류가 도입되기 이전의 시기이므로 분류상의 여러 문제가 존재한다. 따라서 분석을 위해서 이들 통계자료의 부문별 세부 항목을 검토하여 통일된 항목기준을 만들고, 각 자료가 가지고 있는 구체적인 내용들을 하나하나 검토하여 공통의 분류체계에 의해 분류하여 다시 정리하였다. 본 연구에서는 한국표준산업분류의 체계에 따라 재분류하는 것을 원칙으로 하였다. 공업분류방식은 광업 및 제조업 사업체 조사시 적용되었던 한국표준산업분류가 만들어지면서 현대적인 모습을 띄게 되는데 기점은 1954년부터이다. 한국은행이 작성한 『한국표준산업분류』가 그것이다.[10)]

부문별 통계의 재분류는 기본정비원칙에 따라 1970년의 9분류체계의 표준산업분류를 기준으로 하되 당시 기록된 명칭에 일률적으로 맞추어서 정비한 것이 아니라, 당시의 추계대상과 추계품목을 일일이 검토하여 해당 시기의 특징을 반영하면서 정비하였다.[11)] 이는 기본적으로 이 시기의 산업분류가 근대적인 형태로 변화하고 있는 과도기이고, 또 1945년부터 1962년에 이르는 기간은 비교적 짧은 기간이면서 통계작성의 시기와 통계생산 주체에 따라 분류항목이 서로 다르기 때문이다.

9) 그 밖에 상공인 명부자료가 있다. 1947년도의 상공인 명부는 부산상공회의소가 발간한 『부산상의사』, pp. 350~351에 실려 있다. 그리고 1954년도 『부산상공명람』은 1954년도 11월에 간행되었다(부산상공회의소, 1954). 그러나 이들 자료는 종사자수 등의 구체적인 정보가 한정되어 있다. 이외에도 대한상공회의소(1956; 1958)가 발간한 『전국 기업체 명부』를 참조할 수 있다. 또 한국은행조사부의 『경제연감』(1956; 1957; 1958; 1959) 자료를 활용하여 보완하였다.

10) 이후 1960년에 경제기획원 조사통계국에서 국세조사용 산업분류를 다시 만들었다. 그런데 이 양자는 서로 불일치하는 분류가 많았고, 이를 최종적으로 일원화한 것이 경제기획원 조사통계국이 1961년부터 1년간의 심의회를 거쳐 1962년 11월에 발표한 『한국표준산업분류』이다.

11) 9분류체계를 채택한 것은 기본적으로 가장 오랫동안 사용되었기 때문에 해방 전후의 연관성을 분석하는 것에 가장 적합하기 때문이다. 그런데 각 연도마다 구체적인 명칭이 다소 상이하다. 1970년을 기준으로 하면 31. 음식료품 및 담배제조업(이하 식료품공업으로 통칭), 32. 섬유, 의복 및 가죽공업(이하 섬유공업으로 통칭), 33. 제재업, 나무제품 및 가구제조(이하 제재 및 목제품공업으로 통칭), 34. 종이 및 종이제품 및 인쇄출판업(이하 종이 · 인쇄로 통칭), 35. 화학, 석유, 석탄, 고무 및 플라스틱제조업(이하 화학공업으로 통칭), 36. 비금속광물제품 제조업(이하 비금속광물로 통칭), 37. 제1차금속제조업(이하 금속공업으로 통칭), 38. 금속제품 기계 및 장비제조업(이하 기계 · 기구공업으로 통칭), 39. 기타제조업의 9분류체계를 따른다.

1946년의 『남조선 산업 노무력 및 임금조사』의 분류체계는 금속공업, 기계 · 기구공업, 화학공업, 공익사업, 요업 및 토석공업, 방직공업, 제재 및 목제품공업, 식료품공업, 인쇄 및 제본업, 토목건축업, 기타공업의 11개 분류체계이다. 기계 · 기구공업에는 각종 기계수선업이 포함되어 있고 電球와 전기설비업 역시 기계 · 기구공업으로 분류되고 있다.[12] 화학공업에는 연탄제조업이 포함되어 있고 製革業 및 피혁가공품 제조업 그리고 제지업도 화학산업으로 분류되었다.[13] 공익산업은 수도와 전기 그리고 가스산업을 의미한다.[14] 요업 및 토석은 석탄산업을 포함하고 있는데, 광업을 광의의 공업으로 이해하였음을 보여 준다.[15] 제재 및 목제품에는 나무와 관련된 업종들이 모두 포함되어 있다. 기타공업은 공예품을 중심으로 이상의 분류에 넣기 어려운 것들을 포함시키고 있다. 이 중에서 문제가 되는 부문은 공익사업과 토목건축업이다. 토목건축업은 1948년 말부터는 공업 또는 제조업 통계에서 모두 제외되어 있다. 토목건축업과 전기가스수도가 공업에서 분리되는 것이 일반적인 흐름이었다고 판단된다. 따라서 일관된 시계열을 위해서는 이를 제외한다.[16] 공익사업은 일반적인 제조업 통계에서 사용하지 않는 분류체계이므로 이 역시 제외한다.[17] 나머지 세부 항목은 모두 9분류체계의 표준산업분류에 맞추어 다시 분류하여 정리하였다.

1949년의 『공장 · 광산 명부』의 경우 실제의 명부를 기준으로 모두 다

12) 1949년 조사에서 전구와 전기설비업은 전기산업으로 분류된다.

13) 1949년의 조사에서 연탄업은 연료산업으로 분류된다.

14) 공익산업은 1948년도 조사 이후에는 공업에서 제외되었다.

15) 광업은 1949년의 조사에서는 별도로 독립되고 요업 및 토석에서 토석이 공업에서 제외되는 흐름을 알 수 있다.

16) 이 경우 문제가 되는 것은 해방 이전과의 비교이다. 그러나 1946년 11월 현재 토목건축업 종사자수가 전체에서 차지하는 비중은 4.58% 미만이다. 다만 다른 지역에 비해서 충청북도의 토목건축업 종사자수의 비중이 높다. 충청북도 총종사자수에서 차지하는 비중이 높을 뿐만 아니라 전국 토목건축업 종사자에서 충청북도가 차지하는 비중은 무려 31.89%에 이르고 있다. 이후 분석결과의 해석에서 해방 이전 시기와의 비교에서 이 점은 고려되어야 한다. 그러나 본 논문이 해방 이후의 시점을 다루고 있기 때문에 분석에 영향을 주는 것은 아니다.

17) 이 역시 비중은 그렇게 높지 않다. 전체 종사자수에서 차지하는 비중이 2.22%인 2,711명에 불과하다.

시 분류하여 집계하고, 이를 기준으로 하였다.[18] 공업분류에 있어서 이 자료는 금속, 기계, 섬유, 화학, 요업, 식품양조, 인쇄제본, 공예, 연료, 그리고 전기로 나누고 있다.[19] 위의 공업분류 중 연료업에는 연탄업이 주종을 이루고 있는데, 연탄업은 일제시기에는 주로 화학공업으로 분류되었다. 또 전기공업에는 전구, 건전지, 전기계기, 전기기계기구 제작수리, 발전기 제작수리 등이 포함되어 있는데, 이 역시 기계공업에 속하는 것이다. 다만 전기에 포함되어 있는 발전 및 송전 등은 가스, 수도와 함께 공익사업으로 분류되었는데, 이는 제조업의 영역이 아니므로 제외하여야 한다.

『공장 · 광산 명부』 분류체계의 가장 큰 특징이자 문제점은 이전과 이후에 모두 보이지 않는 공예업이 따로 추계되어 있는 반면 전통적인 분류체계에서 보이는 제재 및 목제품이나, 잡공업(기타공업)이 따로 집계되어 있지 않다는 점이다. 공예업을 구체적으로 보면 나전칠기, 실내장식품, 자수, 주판, 건구(建具), 양산, 우산, 모자, 지함(紙函), 모자, 솔(刷子) 등 일제시대 이후 기타공업으로 분류되어 온 것이 주류를 이루고 있다. 여기에 가구 등 목공제품이 포함되어 있지만, 이전의 제재 및 목제품과는 상당한 거리가 있는 것이다. 즉, 목공품 중에서 공예에 가까운 것들만 공예업에 포함되어 있다고 판단된다. 따라서 공예업은 제재 및 목제품공업 가운데 일부 목공품을 포함한 이전의 기타산업과 유사한 것으로 파악된다.

소주(燒酒) 및 주정업체의 경우 연료산업으로 분류되어 있는데, 이는 식료품공업으로 분류하는 것이 옳다. 또 수산업으로 분류되어 있는 통조림, 한천, 수산물가공 등도 식료품공업으로 분류하여야 한다. 그러나 소주 및 주정업체의 경우는 아주 소수이고, 수산업에 포함된 식품업체의 경우 고용

18) 『공장 · 광산 명부』 앞 부분에 공장 · 광산수 집계표를 싣고 있는데, 이를 실제 명부와 대조한 결과 많은 오류가 있었다. 예를 들어, 경북지역의 섬유업체수는 집계표에 227개로 나와 있으나 명부에는 347개의 업체가 수록되어 있다. 이는 원칙적으로 명부에 나와 있는 업체를 합산하여 바로잡았다.

19) 제조업 업종별 세분류 결과와 분류에 대해서는 김대래 · 장지용(2002); 김대래(2006)를 참조.

자수가 나와 있지 않기 때문에 실제의 분석에서는 고려하지 않았다.

부문별 통계는 금속, 기계, 섬유, 화학, 요업, 식품, 인쇄제지, 연료공업, 전기공업, 수산업, 공예업의 11개 분류로 되어 있어 연료공업에 포함된 연탄업은 화학공업으로 재분류하고, 기계공업의 분류도 앞에서 제시한 방법으로 재분류하였다. 그리고 공예공업은 그대로 두었다. 이 경우 공예공업을 기타공업으로 간주하여 분석할 수밖에 없다.[20)]

한편, 1955년과 1958년의 『광업 및 제조업 사업체조사 종합보고서』의 분류는 전형적인 19분류체계이다. 이를 9분류체계로 통합한다. 식료품과 음료품은 식료품공업으로, 신발류, 의복 및 장신구는 섬유공업에 포함시킨다. 가구 및 장비품과 제재 및 장비품은 제재 및 목제품공업으로, 지류 및 지류제품과 인쇄출판은 종이 · 인쇄업으로, 그리고 피혁 및 피혁제품, 고무제품, 화학, 석유 및 석탄제품은 화학공업으로 통합한다. 금속제품과 기계, 전기기계기구, 수송용 기계기구는 기계 · 기구공업으로 통합한다. 이러한 세분류를 모두 조정하여 이하의 분석에서 사용하고자 한다.[21)]

노동력에 대한 부문별 · 지역별 자료를 정비한 후에도 한 가지 문제가 있다. 1946년의 자료는 해방 직후 남한에 대한 자료이며, 이때는 38°선을 기준으로 한 구분이다. 따라서 한국전쟁 이후와의 비교에서는 문제가 되는 지역이 생겨난다. 특히, 한국전쟁 이전의 경기지역에는 개성이 포함되어 있고, 강원지역도 한국전쟁 전후에 차이가 있다. 이를 그대로 이용할 경우 경기지역은 과대평가, 강원지역은 과소평가된다. 본 연구에서는 가능한 한 정부수립 이후의 지역으로 조정한다. 즉, 1946년 통계자료에서 개성 등의 지역은 제외하고 이를 경기로 파악한다. 강원도의 경우는 자료에서 명확히

20) 이 경우 1949년의 기타공업은 다소 과대평가될 가능성이 있다. 또 제재 및 목제품공업이 분류에서 빠져 있기 때문에 분석과 해석에 어려움이 있지만, 이는 뒤의 분석결과의 해석과정에서 충분한 주의를 기울여 다시 설명하겠다.

21) 이외에 제조업 통계정비의 원칙과 방법에 대해서는 박영구 · 장지용(2003)을, 부문별 자료의 정리에 관한 문제는 장지용 외(2005)를 참조.

구분해 낼 수 없으므로 그대로 사용한다.[22)]

2. 분석방법

성장축의 변화를 살펴보기 위해서는 부산지역의 변화만을 고찰하는 것으로는 불충분하기 때문에 한국 전체의 지역을 대상으로 한 분석이 필요하다. 이 경우 사용할 수 있는 방법은 그렇게 많지 않다. 지역경제의 분석에 가장 많이 사용하는 것은 변화–할당분석이다.

원래 변화–할당분석은 지역경제 성장과 산업구조와의 관계를 분석하는 것으로 다양한 방법으로 분화되어 있다. 지역경제 분석에 자주 사용되는 것은 Esteban–Marquillas모형, 즉 E–M모형이다. 이 모형은 이후 F. J. Arcelus에 의해 보다 발전된 형태로 제시되었다.[23)]

Arcelus는 기존의 분석모형에서 지역산업 성장효과를 지역성장(편차)효과와 지역산업특화효과로 구분하여 지역의 발전을 설명하는 모형이다. 즉, 지역성장률과 전국성장률 간의 편차에 기인하는 부분과 순수하게 지역산업의 특화에 기인하는 부분으로 구분하여 지역의 성장을 파악한 진일보한 방법이다. 이후에도 Rigby and Anderson에 의해 보다 정교화되었고,[24)] 최근에는 다양한 요인을 고려한 K. E. Haynes And M. Dinc의 모형으로 발전하고 있다.[25)] 그러나 현실적으로 해방 이후 1950년대는 제조업 종사자수를 이용할 수밖에 없다. 이후에 발전된 모형, 특히 Haynes And Dinc의 모형은 총요소생산성을 포함한 것이므로 현실적으로 사용할 수 없다. 또 본 논문은 어떤 지역이 어떤 산업을 중심으로 발전하였는가를 보는 것이 목적이

22) 따라서 해방 직전의 경우 경기지역은 다소 과대평가되어 있을 가능성이 있다. 그러나 개성 등이 제외되었기 때문에 분석결과 그렇게 큰 영향을 준 것은 아니었다.
23) F. J. Arcelus(1984).
24) D. L. Rigby and W. P. Anderson(1993), pp. 69~88. 이에 대한 소개와 평가는 K. E. Haynes And M. Dinc(1997)에 실려 있다.
25) Kingsley E. Haynes And Mustafa Dinc(1997).

며, 이에 가장 적합한 모형은 E-M모형이다. 나아가 기존의 연구도 대부분 이 모형에 근거한 것이므로 비교에도 용이하다는 장점을 가지고 있다.

그런데 E-M모형만으로는 성장축의 변화를 분석하는 데 한계가 있다. 이 모형은 기본적으로 해당 지역을 대상으로 한 분석이기 때문이다. 반면에 V. R. Fuchs는 1929년부터 1954년에 걸친 미국 제조업의 입지변동을 분석하고 있다.[26)] 물론 Fuchs의 연구가 본 연구에서 사용하고 있는 것과 동일한 개념의 성장축을 논의의 중심에 두고 있는 것은 아니다. 하지만 미국 제조업의 지역 간 성장차이를 분석하고 있고, 그 방법은 국가 전체의 실질적 공업성장과 동일하게 지역의 성장이 진행된 것을 가정하고, 이를 해당 지역의 실질성장과 비교하는 방법을 사용하고 있다. 한국의 대표적인 연구인 형기주(1976)에서도 Fuchs의 방법을 사용하였다. 본 연구에서도 기본적으로 E-M모형과 함께 Fuchs의 모형을 사용하여 지역 간 성장의 차이를 유형화하고, 이를 통해 성장축의 변화를 설명하고자 한다. 이는 성장축을 유형화할 수 있는 거의 유일한 모형이라는 점에서뿐만 아니라, 선행연구가 밝히고 있는 일제시대와의 비교가 용이하다는 점도 Fuchs모형 채택의 이유이다.

Fuchs모형은 해당 지역의 생산액이 전국의 그것과 동일한 정도로 성장한 것을 가정한 생산액(homothetic production, 이하에서는 동조생산액이라 한다)을 기준으로 해당 지역의 상대적 성장과 침체(comparative gain or loss)를 분석한다. 먼저 구할 수 있는 것은 특정 지역 공업 전체의 상대적 성장 또는 침체의 백분비(부표의 식 (4))를 구할 수 있다. 단, 이는 업종별 성장이 전혀 고려되지 않은 집계생산액(aggregate value)과의 관계에서 구하여진 것이다. 이에 비해 여러 지역의 공업이 특정 지역과 같은 구조를 가질 경우의

26) Fuchs는 공업성장의 지역적 차이를 ① 소비수요, ② 원료, ③ 세금, ④ 대외무역의 변동, ⑤ 연방정부의 정책, ⑥ 임금수준, ⑦ 기업통합의 범위, ⑧ 공업용지, ⑨ 기후 등을 고려한 다원 회귀방정식으로 설명하고 있다. V. R. Fuchs(1962).

가상생산액, 즉 동조생산액을 실제생산액과 비교하여 특정 지역의 성장과 침체를 구할 수 있다(부표의 식 (11)). 이 경우 전국의 공업구조보다도 유리한 공업구조를 가진 지역일수록 상대적 성장으로 나타날 것이다. 가령 1946년과 1958년을 비교 · 분석한 충북지역의 경우 특정 지역 상대적 성장 또는 침체의 백분비는 5.52%이고, 가상생산액을 고려한 상대적 성장 또는 침체의 백분비가 –6.9%라면 충북지역의 비교연도 공산액이 이 기간에 전국의 그것만큼 성장한 경우의 기대치보다도 5.52.%의 성장을 하였다고 판단할 수 있다. 그러나 충북지역의 공업구조를 고려한다면 충북지역의 비교연도 공산액은 전국의 기대치에 비해서 오히려 6.9%나 더 침체한 것이라고 판단할 수 있다.

또 상대적 공업구조(comparative industrial structure)를 구할 수도 있다(부표의 식 (12)). 즉, "만약에 특정 지역의 각 업종이 전국의 그것만큼 각각 성장하였을 경우에 어느 정도의 상대적 성장 또는 침체하였는가"를 구할 수 있다. 만약에 이것이 양의 값(+)으로 나타나는 경우에는, 그 지역의 '상대적 공업구조'가 전국적으로 성장하고 있는 부문을 중심으로 구성되어 있다는 것을, 혹은 전국의 성장을 주도하고 있다고 파악할 수 있다. 만약 특정한 지역이 상대적 공업구조가 침체(–)라면, 동 지역의 공업구조가 분석기간 동안 상대적으로 성장이 둔한 업종으로 구성되어 있다는 것을 보여 주는 것이다.

결국 동조생산액을 고려한 것과 상대적 공업구조를 고려한 식 모두 공업구조와 관련되어 있지만 전자는 타지역과의 구조적 균형이 고려된 것이고, 후자는 전국에 비해서 얼마나 유리한 업종으로 구성된 것이냐를 본 것이다. 여기에서 양자 모두가 양의 값(+)으로 나타난 경우면 두 말할 것 없이 가장 바람직한 산업구조(favorable structure)이다. 만약 이러한 바람직한 산업구조를 가진 지역이 시기적으로 변화하고 있다면 이를 성장축의 변화라고 파악할 수 있다. 이하의 분석에서 일차적으로 앞의 분석방법을 기준으로 한국전쟁 전후 기간 한국 산업의 지역적 성장이 어떤 모습으로 전개되었는

가를 파악하고자 한다.

그런데 이 모형으로 해방 이후 한국전쟁의 기간을 분석하는 데에는 다소 문제점이 있다. 그것은 이 시기 공업의 변동이 심한 시기였기 때문에 반드시 전국적으로 성장하고 있는 부문이 바람직하다고 할 수 없기 때문이다. 예를 들어, 해방 이후 생필품에 대한 수요가 급증하였고, 이 때문에 식료품공업과 방직공업의 성장이 진행되었다고 가정한다면 그렇지 않은 기계공업의 성장이 진행된 지역은 음(-)의 값으로 나타날 수 있기 때문이다. 따라서 보다 구체적으로 어떤 부문을 중심으로 발전하였는가를 추가적으로 고찰하지 않으면 안 된다. 이 경우 사용할 수 있는 분석기법이 앞에서 언급한 E-M 변화-할당분석이다.[27)]

E-M 변화-할당분석은 이전의 변화-할당분석과는 달리 각 산업의 전문화와 경쟁우위의 여부를 판단할 수 있다. *j*지역 *i*산업의 할당효과는 전문화 및 경쟁우위의 여부에 따라서 양(+)의 값과 음(-)의 값을 가질 수 있다. 그리고 전문화 및 경쟁우위는 4가지 경우로 조합된다. 즉, *j*지역 *i*산업은 전문화될 수도 있고 비전문화 될 수도 있다. *j*지역 *i*산업의 실제고용량이 *j*지역 *i*산업의 고용비중이 전국의 평균비중과 동일할 경우의 고용량보다 크다면 *j*지역 *i*산업은 전문화되어 있다고 판단한다. 그 반대의 경우는 비전문화되어 있다고 판단한다. 마찬가지로 동일 산업이 경쟁우위 또는 경쟁열위에 놓을 수 있다. 경쟁력 우위 여부는 *j*지역 *i*산업 성장률과 전국의 *i*산업 성장률의 상대적 크기로 판단된다. 만약 *j*지역 *i*산업 성장률이 전국 *i*산업 성장률보다 크다면 *j*지역 *i*산업은 경쟁력 우위에 있고, 그 반대이면 경쟁력 열위에 있다고 할 수 있다. 그리고 전문화 및 경쟁력 우의의 여부에 따라서 각 업종은 4가지의 유형으로 분류된다. 이러한 전문화 및 경쟁우위 여부에

27) 물론 Fuchs모형으로도 이를 구분해 낼 수 있다. 부록에 제시된 식 (7), 또는 식 (10)으로 판별할 수 있다. 그러나 이 경우 이 산업이 전국적으로 경쟁력을 갖고 있는 것인지, 아니면 지역에서 높은 비중을 차지하고 있는 부문인지를 구분할 수 없다. Fuchs모형과 변화-할당모형에 대한 자세한 식은 부록을 참조.

표 2-1 할당효과의 유형

구분	할당효과	전문화	경쟁우위
경쟁열위, 전문화	−	+	−
경쟁열위, 비전문화	+	−	−
경쟁우위, 비전문화	−	−	+
경쟁우위, 전문화	+	+	+

따른 할당효과의 4가지 경우를 요약한 것이 〈표 2-1〉이다.

결국 한 지역 전체 또는 한 지역의 특정 산업에 대한 국가성장효과, 산업구조효과, 수정된 경쟁력효과 그리고 할당효과를 구분하여 추정해 낼 수 있다.

이하의 분석에서 경부성장축의 구체적인 검토는 이러한 방법에 의거하여 분석한다.

Ⅲ. 한국전쟁과 경부성장축의 강화

1. 일제시대 공업구조의 변화

일제시대를 대상으로 한 기존의 연구결과는 1910년에서 1945년에 걸친 도별 공업생산액을 토대로 공업지역 구조의 동태적 축을 명시적인 형태로 유형화하고 있으며, 일제시대의 전 기간 동안 성장축의 변화가 분명하게 진행되었음을 보여 주고 있다.[28)]

28) 형기주(1975); 형기주(1976), p. 9. 이하의 논의는 뒤이은 논의와의 연결을 위해 형기주의 내용을 정리하여 소개하였다.

표 2-2 일제시대 공업구조의 변동

(단위: %)

지역	1915~1920	1920~1925	1925~1930	1930~1935	1935~1940	유형분류
경기	5	−10	−4.7	−15	−6.9	초기성장 후기침체
충북	−46	11	−28.5	−16	−34.2	불규칙 후기침체
충남	1	−18	0.2	−29	−40.3	불규칙 후기침체
전북	−21	−18	7.0	−12	−21.0	불규칙 후기침체
전남	−3	16	−7.0	−27	−18.2	불규칙 후기침체
경북	15	19	−12.0	24	−38.1	초기성장 후기침체
경남	−18	5	14.0	10	−33.5	중기성장 후기침체
황해	−35	22	32.0	32	10.0	불규칙 후기성장
평남	21	30	17.0	−36	−6.1	초기성장 후기침체
평북	18	−18	−13.0	−21	−4.1	초기성장 후기침체
강원	42	−49	−19.0	21	25.1	불규칙 후기성장
함북	−25	−3	27.0	64	30.2	초기침체 후기성장
함남	−3	2	38.0	36	41.7	초기침체 후기성장

자료: 형기주(1976), p. 12에서 작성.

첫째, 초기성장 · 후기침체형은 서울을 포함하는 경기도와 평양을 중심으로 하는 평남, 대구를 중심으로 하는 경북, 그리고 평북, 경남이 이 유형에 속한다. 이 유형은 적어도 1930년 이전 아니면 식민지 경제 제1단계(1915~1920년: 인용자주)에 높은 성장을 경험하고, 말기에는 상대적으로 성장이 둔화되는 지역이다. 이 중에서 경기도는 성장과 침체 사이의 진폭이 미미하여 식민지 경제 전반의 변동에 대한 민감한 반응을 보이지 않고 있는데, 이는 서울을 주축으로 하는 경기도 자체의 공업구조가 다양성을 갖고 있기 때문이다. 부산, 마산을 주축으로 하는 경남은 비슷한 유형에 속하지만 식민지 초기와 말기에 심한 침체가 있었고, 오히려 1920~1935년간은 성장이 나타나는 지역으로 일종의 변형으로 판단된다. 둘째, 후기침체 · 부정형은 충남 · 충북과 전남 · 전북이 여기에 속하는데 식민지 후반기에 극심

표 2-3 공업구조의 동태적 축

유형분류	불규칙변동	초기성장	중기성장	후기성장
침체	전북, 전남	경북		
초기 유리	충북, 충남	경기, 평남, 평북		
중기 유리			경남	황해
후기 유리				함북, 함남, 강원

자료: 형기주(1976), p. 21에서 작성.

한 침체가 있었고, 전반까지는 불규칙한 양상으로 나타나 있다. 결국 이들 지역은 식민지기 공업적 후진지역이라 할 수 있다. 셋째, 후기성장·부정형은 강원도와 황해도가 여기에 속한다. 전반기에는 성장 또는 침체를 보여 주지만 후반기에 와서 높은 성장을 하고 있는 지역이다. 식민지의 공업정책 변화와 연관되어 있다고 할 수 있다. 넷째, 초기침체·후기성장형은 함남, 함북 등이 여기 속하는 지역이다.

이를 다시 공업구조와 관련 속에서 파악한 것이 〈표 2-3〉이다.

일제시대는 4개의 기본적인 지역유형을 주축으로 해서 지역구조의 체계가 존재하는 것이며, 식민지기 초기에 비교적 높은 성장을 겪었고, 그것이 유리한 공업구조에 바탕을 두었던 경기·평남·평북, 식민지 중반기에 유리한 공업구조의 바탕으로 높은 성장을 겪었던 경남, 후기에 유리한 공업구조를 배경으로 높은 성장을 한 함남·함북·강원, 그리고 일정한 규칙적 시기를 확인할 수 없으면서 전 기간에 불리한 공업구조로 인해 공업의 발전이 부진한 지역으로 판단되는 전북·전남으로 구분하고 있다.

일제시대를 배경으로 한 이 논의는 생산액을 기준으로 한 논의이며, 한국 전체를 대상으로 한 논의로 이하에서 진행될 논의와 두 가지 점에서 다르다. 첫째, 해방 이후 한국전쟁을 전후한 시기에는 생산액 통계를 구할 수 없기 때문에 노동자수를 기준으로 분석할 수밖에 없다. 따라서 일제시대의 분석과는 직접적으로 연결하여 판단할 수 없다. 둘째, 일제시대 공업구조

의 변화를 해방 후 남한지역으로 국한한다면 다른 결과가 나올 것이라는 점이다. 이에 대한 구체적인 분석은 차후로 미루더라도 일단 진행된 연구 결과를 기준으로 한다면 후기 유리 · 성장에 속하는 함남 · 함북 · 강원지역은 일단 논의에서 제외할 수 있다. 이 경우 일제시대 공업구조는 경기에서 경남으로 무게중심이 이동한 것으로 파악할 수 있다. 또 경기지역의 변동이 극히 미미하다는 점을 근거로 경기와 경남을 잇는 경부축을 중심으로 진행된 것이라 파악할 수 있다. 이하에서는 이러한 일제시대의 성장축이 해방 이후 어떻게 변화하였는지를 검토한다.

2. 해방 이후 제조업의 지역별 변화추이 개관

〈그림 2-1〉은 해방 이후 각 지역의 노동자수 추이를 보인 것이다. 가장 두드러진 특징은 경남과 경북지역의 노동자수가 지속적으로 증가하고 있고,

그림 2-1 해방 이후 지역별 종사자수의 추이

(단위: 명)

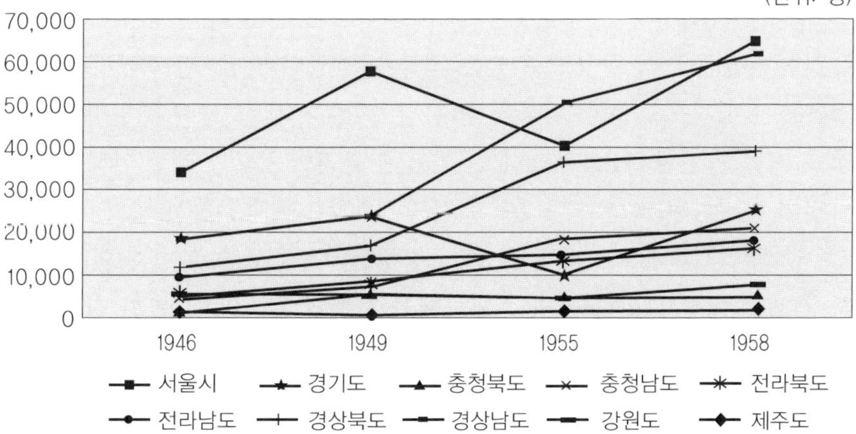

그림 2-2 한국전쟁 전후 시기 전국 제조업 종사자수의 비중추이

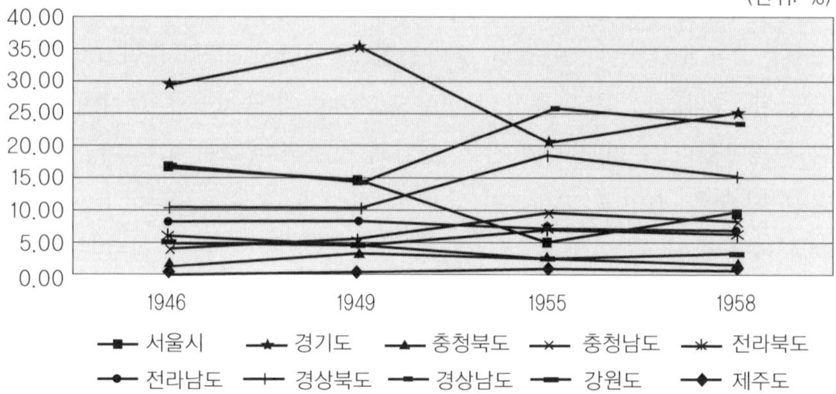

서울과 경기지역의 노동자수는 해방 직후(1946~1949년) 증가, 한국전쟁 전후기간(1949~1955년)의 감소, 1950년대 말(1955~1958년) 증가를 보이고 있다는 점이다. 서울과 경기, 경남과 경북의 움직임이 기본적으로 동일한 경향을 보이고 있다. 다만 서울과 경기를 비교하면 종사자수의 축소는 경기가 훨씬 급격하게 진행되는 반면, 증가는 서울이 훨씬 급격하게 진행되었다는 점이다. 경북과 경남의 차이는 한국전쟁 이전부터 경북보다 경남의 증가가 좀더 급격히 진행된 점 정도이다. 충남의 경우는 해방 이후 노동자수가 지속적으로 증가하는 경향을 보이고 있고, 특히 한국전쟁을 전후하여 큰 폭으로 증가하였다.

〈그림 2-2〉는 해방 이후 1958년에 이르는 기간 동안 종사자수의 지역별 비중을 나타낸 것이다. 기본적인 모습은 〈그림 2-1〉과 동일하다. 다만 계속 성장하고 있지만 다른 지역에 비해 성장률이 낮아서 비중이 감소한 것으로 나타나는 시기와 지역이 있을 뿐이다.

가장 주목되는 것은 해방 이후 서울의 증가가 가장 크게 나타나고 있다는 점이다. 1946년 서울의 종사자가 전국에서 차지하는 비중은 29.76%에 불과하였지만 1949년에는 그 비중이 35.17%로 증가하고 있다. 또 충북의 경우는 146.4%라는 경이적인 증가율을 보이면서 그 비중이 1.89%에서 3.23%로 증가하고 있고, 충남의 경우도 60.06%의 증가율을 보이며 비중이 다소 높아졌다. 반면 경기와 전북, 경남과 강원의 경우는 모두 비중이 하락하는 모습을 보이고 있다. 이 중에서 전북의 경우는 전국 평균증가율 44.33%에 훨씬 못 미치는 17.09%, 경기의 경우는 24.19%, 경남의 경우는 20.34%의 증가율을 보이면서 그 비중이 감소하고 있다.

한편, 전쟁을 전후한 1949년에서 1955년에 이르는 기간 동안 서울 · 경기 · 강원 등 주요 전장이었던 지역이 마이너스의 성장을 한 것과는 달리, 경북과 경남의 성장이 관찰된다. 물론 제주의 경우도 증가율은 높지만 그 비중은 미미하다. 1950년대 말의 변화는 서울 · 경기지역의 급속한 성장이 관찰된다. 이와는 반대로 경북과 경남의 비중이 하락하고 있다. 다만 경북의 하락이 경남의 하락에 비해 더 큰 폭으로 진행되었다.

이상의 대략적인 비중과 성장률의 변화를 기준으로 한다면 해방 이후 부산 · 강원 · 전북 등 주요 항구를 중심으로 한 지역과 경기지역이 침체하였고, 한국전쟁 기간 동안은 경남과 경북, 그리고 충남의 성장이 진행되었다. 1955년 이후에는 다시 경기와 서울의 성장이 진행되었던 반면 경북과 경남의 비중이 감소하였다고 판단할 수 있다. 경기 · 경남지역이 해방 이후 거의 같은 비중으로까지 감수하였지만 한국전쟁을 전후한 기간에 경남지역은 급속한 성장을 한 반면 경지기역은 침체하였다.

3. 해방공간: 국지적 재생산구조의 형성

보다 정밀한 분석을 위해 공업구조로 조정한 상대적 성장 또는 침체의 추

표 2-4 해방공간 제조업의 지역별 성장(1946~1949년)

(단위: %)

지역	상대적 성장 · 침체		상대적 공업구조	경쟁열위 전문화	경쟁열위 비전문화	경쟁우위 비전문화	경쟁우위 전문화
		조정					
서울	18.19	12.19	3.78	화학, 기타		식료, 섬유, 금속, 비금속광물	종이 · 인쇄, 기계 · 기구
경기	-13.95	-12.91	-1.19	식료, 섬유, 기타	종이 · 인쇄, 기계 · 기구	화학	금속, 비금속광물
충북	70.73	38.67	4.11	비금속광물		화학, 금속, 기계 · 기구	식료, 섬유, 종이 · 인쇄, 기타
충남	10.90	3.01	6.95	식료, 섬유	금속	종이 · 인쇄, 화학, 기계 · 기구	비금속광물, 기타
전북	-18.87	-22.73	4.76	식료, 화학, 금속, 비금속광물	섬유, 종이 · 인쇄, 기계 · 기구, 기타		
전남	-2.86	-6.30	3.55	식료, 비금속광물	종이 · 인쇄, 금속, 기계 · 기구	화학, 기타	섬유
경북	0.85	-0.89	1.72	기계 · 기구, 비금속광물	종이 · 인쇄, 금속	식료, 화학, 기타	섬유
경남	-16.62	-20.95	5.20	식료, 기계 · 기구, 비금속광물	섬유, 금속, 종이 · 인쇄, 기타	화학	
강원	-14.31	-11.74	-2.42	화학	식료, 기계 · 기구	섬유, 종이 · 인쇄, 금속, 기타	비금속광물
제주	-0.42	-6.17	5.77	화학, 비금속광물, 기타		섬유, 종이 · 인쇄, 기계 · 기구, 기타	식료

주: 상대적 성장 · 침체는 집계생산액과의 관계에서 구한 것이고(부표의 식 (4)), 조정은 동조생산액과의 관계에서 구한 값이다(부표의 식 (11)).

이와 이를 주도한 산업부문에 대해 살펴보자. 〈표 2-4〉는 해방공간이라 할 수 있는 1946년부터 1949년간의 변화를 나타낸 것이다. 먼저 상대적 성장 · 침체를 기준으로 고찰해 보면, 해방 이후 각 지역에 따라 상이한 모습

을 보이고 있음을 알 수 있다. 해방공간을 보면 서울 · 충북 · 충남을 제외한 모든 지역이 상대적 저성장을 하고 있음을 알 수 있다. 그 중에서도 해방공간에 가장 큰 타격을 받은 것은 전북과 경남지역이었다. 이 양 지역은 부산항과 군산항을 포함하는 지역으로 일본과의 분업관련 단절 이후 회복이 상당히 힘들었음을 보여 주는 것이라 할 수 있다.

충남과 충북의 경우는 초기값이 워낙 적어서 성장축이라는 개념에서 본다면 그 의미는 그렇게 크지 않다. 1946년 충남의 전체 종사자수는 5,550명, 충북의 경우는 3,970명에 불과하다. 이는 앞에서 본 것과 마찬가지로 전국 종사자에서 차지하는 비중이 낮다는 점에서도 충분히 설명된다. 그러나 충북 · 충남지역이 해방 직후 성장이 진행되었다.

보다 구체적으로 전국의 각 지역이 어떤 부문을 중심으로 성장이 진행된 것인지를 1946~1949년간의 변화–할당분석의 결과를 통해 살펴보자.[29)]

먼저 이 시기 성장하고 있었던 지역인 서울과 충북 · 충남지역은 충남의 금속공업을 제외하면 전국에 비해서 상대적으로 성장률이 높은 부문(경쟁력 우위)이면서 전국 평균에 비해 상대적으로 고용비율이 높은 부문(전문화)이었다. 특히, 지역에서 전문화된 것보다는 전국적으로 경쟁력을 갖춘 산업부문이 더 많았다. 다시 말하면, 거의 모든 분야에서 성장이 진행되었다고 할 수 있다. 반면 대표적인 침체지역인 전북과 경남의 경우 전국적인 경쟁력을 갖춘 부문은 경남의 화학공업밖에 없었다.

둘째, 상대적 공업구조를 살펴보면 상대적으로 침체가 진행된 지역이라고 하더라도 식료, 섬유, 기계 · 기구, 화학 등의 부문이 전국 평균보다 높은 성장을 하고 있는 지역은 양(+)의 값으로 나타났다. 즉, 이 시기 주도부

29) 그런데 1949년을 전후한 시기는 제재 및 목제품이 제외되어 있다. 만약 이를 기타공업으로 분류한다면 결과는 다소 상이하다. 예를 들어, 서울의 경우는 제재 및 목제품을 제외한 경우 기타공업은 경쟁우위, 비전문화의 영역에 속하지만 이를 기타공업에 포함하였을 경우에는 경쟁열위 비전문화의 영역에 속하게 된다. 반면 충북의 경우는 경쟁우위 전문화에 속하던 것이 경쟁우위 비전문화에 속하게 된다. 그러나 나머지 부문에는 영향을 주지 않았다.

문이 식료, 섬유, 기계 · 기구, 화학 등의 부문이었다고 할 수 있다.

자세히 보면 또 다른 특징을 발견할 수 있다. 이 시기 성장이 진행되었던 충북과 충남의 경우는 전통적으로 경공업지역이었지만 해방공간에서는 반대로 화학, 금속, 기계 · 기구 등 중공업에 속하는 부분의 성장이 빨리 진행되었고, 특히 충남의 경우는 전통적인 섬유공업의 경우 전국에 비해 비중은 높지만 성장은 정체된 것으로 나타났다.

상대적 침체가 덜하였던 경북의 경우도 마찬가지인데, 전통적인 섬유공업 이외에 식료품공업과 화학공업이 새롭게 성장하면서 지역의 재생산구조를 형성하고 있는 과정으로 판단할 수 있다. 경남의 경우도 전통적인 기계 · 기구와 식료품공업은 전문화되어 있지만 섬유공업은 일본과의 분업관련이 단절되면서 현저하게 침체하는 모습을 보이고 있는 반면, 이전에 미미한 수준이었던 화학공업이 빠르게 성장하고 있었다.

또 서울과 경기지역을 비교해 보면 부문이 서로 엇갈려 있음을 발견할 수 있다. 종이 · 인쇄와 기계 · 기구부문은 경기에서는 경쟁열위 · 비전문화이지만, 서울에서는 경쟁우위 · 전문화의 영역이다. 식료품, 섬유부문은 서울은 경쟁우위 · 비전문화의 영역이지만, 경기지역에서는 경쟁열위 · 전문화의 영역에 속하고 있다. 이는 이 시기 해당 지역을 단위로 하는 재생산권역이 확대되는 시기이며, 경기와 서울이 재생산권역을 형성한 반면, 다른 지역에서는 이전 시기에 부족하였던 공업부문이 적극적으로 활성화되는 모습을 보이고 있는 것이라고 판단할 수 있다.

그러므로 이 시기는 전통적인 전문화 영역을 중심으로 회복이 진행됨과 동시에 국지적 시장권을 겨냥한, 또는 지역 내 재생산을 위한 부문의 성장이 진행되었다고 파악할 수 있다. 해방이라는 경제외적 변화의 과정에서 광역경제권이 붕괴되었고 이에 대한 대응으로 지역단위로 하는 생산, 즉 지역재생산권이 형성되었음을 보여 주는 것이다. 이는 『남조선 산업 노무력 및 임금조사』 자료를 분석한 다른 연구의 결과와 일치한다. 즉, 해방 직

후 위축은 전국적인 부문별 경향과 지역의 부문별 경향이 거의 일치하는 것이며, 특히 노동자수의 감소경향은 더욱 그러하였다. 즉, 이 시기 공업의 지역별 특화는 크게 진전되지 않았고, 각 지역의 생산이 국지적인 시장을 겨냥한 것이 지배적이었음을 보여 주는 것이다.[30) 따라서 이 시기는 성장축이 확정되지 않은 시기라 할 수 있고, 역으로 일제시대 말에 경부축이 형성되었다면 그것이 약화되는 시기라 할 수 있다.

4. 한국전쟁과 경부성장축의 회복

〈표 2-5〉는 한국전쟁을 경과하는 시기(1949~1955년)의 분석결과를 보인 것이다. 이 기간은 역시 경북과 경남지역의 성장이 두드러진다. 1949, 1954년의 단층적인 증가를 충분히 고려하지 못한 것이지만 한국전쟁의 기간 동안 충남 · 전북 · 경북과 경남의 성장이 주도적이었음을 알 수 있다.[31) 반면 서울과 경기의 침체는 상당한 것이었다. 경쟁우위 · 전문화 영역에 속하는 부문이 하나도 없다. 이는 전북 · 전남 · 강원도 기본적으로 마찬가지이다.

먼저 전국적으로 보아 경쟁우위 · 전문화된 영역은 충남의 비금속광물, 경북의 섬유, 경남의 화학과 비금속광물, 제주의 식료품공업이다. 이 중에서 충남 · 경북 · 제주의 경우는 이전 시기의 산업이 계속하여 그 지위를 유지하고 있는 것인 반면, 경남의 경우는 모두 성장한 부문이다. 비금속광물은 경쟁열위에서, 화학공업은 비전문화의 영역에서 성장한 것이다.

또 성장한 지역인 충남 · 전북 · 경북 · 경남지역의 경우 공통적으로 식료, 섬유, 금속, 기계 · 기구공업이 모두 경쟁우위를 확보하고 있어서 이들 공업을 중심으로 성장한 것으로 판단할 수 있다. 충남과 경남의 상대적 공

30) 김대래(2006), pp. 62~64.

31) 제주의 경우도 높은 상대적 성장을 보이고 있지만 그 절대값이 워낙 작고, 산업구조에서 분리되어 있었기 때문에 구체적인 분석에서 제외한다.

표 2-5 한국전쟁기 제조업의 지역적 변화(1949~1955년)

(단위: %)

지역	상대적 성장 · 침체	조정	상대적 공업구조	경쟁열위 전문화	경쟁열위 비전문화	경쟁우위 비전문화	경쟁우위 전문화
서울	-41.03	-37.97	-4.93	식료, 종이 · 인쇄, 기계 · 기구	섬유	화학, 금속, 비금속광물, 기타	
경기	-65.03	-65.69	2.45	금속, 비금속광물, 기타	식료, 섬유, 화학, 기계 · 기구	종이 · 인쇄	
충북	-19.20	-35.44	8.60	식료, 섬유, 기타	종이 · 인쇄, 기계 · 기구	화학, 금속, 비금속광물	
충남	103.24	52.33	-4.06	화학, 기타		식료, 섬유, 금속, 종이 · 인쇄, 기계 · 기구	비금속광물
전북	40.41	26.61	2.08		화학	식료, 섬유, 금속, 종이 · 인쇄, 기계 · 기구, 비금속광물	
전남	-6.79	-10.02	3.46	섬유	화학, 기타	식료, 종이 · 인쇄, 금속, 기계 · 기구 비금속광물	
경북	79.85	41.97	4.00	비금속광물	화학, 기타	식료, 종이 · 인쇄, 금속, 기계 · 기구	섬유
경남	80.92	50.88	-11.14			식료, 섬유, 종이 · 인쇄, 금속, 기계 · 기구, 기타	화학, 비금속광물
강원	-43.58	-45.13	3.37	화학, 비금속광물	식료, 섬유, 종이 · 인쇄, 금속, 기타	기계 · 기구	
제주	88.32	39.42	13.36	종이 · 인쇄, 화학		섬유, 기계 · 기구, 기타	식료

주: 〈표 2-4〉와 동일.

업구조가 음(-)의 값을 갖고 있는 것은 이들 이외의 화학, 비금속광물 등을 중심으로 성장이 진행되었기 때문으로 판단된다.

경기지역의 경우는 종이 · 인쇄를 제외한 모든 산업부문이 경쟁열위의 상태이다. 즉, 전국에 비해 낮은 성장을 하고 있다는 의미이다. 다만 금속, 비금속광물 및 토석의 경우는 전국 평균비중보다 높은 비중을 보이고 있고, 성장이 전망되는 부문이라 할 수 있다. 그리고 앞 시기와 마찬가지로 서울과 일정한 관련을 가지고 있음을 파악할 수 있다.

경북의 경우는 섬유공업이 유일하게 경쟁우위 전문화의 영역에 속해 있고, 식료품공업은 여전히 경쟁우위 · 비전문화의 영역에 있다. 그러나 종이 · 인쇄, 금속의 경우는 이전과는 달리 경쟁우위를 확보하고 있다. 반면 화학의 경우는 침체하고 있는데, 이는 경남지역의 화학공업 성장과 관련이 있을 것으로 추정된다. 즉, 일정한 범위 내에서 광역경제권이 형성되고 있는 흐름도 있었다고 판단된다. 이 시기 경남지역의 화학공업은 부산을 중심으로 한 화학공업의 성장을 말한다. 전시기 흥아고무가 흥아타이어와 흥아고무로 분리되면서 생산이 급증하였고, 1950년 8월의 국제화학, 1951년 락희화학의 이전과 증설, 1953년 평화유지 등이 대표적인 경우이다. 이들 모두 전국을 대상으로 한 대규모 생산이 진행된 것이며, 이로써 가장 인접한 지역인 경북지역의 화학공업이 위축된 것이다.[32)]

전북은 화학공업을 제외한 모든 부문이 전국의 증가율을 상회하는 성장을 하고 있고, 전남의 경우는 해방 직후 경쟁우위를 가지고 있던 화학, 기타공업은 성장이 정체된 대신 이전 시기에 경쟁열위였넌 보는 부문이 전국의 성장률을 앞지르는 성장을 하고 있다. 이 역시 지역을 단위로 하는 재생산권역이 형성되고 있는 주요한 근거이다. 충북의 경우도 비슷한 모습이다. 이전의 경쟁우위 · 전문화 영역이었던 식료, 섬유, 기타공업은 성장이

32) 박영구(2005), pp. 192~208.

정체한 대신 비금속광물의 경우는 성장률이 전국보다 높게 나타나고 있다. 물론 충북의 경우는 화학과 금속공업이 여전히 높은 성장을 하고 있지만, 이는 아직 지역내 재생산구조를 뒷받침하기에 부족하다는 것을 반증하는 것이라 할 수 있다.

따라서 이 시기에는 전남과 충북 등의 일부 지역에서는 지역의 재생산권을 형성하려는 움직임이 있었던 반면, 서울과 경기, 경북과 경남 등 일부 지역에서는 광역경제권이 형성되어 가는 과정이었다. 이 과정에서 충남은 이전 시기에 성장한 화학공업이 다소 정체한 것을 제외하면 모든 부문이 지속적인 성장을 하고 있는 것으로 판단된다.[33)]

5. 1950년대 후반 경부성장축의 강화

〈표 2-6〉은 1950년대 후반(1955~1958년)의 분석결과를 요약한 것이다. 1950년대 후반에는 서울과 경기지역의 성장이 전체의 성장을 주도하고 있다. 여기에는 전쟁기간 부산으로 이전하였던 제조업의 서울 · 경기지역으로의 이전 등의 영향도 포함되어 있을 것으로 판단된다. 경기의 종이 · 인쇄와 기타공업을 제외하면 거의 모든 업종이 경쟁우위이거나 전문화된 영역으로 분류된다. 그리고 이 두 지역은 금속공업을 제외하면 서로 엇갈려 있는 것이 확인되며 대체로 섬유, 화학, 금속, 기계 · 기구, 비금속광물 등의 산업을 중심으로 성장이 진행되고 있다. 광의의 수도권이 서로 연관을 맺으며 성장하고 있다고 판단된다. 반면 섬유공업은 충남 · 경북 · 경남지역이 전문화되고, 화학공업은 서울 · 경남 · 강원지역을 중심으로, 기계 · 기구공업은 서울 · 경남, 그리고 식료품공업은 전남 · 강원 · 제주 · 경기 · 충북 · 전북으로 특화되어 가는 모습을 확인할 수 있다. 따라서 이 시기는 수도권이

33) 이 역시 부산지역 화학공업의 성장과 관련이 있을 것으로 추정된다. 즉, 경부선을 중심으로 수송망이 회복되면서 경북과 마찬가지로 화학공업은 광역경제권의 영역으로 포섭된 것으로 보인다.

표 2-6 1950년대 말 제조업의 지역적 변화(1955~1958년)

(단위: %)

지역	상대적 성장 · 침체		상대적 공업구조	경쟁열위 전문화	경쟁열위 비전문화	경쟁우위 비전문화	경쟁우위 전문화
		조정					
서울	20.36	15.13	2.15	제재 및 목제품, 기타		식료, 섬유, 비금속광물	종이 · 인쇄, 화학, 금속, 기계 · 기구
경기	88.93	45.59	2.66	식료	종이 · 인쇄, 기타	섬유, 화학, 기계 · 기구	제재 및 목제품, 금속, 비금속광물
충북	−23.51	−24.29	1.02	식료, 제재 및 목제품, 비금속광물	섬유, 화학, 기타	종이 · 인쇄, 금속, 기계 · 기구	
충남	−13.94	−11.59	−2.73	섬유, 비금속광물	식료, 금속	제재 및 목제품, 종이 · 인쇄, 화학, 기계 · 기구, 기타	
전북	−8.28	−9.27	1.09	식료, 화학, 금속, 기타	섬유, 비금속광물	기계 · 기구	제재 및 목제품, 종이 · 인쇄
전남	−11.10	−12.08	1.11	제재 및 목제품, 종이 · 인쇄 비금속광물	섬유, 화학 금속, 기타	기계 · 기구	식료
경북	−19.44	−16.77	−3.31	섬유	식료, 종이 · 인쇄, 제재 및 목제품, 화학, 금속	기계 · 기구, 비금속광물, 기타	
경남	−8.08	−7.67	−0.44	섬유, 화학, 기계 · 기구	금속, 비금속광물	식료, 종이 · 인쇄, 제재 및 목제품	기타
강원	14.90	10.82	3.21	제재 및 목제품, 비금속광물		섬유, 종이 · 인쇄, 금속, 기계 · 기구, 기타	식료, 화학
제주	−5.65	−8.19	2.69	종이 · 인쇄, 기계 · 기구, 기타	섬유, 화학	제재 및 목제품, 금속, 비금속광물	식료

주: 〈표 2-4〉와 동일.

산업연관을 형성하면서 전체의 성장을 주도하였고, 다른 지역은 특화가 진행되었다고 판단할 수 있다.

경남의 경우 상대적으로 침체되어 있는 것으로 나타나지만 다른 지역에 비해서 그 침체가 극심한 것은 아니었고, 성장을 지속하고 있었음은 앞의 〈그림 2-1〉과 〈그림 2-2〉에서 이미 보였다. 제재 및 목제품공업이 1954년 성창기업의 부산 이전, 동명목재상사의 생산라인 확충으로 인해 부산은 세계적인 합판 · 목재도시가 되었다. 식료품공업의 경우는 전국 시장의 60%를 차지하는 제당, 전국 생산능력의 40%를 차지하는 제분공업이 이 시기 부산의 주력업종이었다. 기계 · 기구공업의 경우는 한국 자동차산업의 출발이라 할 수 있는 신진공업사 등의 창업과 성장, 전국에서 차지하는 비중이 40% 이상인 조선공업 등이 포함되어 있다. 화학공업의 경우는 알려진 것처럼 고무신공업을 중심으로 한 것 이외에 남선도료, 락희화학, 조광페인트, 평화유지, 금복화학, 순천당제약이 포함되어 있다. 섬유공업의 경우는 인견직물의 전국 규모 1, 2, 3의 조선견직, 선일직물, 고려직물이 모두 부산에 있었고, 부산방직공사의 재창립 등이 부산지역 섬유공업의 성장을 가져 온 것이다.[34] 따라서 1950년대 말의 상황은 임시수도 기간과 비교하여 경남지역이 상대적으로 저성장하였다는 의미이지 부산을 중심으로 한 경남지역의 공업이 절대적으로 침체하였다는 의미는 아니다. 이는 충남지역도 기본적으로 마찬가지이다. 비록 비중의 하락을 경험하고 있지만 절대적으로 감소한 것은 아니었다. 따라서 해방 직후 지역을 중심으로 한 재생산구조가 한국전쟁을 전후하여 경부축을 중심으로 재편되기 시작하였고, 1950년대 말에는 강화되고 있었다고 할 수 있다.

1946년부터 1958년간의 변화를 보인 것이 〈표 2-7〉이다. 1946년부터 1958년의 전 기간을 공업구조로 조정한 상대적 성장 · 침체를 기준으로 분

34) 박영구(2005), pp. 192~208.

표 2-7 해방 이후 제조업의 지역적 변화(1946~1958년)

(단위: %)

지역	상대적 성장·침체		상대적	경쟁열위	경쟁열위	경쟁우위	경쟁우위
		조정	공업구조	전문화	비전문화	비전문화	전문화
서울	−16.11	−13.29	−3.22	종이·인쇄, 화학, 기계·기구, 기타	식료, 섬유	제재 및 목제품, 금속, 비금속광물	
경기	−43.15	−42.55	−0.99	식료, 섬유, 금속, 기타, 비금속광물	제재 및 목제품, 종이·인쇄, 화학, 기계·기구		
충북	5.52	−6.90	11.77	섬유, 기타	기계·기구	화학, 금속	식료, 종이·인쇄, 제재 및 목제품, 비금속광물
충남	93.98	44.32	7.41			제재 및 목제품, 금속, 종이·인쇄, 기계·기구, 화학	식료, 섬유, 비금속광물, 기타
전북	4.49	−0.30	4.20	화학, 금속, 비금속광물	섬유, 기계·기구	종이·인쇄, 기타	식료, 제재 및 목제품
전남	−19.50	−24.14	5.77	제재 및 목제품, 섬유, 비금속광물	화학, 금속, 기타	종이·인쇄, 기계·기구	식료
경북	46.11	29.70	2.61		종이·인쇄, 화학, 금속	식료, 기타	섬유, 기계·기구, 제재 및 목제품, 비금속광물
경남	38.66	30.21	−3.22	비금속광물		식료, 섬유, 제재 및 목제품, 종이·인쇄, 기타	화학, 금속, 기계·기구
강원	−44.45	−41.58	−4.87	제재 및 목제품, 화학, 비금속광물	섬유, 종이·인쇄, 금속	식료, 기계·기구, 기타	
제주	76.92	39.57	5.20	화학		섬유, 기계·기구, 제재 및 목제품, 종이·인쇄	식료, 비금속광물, 기타

주: 〈표 2-4〉와 동일.

석하면 충남 · 경북 · 경남, 그리고 제주가 주요한 성장지역이었다. 그런데 제주의 경우는 1958년 제조업 종사자수가 2,286명에 불과하고, 재생산구조에서 제외되어 있었다는 점을 고려하면 충남 · 경북 · 경남지역을 중심으로 성장이 진행되었다고 할 수 있다.

이상의 분석은 앞선 비중의 고찰결과와 일치한다. 즉, 해방 이후 제조업은 충남 · 경남 · 경북지역에서 성장이 진행되었고, 이는 서울이 전쟁기간에 일시적으로 침체한 것을 제외한다면 서울 · 경기지역과 충남 · 경북 · 경남지역을 잇는 경부성장축이 다시 강화되는 움직임이었다고 판단할 수 있다.[35]

서울과 경기지역은 제재 및 목제품을 제외하면 이 두 지역이 분업연관을 형성하고 있다고 말할 수 있다. 서울의 식료와 섬유공업의 경우는 경기지역에 의해서 보완되고, 경기의 종이 · 인쇄, 화학, 기계 · 기구부문은 서울지역에 의해 보완되는 모습이다. 경북과 경남은 더욱 정확히 분업관련이 형성되는 것으로 보이는데, 경북의 종이 · 인쇄, 화학, 금속부문은 모두 경쟁열위 · 비전문화인 반면 이 부문은 모두 경남지역에서는 경쟁우위 · 전문화의 영역이다. 또 충남의 경우는 거의 모든 부문이 빠르게 성장하는 지역이면서, 전통적인 섬유 이외에 식료품과 기타공업이 전문화되어 있는 것을 확인할 수 있다. 따라서 서울 · 경기-충남-경상남북도를 잇는 경부성장축이 확인된다. 그리고 이는 한국전쟁을 전후한 기간에 본격적으로 형성된 것이라 할 수 있다.

35) 앞에서도 지적하였듯이 상대적 공업구조를 기준으로 하는 것이 반드시 바람직한 산업구조를 중심으로 구조조정이 진행되고 있다고 하기에는 무리가 있다. 〈표 2-7〉에서 보는 것과 같이 경남은 상대적 공업구조로 조정한 값은 음(-)이지만 화학, 금속, 기계 · 기구부문이 경쟁우위 · 전문화의 영역에 속하고 있다.

Ⅳ. 결론

본 연구는 한국경제의 초기조건 형성기라 할 수 있는 해방 이후로부터 1950년대(1945~1958년)에 이르는 전국 제조업의 규모별 · 부문별 종사자수 자료를 모두 수집하여 정비하였다. 이를 바탕으로 전국 제조업의 변화를 3개의 시기로 나누어 분석하였다.

분석을 통해서 밝힌 점은, 첫째 해방공간(1946~1949년)에서 경부축이 약화되었음을 보였다. 또한 해방이라는 경제외적 변화의 과정에서 광역경제권의 붕괴되었고 이에 대한 대응으로 전통적인 전문화 영역을 중심으로 회복이 진행됨과 동시에 지역을 단위로 하는 생산, 즉 지역재생산권이 형성되었다.

둘째 한국전쟁을 전후한 기간 동안 경남지역과 경북지역을 중심으로 성장이 급격히 진행되었음을 보였다. 따라서 이 시기에는 일부에서는 지역의 재생산권을 형성하려는 움직임이 있었던 반면 일부에서는 광역경제권이 형성되어 가는 과정이었다고 할 수 있다. 그리고 그 중심은 경남과 경북이었다. 한국전쟁 이후에는 광의의 수도권, 즉 서울과 경기지역이 중화학공업을 중심으로 성장하였다. 또 경남의 경우는 다소의 상대적 저성장이 진행되었다고는 하지만 제재 및 목제품공업을 제외한 전 부문이 다른 지역보다 빠른 성장을 하고 있거나 또는 전문화되어 있는 부문이다. 특히, 섬유공업, 화학, 기계 · 기구공업에서 전문화에 의한 경쟁우위에 있었다. 따라서 한국전쟁을 전후하여 경부성장축이 다시 강화되었다고 파악하여도 무리가 없음을 분명히 하였다.

마지막으로 1950년대 후반(1955~1958년)에는 광의의 수도권이 산업연관을 형성하면서 전체의 성장을 주도하였고, 다른 지역은 특화가 진행되었다

고 판단할 수 있다. 섬유공업은 충남 · 경북 · 경남지역이 전문화되고, 화학공업은 서울 · 경남 · 강원지역, 기계 · 기구공업은 서울과 경남, 그리고 식료품공업은 전남 · 강원 · 제주 · 경기 · 충북 · 전북으로 특화되어 가는 모습을 확인할 수 있다. 전체 기간에 대한 분석결과 서울이 전쟁기간에 일시적으로 침체한 것을 제외한다면 서울 · 경기지역과 충남 · 경북 · 경남지역을 잇는 경부성장축이 다시 강화되는 움직임이었다고 판단할 수 있다.

이상의 논의는 정비된 전국의 부문별 자료를 변화-할당분석을 통해 제조업의 성장축 변화를 파악한 것이지만 새로운 연구과제를 남긴 것이기도 하다.

첫째, 충남의 성장에 대한 구체적인 추가 분석이 필요하다. 충남의 경우는 적어도 1955년에 이르는 기간까지 지속적인 성장이 진행된 지역인데, 이 부분에 대한 구체적인 연구를 통해 성장의 요인, 1955년 이후 쇠퇴의 원인을 밝혀야 한다.

둘째, 분석이 도별 단위로 진행되었기 때문에 보다 낮은 수준, 즉 특정 도시에 대한 분석이 불충분하다. 부산지역으로 한정하면 부산지역이 가진 역동성의 상당 부분이 제대로 조명되지 못하였다. 예를 들어, 〈표 2-6〉에 의하면 1949~1955년간에 경남지역의 식료, 섬유 그리고 기계 · 기구는 경쟁열위 · 비전문화의 영역에 속하고 있다. 하지만 이 시기 부산지역의 식료품공업과 섬유공업의 급성장은 이미 밝혀진 것이다. 이러한 문제점은 앞에서 지적한 합판산업을 중심으로 제재 및 목제품공업의 경우에도 마찬가지이다. 따라서 이후의 분석은 도별 자료보다 세부적인 지역단위를 대상으로 한 연구가 필요하다.

셋째, 추가적인 자료의 발굴과 정리가 필요하다. 특히, 상공명부 자료의 발굴과 분석, 그리고 이를 통일된 기준에 따라 재분류하는 작업이 필요하다. 더욱이 1949년의 경우는 제재 및 목제품공업이 빠져 있어서 1949년을 전후한 시기의 분석에 한계가 있었다. 추후에 보완해야 할 것이다.

참고문헌

김대래, 『해방직후 부산 · 경남 지역의 공업』, 2006.

김대래 · 장지용, 「한국전쟁 전후 시기의 부산의 공업 구조-상공명부의 분석을 중심으로-」, 『경제경영연구』 제3권 제1호, 신라대학교 경제경영연구소, 2002. 2.

김영성, 「지역 발전도의 격차 변동」, 『지리학연구』 제35권 제1호, 2001.

김재철, 「우리 나라 산업입지 변화요인 분석: 구조적 접근」, 『한국경제지리학회지』 제2권 제1 · 2호, 1999.

대한상공회의소, 『전국 기업체 명부』, 1956, 1958.

박영구, 『현대 부산의 제조업 1945-2000: 통계와 발전』, 부산발전연구원 부산학 연구센터, 2005.

부산상공회의소, 『부산상공명람』, 1954.

______, 『부산상의사』, 1982.

상공부, 『단기 4283년도판 공장 · 광산 명부』, 1950.

유환종, 「서울의 탈공업화 현상과 공간적 분포특성에 관한 연구」, 『지리학연구』 제35권 제2호, 2001.

이 윤, 「한국과 미국 제조업의 지역화」, 『국제지역연구』 제8권 제2호, 2004. 12.

이윤 · 구자형, 「한국의 산업집적과 지역화: 1955-2002」, 『생산성논집』 제18권 제2호, 2004. 9.

______, 「한국제조업의 지리적 분포, 1909-2003」, 『경제사학』 제38호, 2005. 6.

임정덕, 『지역경제분석』, 부산대학교 출판부, 1997.

임정덕 편, 『지역경제 혁신론』, 부산발전연구원, 2001.

장지용 · 박영구 · 박섭 · 정이근, 「부산 제조업의 규모별 · 부문별 통계자

료 정비와 그 시사점: 1945-2000」, 『응용경제』 제7권 제1호, 한국응용경제학회, 2005. 6.

조선은행조사부, 『조선경제연보』, 1948.

_____, 『경제연감』, 1949.

한국산업은행 · 한국은행 조사부, 『광업 및 제조업 사업체조사 종합보고서 4291』, 1959.

한국은행, 『한국표준산업분류』, 1956. 12.

한국은행조사부, 『광업 및 제조업 사업체조사 종합보고서』, 1956.

_____, 『경제연감』, 1955~1959.

_____, 『4288년 광업 및 제조업사업체 명부』, 1956.

형기주, 「한국공업입지의 전개과정(Ⅰ)」, 『지리학』 제12호, 1975.

_____, 「한국공업입지의 전개과정(Ⅱ)」, 『지리학』 제14호, 1976.

Arcelus, F. J., "An Extension of Shift-Share Analysis," *Growth And Change*, January 1984.

Fuchs, V. R., *Changes in the Location of Manufacturing in the Unite States Since 1929*, New Haven and London: Yale University Press, 1962.

Kingsley, E. Haynes and Mustafa Dinc, "Productivity Change in Manufacturing Regions: A Multifactor/Shift-Share Approach," *Growth and Change*, Vol. 28, Spring 1997.

Rigby, D. L. and W. P. Anderson, "Employment change, growth and productivity in Canadian manufacturing: An extension and application of shift-share analysis," *Canadian Journal of Regional Science*, XVI. 1, 1993.

부록

V. R. Fuchs의 기본 모형은 다음과 같다.

X_{si}: s지역 i산업의 기준연도 공업생산액
X_s: s지역 전 공업의 기준연도 생산액
X_i: 한국 전체 i산업의 기준연도 생산액
X: 한국 전체 전 공업의 기준연도 생산액

이와 마찬가지로, 비교연도의 그것은 Y_{si}, Y_s, Y_i, Y로 표시한다.

한편, 해당 지역의 생산액이 전국의 그것과 동일한 정도로 성장한 것을 가정한 생산액(homothetic production)은 다음과 같이 추정할 수 있다.

$$H_s = X_s \frac{Y}{X}, \qquad H_{si} = X_{si} \frac{Y_i}{X_i}, \qquad H'_s = \sum_t H_{si} \tag{1}$$

$$B_s = Y_s \frac{X}{Y}, \qquad B_{si} = Y_{si} \frac{Y_i}{X_i}, \qquad B'_s = \sum_t B_{si} \tag{2}$$

여기에서, H_s는 해당 지역(s)의 생산액이 전국의 그것과 동일한 정도로 성장한 것을 가정한 생산액이다. 이를 이하에서는 동조생산액이라 한다. 또 B_s는 역으로 s지역의 생산액을 기준연도(X_s)와 비교하는 의미를 가지고 있다.

동조생산액을 토대로 하여 '상대적 성장과 침체'(comparative gain or loss)를 추정하는 과정은 다음과 같다.

$Y_s - H_s$: s지역 전 공업의 상대적 성장 또는 침체 (3)

$\frac{Y_s - H_s}{Y_s or H_s}$: $Y_s - H_s$의 백분비 (4)

$\sum_s \frac{|Y_s - H_s|}{2}$: 한국 전체 공업의 순변동액 (5)

$\sum_s \frac{|Y_s - H_s|}{2Y}$: $\sum_s \frac{|Y_s - H_s|}{2}$의 백분비 (6)

$Y_{si} - H_{si}$: s지역 산업의 상대적 성장 또는 침체 (7)

$\frac{Y_{si} - H_{si}}{Y_{si} or H_{si}}$: $Y_{si} - H_{si}$의 백분비 (8)

$\sum_s \frac{|Y_{si} - H_{si}|}{2}$: 한국 i산업의 순변동액 (9)

$\sum_s \frac{|Y_{si} - H_{si}|}{2Y}$: $\sum_s \frac{|Y_{si} - H_{si}|}{2}$의 백분비 (10)

$\frac{1}{2}\left[\frac{Y_s - H'_s}{Y_s or H'_s} + \frac{B'_s - X_s}{B'_s or X_s}\right]$: 공업구조로 조정한 s지역의
상대적 성장 또는 침체율(%) (11)

$\frac{1}{2}\left[\frac{H'^s - H_s}{H'_s or H_s} + \frac{B_s - B'^s}{B_s or B'_s}\right]$: s지역의 상대적 공업구조율(%) (12)

한편, 고전적 변화-할당방정식은 지역의 경제성장(예컨대, 고용, 소득 또는 산출 등의 성장)을 다음과 같은 세 가지 효과로 분해하고 있다.

$$d_{ij} = g_{ij} + m_{ij} + c_{ij} \quad (13)$$

j지역 i산업의 고용, 산출 등이 시점 간에 d만큼 변동하면 이는 국가성장효과 g, 산업구조효과 m, 경쟁력효과 c로 분해된다. 이를 고용 E에 적용

하면 각 효과는 다음과 같이 나타낼 수 있다.

$$d_{ij}=E^*_{ij}-E_{ij} \tag{14}$$

$$g_{ij}=E_{ij}r_n \tag{15}$$

$$m_{ij}=E_{ij}(r_{i,n}-r_n) \tag{16}$$

$$c_{ij}=E_{ij}(r_{ij}-r_{i,n}) \tag{17}$$

여기서 r_{ij}, $r_{i,n}$, r_n은 각각 다음과 같이 정의되는 지역 및 국가성장률을 나타낸다.

$$r_{ij}=(E^*_{ij}-E_{ij})/E_{ij} \tag{18}$$

$$r_{i,n}=(E^*_{i,n}-E_{i,n})/E_{i,n} \tag{19}$$

$$r_n=(E^*_n-E_n)/E_n \tag{20}$$

위의 식에서 E_{ij}는 j지역 i산업의 고용량이고, $E_{i,n}$은 i산업의 국가 전체 고용량이다. 그리고 E_n은 국가의 전 산업 기준연도 고용량을 나타낸다. 위첨자 *는 비교연도, 즉 연구대상의 마지막 연도의 고용량을 나타낸다.

따라서 j지역 i산업의 변화–할당방정식은 다음과 같이 요약된다.

$$d_{ij}=E_{ij}r_n+E_{ij}(r_{i,n}-r_n)+E_{ij}(r_{ij}-r_{i,n}) \tag{21}$$

이 고전적 변화–할당방정식은 각 지역산업의 고용량이 국가 전체의 고용과 동일한 율로 성장하는 것을 전제로 하고 있다. 따라서 실제의 고용변동 크기인 d_{ij}와 국가성장효과와의 차이는 j지역 i산업의 순변화(net shift)이다. 그리고 이 순변화는 산업구조효과와 경쟁효과의 합과 같다. i산업의 고용이 총고용보다 빠르게 성장하면($r_{i,n}>r_n$) i산업의 산업구조효과(16)는 양(+)의 값으로 나타나고 그 역도 성립한다. 마찬가지로 지역의 i산업 고용이

국가의 i산업의 고용보다 빠르게 성장하면($r_{ij} > r_{i,n}$) 이 지역 i산업의 경쟁력효과는 양(+)의 값으로 나타나고 역시 그 반대도 성립한다.

그러나 이 고전적 변화–할당분석은 분석기간 동안의 지역산업구조의 변동을 고려하지 못하며 경쟁력효과가 특정 산업의 동태적 성격($r_{ij}-r_{i,n}$)과 고용집중도(E_{ij})가 혼합(interwoven effects)되어 나타나고 있음을 간과하고 있다는 결함을 지니고 있다. Esteban–Marquillas는 고전적 변화–할당분석이 갖는 이런 문제점을 보완하여 지역산업의 전문화 및 경쟁우위 여부를 측정하는 새로운 기법을 제시하였다.

E–M의 변화–할당방정식은 새로운 변수인 동조고용(homothetic employment)에 기초하고 있다. 동조고용이란 지역의 고용구조가 국가의 고용구조와 동일하다는 가정하에 j지역 i산업의 고용을 말하는 것으로 다음과 같이 정의된다.

$$\hat{E}_{ij}=E_j \cdot (E_{i,n}/E_n) \tag{22}$$

여기서 E_j는 j지역의 기준연도 총고용이다. 이 동조고용변수의 사용으로 지역구조 영향 중 경쟁력효과를 분리해 낼 수 있다. 즉, E_{ij}를 동조고용변수 $\hat{E}_{ij}$로 대체하면 식 (17)의 경쟁력효과는 다음과 같이 나타낼 수 있다.

$$c'=\hat{E}_{ij}(r_{ij}-r_{i,n}) \tag{23}$$

고용변화 중 설명되지 않은 부분($d-g-m-c'$)을 할당효과(allocation effect)라고 하는데, j지역 i산업의 할당효과 a_{ij}는 다음과 같이 표현된다.

$$a_{ij}=(E_{ij}-\hat{E}_{ij})(r_{ij}-r_{i,n}) \tag{24}$$

식 (24)의 우변 첫째 항은 전문화(specialization) 여부를 나타내고, 둘째 항은 경쟁우위 여부를 나타낸다. 따라서 j지역 i산업의 할당효과는 전문화 및 경쟁우위의 여부에 따라서 플러스값과 마이너스값을 가질 수 있다. 그리고 전문화 및 경쟁우위는 4가지 경우로 조합된다.

E-M의 수정된 변화-할당방정식을 종합하면 다음과 같다.

$$(E_{ij}-\hat{E}_{ij})(r_{ij}-r_{i,n}) \tag{25}$$

$$d_{ij}=E_{ij}r_n+E_{ij}(r_{i,n}-r_n)+\hat{E}_{ij}(r_{ij}-r_{i,n})$$

CHAPTER 3

부산의 무역과 국별 무역구조

1950년 부산항

CHAPTER 3

부산의 무역과 국별 무역구조

I. 머리말

비극적인 한국전쟁은 그 충격이 큰 만큼 이후 한국 사회에 미친 영향은 대단하였다. 한국전쟁은 한국의 경제뿐만 아니라 부산지역의 경제에도 큰 변화를 몰고 왔다. 본고는 한국전쟁이 무역항으로서 부산항의 지위에 미친 영향을 평가하는 것을 목적으로 삼고 있다.[1] 결론부터 말하면, 한국전쟁을 계기로 부산항은 70% 이상의 무역비중을 차지하는 굴지의 무역항으로 부상하였다. 이것은 무역 측면에서 부산항이 "부산이 한국경제의 중요한 하나의 거점이 되어 서울과 연결되는" '경부성장축' 형성의 한 요인이 되었다는 것을 의미한다.

그러나 이 과정은 그리 단순하지는 않다. 본고의 목적인 한국전쟁이 부산항의 지위에 미친 영향을 제대로 평가하기 위해서는, 당연한 이야기이지만 한국전쟁 전후, 다시 말하면 미군정기와 1950년대의 부산항 무역이 시기적으로 어떻게 변동되었으며, 그리고 어떠한 요인들 또는 배경에 의해 변동되었는가를 고찰해야 할 것이다.[2] 본고는 대상시기를 좀더 세분하여

1) 한국전쟁 전후 부산항 무역변동에 대한 서술로는 다음이 있다. 부산상공회의소(1989); 부산직할시시사편찬위원회 편(1989).

2) 본고의 대상시기는 이전의 식민지 시기와 이후의 시기와는 달리 통제무역을 특징으로 한다. "한국경제의 발전과정을 국내시장의 대외개방 정도와 해외자본의 도입형태를 기준으로 볼 때, 크게

논의를 전개해 갈 것이다. 대상시기를 미군정기(1945~1949년: 부산항 지위의 저위성)와 한국전쟁기(1950~1953년: 부산항 지위의 급부승) 그리고 재건기(1954~1959년: 부산항 지위의 고위성)로 구분할 수 있을 것이다.[3)]

제Ⅱ절에서는 먼저 부상항의 지위와 관련된 통계를 정비하면서, 부산항의 지위변화를 설명하는 요인으로 국별 무역구조를 제시한다. 그리고 한국전쟁 이후 부산항 지위의 고위성은 '미일 편중무역구조'의 형성과 밀접히 연관된 것임을 지적하면서, 이러한 무역구조의 형성을 설명하는 것이 본고의 주요 과제가 됨을 분명히 한다.[4)]

제Ⅲ절에서는 앞의 시기구분에 따라, 제1항에서는 미군정기 부산항 무역의 정체, 특히 대일무역 비중의 저위성에 대한 배경 및 원인을 밝히며, 제2항에서는 한국전쟁이 부산항의 지위 또는 한국의 국별 무역구조, 특히 '일본 편중무역구조'의 형성에 미친 영향을 평가한다. 이를 위해 한국전쟁 전야의 사정을 비중 있게 다룬다. 제3항에서는 한국전쟁 이후 재건기에 있어서 부산항의 지위변동 및 국별 무역구조의 변화를 주로 미국과 일본의 무역변동을 중심으로 살펴본다.

제Ⅳ절 맺음말에서는 이상의 논의들을 간단히 정리할 것이다.

세 시기로 구분할 수 있다. 첫째 시기는 1945년부터 1961년까지이며, 둘째 시기는 1962년부터 1981년까지이고, 셋째 시기는 1982년부터 현재까지이다." 변형윤(1995), pp. 197~198. 보다 엄밀하게 말하면 제1차 경제개발5개년계획이 수정되는 1964년부터 통제무역이 자유무역체제로 전환된다고 할 수 있다. 박태균(2000a) 참조.

3) 한국무역협회(1972)는 군정 및 과정기(過政期, 1945. 8~1948. 7), 정부수립 및 동란기(1948. 8~1953. 7), 경제재건기(1953~1956) 및 경제안정기(1957~1961)로 구분하고 있다.

4) 본고에서 1950년대 한국 무역의 특징으로, 비록 1970년대와 1980년대의 '한 · 미 · 일 3각 무역구조'와는 거리가 멀지만, '미일 편중무역구조'를 제시한 것은 두 나라 무역비중의 합이 상당히 높다는 의미이다. 당연한 이야기이지만 정진성이 주장하듯, 일제 강점기와 1960년대 이후를 비교한다면 1950년대의 한일 경제관계는 '소원' 하였으며 '장기간의 침체기'를 겪었다고 할 수 있다. 정진성(2005) 참조. 그러나 당시 한국의 경제사정, 한일 무역의 내용, 일본이 차지하는 무역비중 및 한일 무역관계에 대한 미국과의 갈등에서 볼 때 1950년대 한국 무역은 일본에 어느 정도 편중되었다고 볼 수 있다.

Ⅱ. 부산항 무역변동의 개괄

1. 부산항 지위의 변동

제Ⅱ절에서는 부산항의 지위변동을 주요 지표를 통해 개괄하며, 그 변동을 어떻게 파악할 것인가를 제시할 것이다. 먼저 부산항의 지위변동을 개괄해 보자.

(1) 항만별 수출입 비중

〈그림 3-1〉은 20세기 부산항 지위의 영락을 한눈에 보여 주고 있다. 부산항은 일제 강점기 내내 전국에 대한 수출입 비중 30% 내외를 차지하면서 전국 최대 무역항의 지위를 차지하였다. 해방 · 분단 직후 부산항의 무역비중은 수입비중의 급락으로 갑자기 낮아졌다가, 한국전쟁을 기점으로 급상승하여 1950년대 내내 70% 이상을 상회하고 있었다. 그리고 1960년대와 1970년대에는 비록 그 비중은 낮아지고 있지만 (부산항이 최고 무역항의 지위를 누리고 있었던) 일제 강점기의 비중보다도 높은 수준을 유지하였다. 그러나 1990년대 후반 이후 부산지역 수출의 통관실적은 10%에도 미치지 못함으로써 오늘날 부산지역 경제의 상대적 침체를 잘 반영한다고 하겠다.

이제 부산항의 지위를 다른 무역항과 비교해 보자. 〈표 3-1〉은 1930년대 후반부터 1950년대 후반까지 부산항의 지위를 다른 무역항과 비교하고 있다. 〈표 3-1〉에서 보듯이 일제 강점기 부산항은 최고의 무역항 지위를 차지하다가, 1946~1949년 동안 인천항에 그 자리를 내어 주었을 뿐만 아니라 1947년에는 군산보다도 뒤쳐졌다. 한국전쟁이 발발한 1950년을 기점으로 부산항은 다시 수위를 달릴 뿐만 아니라, 1950년대 내내 다른 무역항에 비해 월등히 높은 70% 이상의 무역비중을 차지하고 있었다. 본고의 과제는

그림 3-1 부산항 통관 수출입 비중의 추이(부산/전국, 1900~2000년)

(단위: %)

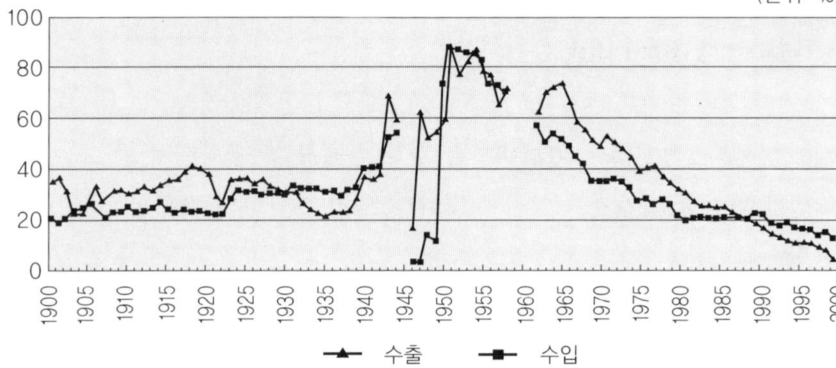

주: 1) 1900~1939년은 수이출 및 수이입, 1940~1944년은 이출 및 이입.
2) 1946~1958년은 원조가 포함되지 않았으며, 1962년 이후는 원조 포함됨.
3) 1945년은 제외시켰는데, 이 해의 통계는 통계적 의미가 없을 뿐만 아니라 한반도에 있어서 다양한 의미의 역사적 단절을 보이는 해이기 때문이다. 그리고 1959~1961년의 공백은 자료의 부족 때문이다. 이 기간 부산항의 수출입액은 『부산통계연보』(1963)에서 원화로는 알 수 있지만 달러화로는 알 수 없다. 반면 전국의 그것은 다른 자료에서 달러화로는 알 수 있지만 원화로는 알 수 없다. 환율로 환산할 수도 없다. 왜냐하면, 1955~1958년 전국의 수출입 통계는 원화와 달러화 모두에 대해 알 수 있는데, 여기서 계산된 환율은 당시의 공정환율 및 시장환율 어느 것과도 일치하지 않기 때문이다.

자료: 1900~1937년은 조선총독부(『조선무역연표』, 각 연도) 및 부산세관(『부산항무역개람』, 각 연도); 1938~1939년은 조선총독부(『조선총독부통계연감』); 1940~1944년은 조선은행조사부(1948), 남조선과도정부편찬(1949), 조선무역협회 편(1943)에서 작성. 1946~1958년은 한국은행조사부(『경제연감』, 1955~1959); 1962~2000년은 재무부세관국 · 관세청(『무역통계연보』, 각 연도) 및 KOSIS에서 작성.

이러한 과정을 해명하는 데 있다.

그런데 〈표 3-1〉의 수입통계는 원조수입을 제외한 일반수입(민간수입+정부수입)이다. 〈그림 3-2〉에서 보듯이 미군정기와 1950년대에 원조수입은 일반수입보다도 월등히 높았으므로,[5] 무역항의 지위를 따질 때 당연히 원

5) 이러한 의미에서 1946~1959년은 '원조의존적인 대미편중무역의 시대'라고 할 수 있다. 임종철(1970), p. 40.

표 3-1 항만별 수출입 비중의 추이: 1936~1958년

(단위: %, 백만 원)

연도	부산			인천			군산			목포			전국	
	수출	수입	무역	수출	수입	무역	수출	수입	무역	수출	수입	무역	수출	수입
1936	44.8	50.2	48.1	24.3	33.5	29.9	19.2	6.1	11.2	10.6	4.0	6.6	299	475
1938	46.4	51.0	49.1	28.8	33.6	31.6	13.9	4.1	8.2	9.0	3.1	5.5	452	639
1940	76.8	57.8	63.1	13.9	26.9	23.2	3.0	2.7	2.8	5.1	1.7	2.7	354	909
1942	65.4	53.4	56.9	12.7	28.0	23.5	13.0	1.0	4.6	8.5	0.3	2.7	439	1,046
1944	71.7	72.5	72.1	8.9	23.7	16.1	14.4	0.2	7.5	5.0	1.7	3.4	608	574
1945	56.1	84.6	71.2	12.6	12.0	12.3	20.9	0.0	9.8	6.2	0.7	3.3	19	21
1946	18.6	2.8	6.3	81.4	94.3	91.4	0.0	1.2	0.9	0.0	1.8	1.4	48	167
1947	62.5	2.7	23.5	36.9	42.5	40.6	0.4	52.4	34.4	0.2	0.9	0.7	1,111	2,088
1948	52.3	13.6	31.0	32.5	85.2	61.6	0.1	0.1	0.1	15.1	0.3	6.9	7,196	8,857
1949	54.2	11.1	29.8	30.2	88.0	63.0	0.0	0.0	0.0	1.7	0.0	0.7	11,267	14,739
1950	60.0	73.7	61.9	3.2	22.7	5.9	16.1	0.8	14.0	7.5	0.1	6.5	32,573	5,213
1951	88.6	87.4	87.8	4.1	0.0	1.1	0.0	0.0	0.0	0.4	0.5	0.5	45,914	121,827
1952	77.7	87.0	85.0	7.6	3.7	4.5	0.0	0.3	0.3	1.8	0.6	0.9	194,964	704,419
1953	82.4	84.9	84.5	1.2	8.5	7.4	0.6	1.6	1.4	0.4	0.7	0.7	398,720	2,237,013
1654	87.5	84.5	85.0	1.2	8.1	6.8	0.7	0.5	0.5	0.3	4.0	3.3	667,500	2,778,500
1955	79.0	82.3	81.8	7.8	8.1	8.0	0.0	1.7	1.4	0.2	0.7	0.6	904,200	4,824,500
1956	77.3	73.2	74.3	10.1	16.9	15.1	0.0	1.7	1.2	0.6	0.4	0.5	1,266,800	3,543,600
1957	65.7	72.6	71.0	7.5	17.7	15.3	1.5	0.9	1.0	2.3	0.5	1.0	1,129,500	3,791,600
1958	72.1	70.6	70.9	4.8	17.7	15.0	0.7	1.3	1.1	0.5	1.0	0.9	1,145,300	4,356,400

주: 1) 전국의 수출과 수입은 남한의 통계이다. 따라서 항별 비중은 남한에 대한 것이다.
2) 한국전쟁으로 인하여 자료가 분실되어 인천 및 서울세관의 1950년 3~6월분이 포함되어 있지 않다.
3) 1946~1958년까지의 통계는 민간무역과 정부무역(정부보유불에 의한 정부의 수입 이외의 것)만을 포함한다. 그러므로 원조물자수입, 북한과의 거래, 밀무역은 포함되지 않는다.
4) 그림자는 인천항이 부산항보다 무역비중이 높은 연도임.

자료: 1936~1946년은 한국은행조사부(1949); 1947~1953년은 한국은행조사부(1955); 1954~1958년은 한국은행조사부(1959).

그림 3-2 전국 수출입 추이(1946~1961년)

(단위: 백만 달러)

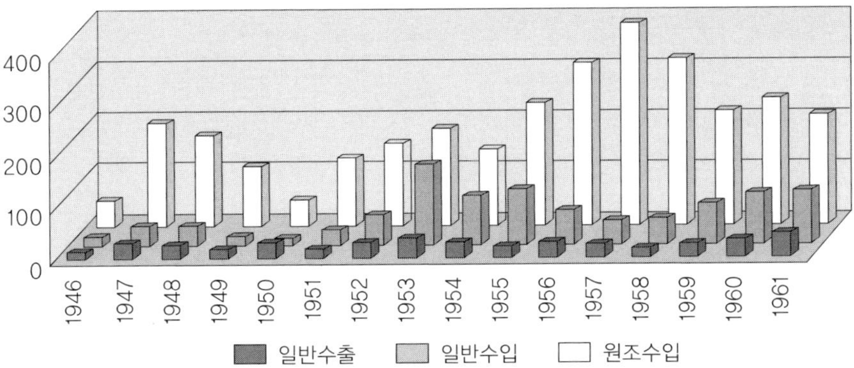

자료: 1946~1951년의 수출과 일반수입은 한국산업은행조사부(1955); 1952~1961년의 수출과 일반수입 그리고 1946~1961년의 원조수입은 경제기획원(1964).

조수입을 고려해야 한다. 그런데 본고의 대상시기인 1946~1959년에 대한 무역항별 원조수입 및 원조수입을 포함한 총수입액을 보여 주는 자료는 찾지 못하였다. 따라서 본고에서 다루는 수입통계는 주로 원조수입을 제외한 일반수입을 두고 논의할 것이다.

(2) 총무역의 추이

무역항별 원조수입 및 원조수입을 포함한 총수입액은 알 수 없지만, 원조 도입과 관련된 부산항의 지위를 다른 자료를 이용하여 살펴보도록 하자. National Economic Board(1948)로부터 1948년 1월에서 6월까지 항별 원조물자 반입량(중량톤)에 대한 통계를 알 수 있다. 그 자료에 따르면 1948년 상반기 도입된 원조물자의 81%가 부산항으로 들어왔으며, 인천항의 경우는 6%, 그리고 여수항의 경우 13%였다.[6] 이것은 원조물자가 부산항에 집중적

으로 들어왔음을 의미한다.

배석만(1999)은 1946년과 1947년에도 원조물자가 부산항에 집중되었음을 부산항 입항 선적통계를 들어 보강한다. 〈표 3-2〉에서 보듯이 1946년과 1947년 전국 입항 기선은 각각 24척과 708척인데, 부산항에 입항한 기선은 각각 23척과 684척으로 거의 모든 기선이 부산항에 입항하였다. "이것은 원조물자를 실은 미국과 일본 국적의 대형 기선들이 입항하였다는 것을 의미한다."[7]

1948년과 1949년의 경우를 보면, 인천항에의 기선 입항이 증가하고 있었다. 이 사실에 대해 배석만은 "1947년 이후 민간무역이 활성화되면서 소형 정크선에 의한 무역에서 일명 '마카오 무역'으로 불리는 대형 기선에 의한 민간무역으로 전환하였기 때문이"며, 따라서 "인천항은 원조물자 도입항이라기보다는 대중국 무역을 통한 민간무역 중심항이었음을 알 수 있다"고 서술하고 있다.[8] 이는 결국 인천항의 기선 입항이 증가하지만, 원조물자의 도입은 여전히 부산항에 집중되었다는 것이다.

그런데 미군정기 동안 부산항에 원조물자가 집중되었다고 하는 이러한 추정을 그대로 받아들이기 힘들게 하는 자료가 있는데, 그것은 항만별 원조를 포함한 총수입 톤량이다. 〈표 3-3〉은 이를 보여 준다. 〈그림 3-3〉은 〈표 3-1〉과 〈표 3-2〉 그리고 〈표 3-3〉에서 부산항과 인천항만을 나타낸 그림이다. 〈표 3-1〉, 〈표 3-2〉, 〈표 3-3〉 그리고 〈그림 3-3〉으로부터 다음과 같은 결과를 도출할 수 있다.

첫째, 1946년에서 1948년까지를 보면 인천의 경우 원조 포함 총수입의 비중이 일반무역의 비중보다 낮고, 부산의 경우 전자가 후자보다 높다. 이것은 부산항의 원조도입 비중이 인천항보다 높다는 것을 의미한다. 그렇다

6) 배석만(1999), p. 270.
7) 배석만(1999), pp. 271~272.
8) 배석만(1999), p. 273.

표 3-2 항만별 무역선 입항실적

(단위: 척, 톤, %)

연도	부산				인천				전국			
	기선		범선		기선		범선		기선		범선	
	척수	톤수	척수	톤수	척수	톤수	척수	톤수	척수	톤수	척수	톤수
1946	23 (95.8)	25,056 (99.7)	177	4,222	1	88	225	4,554	24	25,144	416	11,737
1947	684 (96.6)	1,045,675 (98.5)	207	17,014	8	13,652	225	5,155	708	1,061,100	480	23,953
1948	74 (60.2)	187,552 (64.2)	1	57	46	104,440	288	6,461	123	292,155	296	6,714
1949	86 (46.7)	198,656 (53.8)			78	152,569	54	1,430	184	369,407	69	1,825
1950	167 (83.5)	284,216 (83.7)			10	15,018			200	339,660		
1951	293 (68.3)	208,656 (72.4)	4	107	17	19,750			429	288,359	7	529
1952	639 (77.5)	414,469 (70.1)	28	2,310	54	17,394	1	124	824	591,368	311	10,810
1953	1,012 (67.5)	788,252 (58.7)			93	139,775			1,500	1,343,173	317	10,277
1954	836 (58.1)	702,352 (48.9)	57	3,874	167	404,314			1,439	1,436,569	275	9,742
1955	874 (58.4)	1,156,258 (48.1)	5	212	167	544,519	2	69	1,495	2,403,753	129	5,373
1956	1,270 (52.8)	1,678,900 (52.4)			321	949,648			2,407	3,204,379	108	2,925

주: 1) 톤수는 등록톤수임.
2) 괄호의 단위는 %.
3) 1946년의 전국 통계는 자료에서 제시하지 않았지만, 본표에서는 제시된 무역항의 합으로 구하였음.

자료: 1946~1949년은 한국은행조사부(『경제연감』, 1955); 1950~1956은 한국은행조사부(『경제연감』, 1957).

표 3-3 항만별 수출입(원조 포함) 톤량비중의 추이

(단위: %, 척, 톤)

연도	부산			인천			전국		
	수출	총수입	무역	수출	총수입	무역	수출	총수입	무역
1946	7.5	17.5	15.3	52.5	54.5	54.1	4.0	14.3	18.3
1947	73.4	45.0	57.7	26.0	50.3	39.4	15.4	19.1	34.5
1948	69.2	15.2	40.8	30.5	84.2	58.8	33.1	36.8	69.9
1949	43.7	8.9	22.7	42.4	88.1	70.0	68.4	104.2	172.6
1950	19.4	38.4	21.3	2.4	24.1	4.5	101.0	11.2	112.2
1951	45.6	76.6	57.4	13.8	0.0	8.6	94.7	58.2	152.9
1952	39.3	64.4	56.4	30.5	17.5	21.6	216.7	465.7	682.4
1953	45.6	67.8	65.3	14.1	10.6	11.0	142.8	1,135.4	1,278.2
1954	61.7	61.5	61.5	3.4	19.3	17.7	104.4	985.0	1,089.4
1955	49.4	48.8	48.8	5.8	25.8	24.7	89.6	1,656.6	1,746.2
1956	43.7	35.4	36.6	1.4	31.1	26.8	265.1	1,557.8	1,822.9
1957	41.4	46.1	45.7	1.6	29.5	26.8	367.9	3,407.3	3,775.2
1958	28.1	49.4	47.2	1.1	28.3	25.4	379.0	3,251.6	3,630.6
1959	37.8	56.1	52.9	2.2	23.2	19.5	434.2	2,051.2	2,485.4
1960	52.2	55.2	54.8				403.5	2,458.9	2,862.4
1961	62.2	55.0	56.5				598.6	2,246.9	2,845.5

주: 1) 1948~1955년은 용적톤, 1956~1958년은 중량톤 기준.
2) 원조에 의한 수입 톤량을 포함함.
3) 1956년 수입 중량톤의 합계가 자료에 따르면 3,752.0으로 되어 있는데 이는 오류라고 생각된다. 자료에 따르면 1955, 1956, 1957년의 수입 중량톤은 각각 2,214.8, 3,752.0, 3,407.3인 데 비해, 수입 용적톤의 경우는 각각 1,656.6, 893.3, 1,250.7로 되어 있다.

자료: 1946~1959년은 내무부통계국(1960); 1960~1961년의 전국 자료는 한국은행조사부(『경제통계연보』, 1963); 1960~1961년의 부산 자료는 부산지방해운항만청(1991).

고 부산항에 원조가 집중되었다고는 할 수 없다. 왜냐하면, 원조 포함 총수입의 비중에 있어서 1947년을 제외하면 1946년과 1948년 모두 인천항이 부산항보다 높게 나타나는데, 당시 원조의 크기를 생각하면 부산항에 원조가 집중되었다면 이 비중에 있어서 부산항이 인천항보다 높을 것이기 때문이

그림 3-3 일반수출입과 원조 포함 수출입 톤량비중의 추이(부산, 인천) 및 기선 입항 톤량비중의 추이(부산)

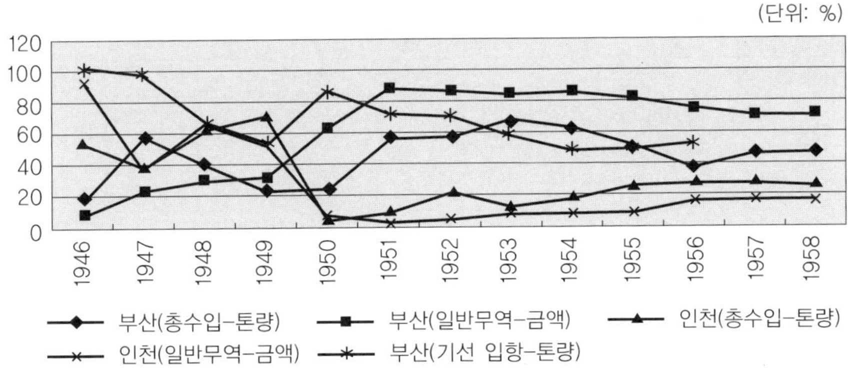

자료: 〈표 3-1〉, 〈표 3-2〉, 〈표 3-3〉.

다(1947년의 경우가 여기에 해당). 그리고 1949년의 경우 인천항의 총수입 비중이 일반무역 비중보다 높게 나타나고, 부산항의 경우에는 그 반대인데, 이는 원조가 부산항보다 인천항에 더 많이 도입되었다는 것을 의미한다. 결국 미군정기 당시 부산항에 원조가 집중되었다고 단정하기는 힘들다.

둘째, 〈그림 3-3〉에서 보듯이 1947년을 제외하면, 항만별 일반무역과 총무역의 비중은 비례한다. 이는 1947년을 예외로 하면, 일반무역에서의 무역항의 지위와 원조 포함 총무역에서의 지위는 변화가 없다는 것을 의미한다. 결국 미군정기 동안 1947년을 제외하면, 일반무역뿐만 아니라 총무역에서 인천항이 부산항보다 우위에 있었다.

그렇다고 항만으로서의 지위까지 잃은 것은 아니다. 비록 이 기간 동안 물동량에서는 인천항이 부산항보다 앞서지만, 선박의 입출항에 있어서는 〈표 3-2〉에서 보듯이 부산항이 여전히 제1위의 자리를 차지하고 있었다.

셋째, 1951년 이후 부산항의 경우 원조 포함 총수입 비중은 일반수입

비중보다 낮은데, 이것은 원조수입 비중이 일반수입 비중보다 낮다는 것을 의미한다. 인천의 경우는 그 반대이다. 이것은 한국전쟁 이후 원조가 부산에 고도로 집중되지 않았다는 것을 의미한다. 〈그림 3-3〉에서 판단해 보면 1950년대 부산항 원조도입 비중은 60%를 넘지 않았다. 그렇다고 하더라도 부산항이 최고의 원조도입항이었다는 사실을 부정하는 것은 아니다.

이상과 같이 일반무역과 총무역에 있어서 부산항의 지위변동을 살펴보았는데, 대체로 일치하였다. 앞으로는 무역항으로서의 부산항 지위변동을 일반무역을 중심으로 살펴보고자 한다. 원조는 경제적 거래로 보기 힘들기 때문이다. 따라서 원조를 포함시키는 것보다 일반무역 차원에서 부산항의 지위변동을 파악하는 것이 경제적 의미를 더 많이 찾을 수 있을 것이다.

2. 부산항 지위변화의 요인

이제 무역항으로서의 부산항 지위변화에 영향을 미치는 요인들에 대해 살펴보도록 하자. 그 요인들은 대단히 많다. 수출의 경우 수출품의 종류와 생산지의 분포 및 수출대상지를 들 수 있고, 수입의 경우 수입품의 소비지 및 수입대상국을 고려할 수 있다. 이 밖에 항만의 규모와 시설[9] 그리고 국내 운송상태 등을 고려해야 할 것이다.

그런데 이러한 요인들을 모두 고려한다는 것은 무리이다. 이는 작업이 너무 방대할 뿐만 아니라 더욱이 실상을 파악할 수 있는 자료가 부족하기 때문이다. 따라서 본고에서는 부산항 지위변동을 한국의 무역대상국의 변동을 중심으로 파악하고자 한다.

어쩌면 수출의 경우에는 수출품의 생산지 분포가, 수입의 경우에는 수입품의 소비지 분포가 부산항 지위에 결정적인 변수일 수 있다. 이를테면

9) 해방 직후에도 부산항은 국내의 다른 항구에 비해 규모가 크고 시설 또한 좋았다. 이에 대해서는 부산상공회의소(1989); 부산지방해운항만청(1991)을 참조.

표 3-4 주요국별 무역비중의 추이

(단위: %, 백만 원, 천 달러)

연도	아시아								미국		유럽		전국	
	중국(대만)		홍콩		일본		합계							
	수출	수입	수출	수입	수출	수입	수출	수입	수출	수입	수출	수입	수출	수입
1937	0.7	1.2	0.1	0.6	83.5	85.2	98.3	96.2	0.2	2.5	0.4	0.9	686	863
1939	3.3	0.7	0.0	0.0	73.2	88.5	99.4	97.2	0.4	1.7	0.1	0.5	1,007	1,388
1941	4.3	2.6	0.0	0.0	81.0	89.6	99.2	99.1	0.1	0.9	0.6	0.1	973	1,519
1943	6.8	2.8	0.0	0.0	72.8	84.3	100.0	99.8	0.0	0.0	0.0	0.1	705	1,348
1945	35.9	46.8	0.0	0.0	0.0	0.0	100.0	100.0	0.0	0.0	0.0	0.0	71	122
1946	81.4	94.5	0.0	0.0	18.6	4.8	100.0	99.7	0.0	0.3	0.0	0.0	48	168
1947	23.0	32.2	41.9	7.1	0.0	0.5	64.9	61.3	4.7	12.9	30.4	21.6	1,111	2,088
1948	2.5	13.7	75.8	15.1	15.9	5.9	94.2	50.3	5.8	16.3	0.0	31.7	7,198	8,857
1949	4.6	21.2	72.9	8.4	16.1	13.0	94.2	49.5	4.2	18.3	1.6	31.5	11,267	14,739
1950	0.2	8.8	19.0	3.4	75.5	69.1	94.7	83.8	4.9	10.5	0.5	5.6	32,572	5,213
1951	0.0	1.2	8.0	17.9	83.5	72.8	91.6	95.4	8.3	3.8	0.1	0.8	45,914	121,827
1952	0.4	11.8	12.0	7.8	54.1	59.2	66.8	87.6	33.1	11.3	0.0	0.7	194,964	704,419
1953	0.4	4.9	12.2	3.1	37.5	47.7	50.6	70.1	47.8	16.6	1.6	4.0	398,719	2,237,018
1954	0.5	4.6	9.1	11.2	32.9	38.2	42.6	56.8	56.3	22.0	1.1	15.4	667,500	2,778,500
1955	0.7	4.8	11.1	14.5	39.1	14.6	51.0	36.3	41.9	34.9	7.0	23.3	904,200	4,824,500
1956	0.9	5.2	7.7	9.4	33.8	19.2	42.6	38.9	44.2	33.1	13.2	23.0	1,266,800	3,543,600
1957	1.2	2.4	17.0	5.5	49.4	22.5	68.5	47.7	18.2	36.9	13.2	14.2	1,129,500	3,791,600
1958	0.8	3.7	8.3	3.0	60.4	23.7	70.6	39.1	16.0	31.9	13.3	24.1	1,145,300	4,356,400
1959	0.6	1.9	5.2	0.2	64.0	10.7	74.6	18.7	10.8	48.6	11.4	22.8	19,812	303,807
1960	1.2	1.6	8.3	0.4	61.5	20.5	72.8	28.5	11.1	38.9	13.1	23.4	32,827	343,527
1961	1.3	2.0	18.1	0.1	47.5	21.9	69.5	29.1	16.7	45.4	7.9	15.6	40,878	316,142

주: 1) 1937~1945년까지는 남한과 북한을 합한 것이며, 1946년 이후는 남한만의 것임.
2) 1937~1958년의 단위는 백만 원이며 여기에는 원조수입이 포함되지 않음. 1959~1961년의 단위는 천 달러이며 여기에는 원조수입이 포함됨.
3) 그림자 부분은 중국과 홍콩의 무역비중이 높은 연도임.

자료: 1937~1947년은 조선은행조사부(1949); 1948~1953년은 한국은행조사부(『경제연감』, 1955); 1954~1958년은 한국은행조사부(『경제연감』, 1959); 1959~1961년은 한국은행조사부(『경제통계연보』, 1963).

해방 · 분단 직후라고 하더라도 부산항의 수출비중이 대단히 높은데, 이는 수출품이 대부분 수산물로 남해안에서 생산되어 부산항에 집하되었기 때문이다.

그리고 해방 직후 인천항의 수입비중이 대단히 높은 것은 당시 주요 수입품이 신문용지 등으로 서울지역에서 소비가 많았기 때문이다.[10)] 그런데 수출품의 생산지 분포와 수입품의 소비지 분포가 확대되면, 이러한 요인들로 무역항의 지위변동을 설명하기가 대단히 어렵고 그만큼 다른 설명변수들을 도입해야 한다.

이에 비해 작업이 가능한 무역대상국 변동으로 부산항 지위변동을 설명하는 것은 어느 정도 일관성을 보일 수 있다고 생각한다. 나아가 무역대상국 변동을 파악함으로써 1950년대 한국 무역의 성격 및 그 역사적 의미를 발견할 수도 있다. 따라서 많은 한계는 있지만, 부산항의 지위변동을 무역대상국의 변동을 중심으로 살펴보고자 한다.

〈표 3-4〉는 한국의 국별 무역구조의 변화추이를 나타내고 있다.[11)] 일제 강점기의 한국 무역은 주로 일본과의 교역이었다. 당시 부산항이 최고의 지위를 차지하고 있었던 것은 이와 무관하지 않다. 해방 직후 부산항의 지위저하와 인천항의 지위상승은 수출입품의 국별 구조, 즉 중국과 홍콩과의 교역확대와 밀접하게 연관되어 있다. 그리고 1950년 한국전쟁 이후 부산항의 지위상승은 이들 지역의 비중저하와 '미일 편중무역구조'의 형성,

10) 1948년의 경우 "수출에 있어서는 부산항이 수위를 차지하고 있고 수입에 있어서는 인천항이 수위를 차지하고 있는데, 그 이유는 수출품의 대부분을 차지하고 있는 수산물의 집산지가 부산이 되고 있는 관계와 수입물자의 일대소비지(一大消費地)인 서울에 인천이 가깝다는 것으로 그렇게 된 것이다." 한국무역협회(1950), p. 13.

11) 〈표 3-3〉의 경우 1958년까지는 원화로, 1959년 이후는 달러화로 표시되어 있는데, 하나의 화폐단위로 통일시키기가 어렵다. 1950년대 무역통계의 작성이 대단히 혼란스러운 것은 이 때문이다. "통계기준면에서 1953년까지는 모든 무역통계가 한국 원화 베이스로 잡히다가, 1955년 이후부터 비로소 미국 달러화 표시로 잡히고 있어, 1950년대 전 기간을 하나의 통화베이스로 무역통계를 연결하는 것부터 우선 많은 어려움이 따르고 있다." 이대근(2003), p. 133; 최상오(2000), p. 15; 정진성(2005), p. 119 참조.

즉 일본 및 미국과의 교역증대와 밀접히 연관되어 있다고 할 수 있다.

그렇다면 무역의 국별 구조를 변화시킨 요인들 또는 배경은 무엇인가? 다시 말하면, 어떻게 하여 해방 · 분단 직후 중국과 홍콩 중심의 무역이 형성되었으며, 그리고 한국전쟁 이후 일본과 미국 중심의 무역으로 변화하게 되었는가? 이를 밝히는 것이 본고의 중심 과제이다. 그리고 이를 미군정 및 한국 정부의 무역정책을 중심으로 살펴보고자 한다.[12)]

Ⅲ. 부산항 지위변동과 국별 무역구조

1. 미군정기 부산항 지위의 하락

〈표 3-1〉에서 보듯이 미군정기[13)] 부산항은 일제 강점기 이후 계속해서 차지하였던 수위의 무역항 지위를 다시금 인천항에 내어 주었다. 주요 이유 중의 하나는 이 시기 무역대상국이 일제 강점기의 일본으로부터 주로 중국과 홍콩으로 바뀌었기 때문이다. 해방 직후 잠시 동안이나마 국제교역에 있어서 서해안시대가 열렸던 이유로 세 가지를 들 수 있다. ① 미군정의 대일단절정책, ② 통제 중심의 무역억제정책, 그리고 ③ 외국상인 특히 중국 무역상의 무역장악이다.

첫째, 미군정은 남한경제를 일본경제권으로부터 분리하려고 하였으며, 한국과 일본과의 교역을 억제하였다. 미군정기 미국의 한일 경세판계에 대

12) 무역정책에서 볼 때 1946~1959년의 한국 무역은 "가격메커니즘이 아니라 정치메커니즘에 의하여 규제된 무역"이다. 임종철(1970), p. 40.

13) 본고에서 말하는 미군정기란 맥아더 사령부가 남한에 군정을 포고한 1945년 9월부터 1947년 5월 군정청을 남조선과도정부로 개칭한 이후 그것이 종결되는 1948년 8월 이승만정부의 출범까지 기간을 의미할 뿐만 아니라, 보다 넓게는 1950년 6월 한국전쟁이 발발하기 전까지의 기간을 포함하는 것으로 한다.

한 정책에는 크게 두 가지가 논의되었다. 하나는 단절정책으로 남한경제를 일본경제와 단절시키는 것이며, 또 하나는 남한경제를 일본경제에 통합시키는 '지역통합 구상'으로 식민지 시대에 형성된 수직적 경제관계를 부활 또는 강화시키는 것이다.[14] 지역통합정책은 미국의 기본적인 냉전전략 중의 하나로 한국전쟁을 전후하여 본격적으로 진행되었으며, 미군정기에 관철된 한일 경제관계의 기본정책은 일본경제권으로부터 분리정책이었다.

일제 강점기 무역은 주로 중국과 만주를 포함한 엔블록 내에서 이루어졌으며, 특히 일본과의 교역비중은 대단히 높았다. 이러한 측면에서 식민지 조선경제의 재생산구조는 일본 의존적이었다. 일제 강점기 부산항의 지위는 일본과의 무역 때문이었다. 일본의 패망에 이은 해방은 이러한 일본 의존적 경제구조와 단절할 수 있는 계기였다. 그런데 여기서 간과할 수 없는 점은 일본과 남한 모두 미군의 점령하에 들어갔다는 사실이다. 점령 직후 (한일 교역관계의 결정권을 가지고 있었던) 미군정은 한국과 일본의 경제관계를, 특히 민간부문의 경제관계를 단절시키는 방향으로 나아갔다.[15] 해방 직후 미군정의 대일단절정책하에서 중국 · 홍콩과의 교역이 큰 비중을 차지하게 되었고, 이에 따라 부산항의 지위가 하락하였다.

둘째, 앞에서 언급한 한일 교역단절정책과 맞물려 있는 것으로, 미군정이 적극적인 무역정책을 펼치지 않았다는 점이다. 그렇다면 미군정은 왜 통제적 무역정책 기조를 유지하였는가? 미군정의 대한점령정책의 일반적 기조는 급진체제 수립을 저지하는 것이었다.[16] 이에 따라 미군정의 경제정책의 기조는 성장 · 재건 또는 공업화를 통한 생산력 향상보다는 −실제 미

14) '지역통합' 개념에 대해서는 이종원(1993), pp. 5~6 참조. 제2차 세계대전 이후 동아시아 지역통합 구상을 둘러싼 미국 정부 내의 논의구조와 그리고 그것이 한일관계에 어떻게 적용되었는가에 대해서는 이 논문을 참조.

15) 물론 미군정기 일본과의 교역관계는 완전히 단절된 것은 아니었다. 차철욱이 지적하듯 "미군정 미국인 관료들은 일본과의 기존 경제관계를 이용하였다." 이들은 "일본에서 한반도 필수물자 공급이라는 기본 원칙"을 가지고 있었다. 차철욱(1998), pp. 367, 360.

16) 김기원(1986); Park(2000b) 참조.

군정은 공업 부흥에 별 관심이 없었다– 물가안정과 민생안정 중심의 경제안정화에 있었다. 이러한 경제안정화정책의 수단으로 미군정이 입안 · 실시한 것이 (어떤 특별한 경제개발계획이라고는 할 수 없는) 민간물자보급계획이었다.[17] 이 계획하에서 미군정은 필요한 물자를 원조, 즉 당시는 GARIOA (Government and Relief in Occupied Areas) 원조로 보충하려고 하였다. 따라서 안정을 추구한 미군정은 (식량 등 긴급물자의 해외유출 등) 안정을 헤칠 수 있는 민간무역의 확대를 결코 원하지 않았다. 이승만정권이 들어서고 난 이후에도 이러한 통제무역의 기조는 변하지 않았다.[18]

셋째는, 한국의 대외무역을 외국상인 특히 중국인 업자가 주도하였다는 사실이다.[19] 이리하여 해방 직후 무역은 정크선 무역 → 마카오 무역 → 홍콩 무역으로 전개되었고,[20] 따라서 무역은 주로 서해안을 중심으로 이루어지게 됨에 따라 부산항의 지위는 하락하였다. 당시 대외무역을 한국 무역업자들이 아니라 외국상인들이 주도하였다는 사실을 국내의 경제인들은 한목소리로 아쉬워하였다. 한 연구에 따르면 그 원인을 다음과 같이 서술하고 있다. "산업구조의 후진성, 무역기반의 취약성, 무역질서의 결핍, 제반 시책의 결여 및 민간에 대한 대외무역의 억제 등으로 해방 직후의 우리나라 무역은 외상(外商)들이 주도권을 장악하였던 것이다."[21]

최상오는 특히 국내무역업자들의 역량부족을 강조한다. 식민지기 조선인 자본은 대외무역을 직접 경영할 때 발생하는 위험과 막대한 자본투자를 회피하기 위해, '엔통화권'을 벗어나는 다른 국가와 무역을 하는 경우 해외무역에서 이미 상당한 정도의 경험과 자본축적이 진행된 일본인 무역회사를 이용하였다. 예를 들면, 식민지 초기부터 조선인 자본으로서 대산업자

17) 김점숙(1996), p. 101.
18) "대외무역은 국가의 통제하에 둔다"(제헌헌법 제87조 제2항).
19) 한국무역협회(1950), p. 3.
20) 차철욱(2002), p. 57.
21) 한국무역협회(1972), p. 223.

본으로 성장한 경성방직은 1919년 방직회사와 1936년 방적회사를 각각 설립하고 그것의 원료인 면사와 원면을 조달하는 데 전부 일본인 무역회사를 이용하였다.[22] 이러한 한국 무역업자의 경험부족 및 자본부족으로 인해 해방 이후 대외무역이 주로 외국상인에 의해 주도되었다.[23] 이리하여 국내무역업자는 외국상인의 대리인 역할을 할 뿐이었다.[24]

이상을 정리해 보자. 원조수입을 기초로 경제안정화정책을 실시한 미군정은 국내경제의 안정을 위해 무역억제정책으로 나아갔으며 동시에 대일단절정책을 비교적 엄격히 적용하였다. 이에 따라 일본과의 교역은 거의 중단되었으며 교역의 주요 대상국으로 중국과 홍콩이 부상하였고, 이로 인해 부산항은 최고 무역항의 지위를 인천항에 내어 주게 되었다.

2. 한국전쟁기 부산항 지위의 급부상

〈표 3-1〉이 보여 주듯, 한국전쟁을 분기점으로 부산항의 무역은 급상승하여 1951, 1952, 1953년에 각각 87.8%, 85.0%, 84.5%의 무역비중을 차지하게 되었다. 이리하여 부산항은 최고의 무역항 지위를 되찾았다. 이러한 부산항의 지위상승은 한 연구가 지적하듯이 한국전쟁으로 인해 "일부 남부지역을 제외하고는 주요 항구의 기능이 모두 마비되었고, 또 정부기능이 임시수도 부산에서 모두 이루어짐에 따라 수출입 업무도 모두 부산에서 이루어진 데 기인하는" 측면이 결정적이었다.[25] 그런데 1951~1953년 동안을 보면 부산의 무역비중은 각각 87.8%, 85.0% 그리고 84.5%인데, 기선의 입항비중은 각각 68.3%, 77.5% 그리고 67.5%였으며, 총수출입 톤량비중은 각각

22) 이상 최상오(2000), p. 21 참조. 최상오는 경성방직의 예를 C. J. Eckert(1991)의 *Offspring of Empire*에서 인용하고 있다.
23) 김광석 · L. E. 웨스트팔(1976), pp. 30~31.
24) 조선은행조사부(1949), p. I-59.
25) 부산상공회의소(1989), p. 895.

57.4%, 56.4%, 66.3%였다. 무역비중이 다른 것에 비해 높다는 것은 다른 항만의 기능마비뿐만 아니라 다른 요인, 즉 국별 무역구조의 변동 등을 고려해야 한다는 것을 의미한다.

국별 무역구조의 측면에서 보면, 〈표 3-4〉에서 보듯이 한국전쟁을 전환점으로 부산항의 지위상승은 중국 및 홍콩 무역이 감소하고 나란히 일본 무역이 급증한 결과라고 할 수 있다.[26] 여기서는 한국전쟁 직후 국별 무역구조가 변화하여 '일본 편중무역구조'가 형성되는 원인을 규명해 보자.

한국전쟁이 일본 편중무역구조의 형성에 어떠한 영향을 미쳤는가를 파악하기 위해서는 먼저 그 전야의 상황전개를 살펴볼 필요가 있다. 한국전쟁 전야에 이미 대일무역이 증대할 수 있는 가능성이 태동하고 있었다. 첫째, 1947년 이후 중국의 정치적 혼란과 1949년 중국 공산당의 승리로 인해 중국과의 무역이 급감하였다. 둘째, 1948년 단독정부의 성립에 이은 한미 간의 상호협정 및 한일통상협정의 체결로 미일에 대한 무역확대의 발판이 놓이게 되었다. 이 점에 대해서는 좀더 상세히 살펴보도록 하자.

먼저, 1948년 12월 10일에 체결된 「한미경제원조협정」과 대일무역 확대와의 관계에 대해 살펴보도록 하자. 1948년 대한민국 정부수립 이후에도 미국은 계속해서 한국에 대한 영향력을 행사하기를 원하였다. 이를 위해 미국은 (한국 정부도 원하였던) 대규모 원조제공을 매개로 한국 정부의 경제정책 전반에 통제를 가할 수 있는 권한을 손에 넣게 되었다.

이 협정에서 미국은 한국 정부와는 달리 무역의 억제가 아니라 확대를 지향하였다. 이를 위해 "미합중국 정부 및 대한민국 간의 우호 및 통상조약이 효력을 발생할 때까지"라는 유보조항은 있지만, 외국인투자와 외국무역상의 영업을 허용하고(제2조 바항) 미국에게 최혜국대우를 부여하였다(제6

26) 단, 1950년도 일본 비중의 급격한 증대는 정상적인 무역에 따른 결과가 아니다. 특히, 1950년도는 이후의 연도와는 달리 대일수출이 2억 4,600만 환, 대일수입이 3,600만 환으로 대폭적인 무역흑자를 보이고 있다. 이 원인에 대해서는 太田修(1999), p. 36 및 한국무역협회(1951; 1952), p. 31 참조.

조 2항). 그리고 다른 나라들에 대한 최혜국대우는 조항에서 빠졌지만 "타국과의 물자교역 및 노무(勞務)교환의 증진을 도모하고 장려하며 타국들과의 무역에 대한 공사(公私) 간의 장해를 경감함에 있어서 타국들과 협력하기로 한다(제6조 1항)"는 조항을 규정하여 무역장벽의 점진적 제거와 무역의 확대를 꾀하였다. 단, 미국이 점령하고 있는 일본은 예외로 미국과 마찬가지로 최혜국대우를 부여하였다(제6조 5항). 이는 다음에 살펴보겠지만, 미국의 동아시아정책, 즉 일본을 중심으로 하는 동아시아지역 통합전략과 관련되어 있다. 요약하면, 이종원이 지적하듯, 한국경제의 장기적 방향성에 대한 미국의 입장은 "대외적으로는 무역장벽의 철폐, 외국 민간자본의 투자촉진, 최혜국대우의 확대에 의한 자유무역의 장려로 요약"할 수 있는데,[27] 이러한 미국의 입장이 이 협정에 잘 반영되었다.

나아가 미국은 한국 정부의 무역정책을 통제할 수 있는 권한까지 명문화하였다(제2조 다항, 제4조 1항). 뿐만 아니라 미국은 한국이 보유하고 있는 자원의 한국 내 사용에 대해서도 통제권을 가질 뿐만 아니라(제3조 1항), 미국은 자국의 필요에 따라 자국이 요구하는 자원을 언제든지 수입할 수 있게 명문화하였다(제8조).

이상에서 살펴본 바와 같이, 이 협정은 제2차 세계대전 이후 미국 정책의 기본이념인 자유무역체제를 지향하고 있었지만, 특히 일본과의 교역확대를 지향하고 있었다는 점과[28] 필요시에는 미국과의 교역도 확대하겠다는 의도가 내포되어 있었다.[29]

다음으로 한일통상협정[30]에 대해 살펴보자. 1949년 4월 한일통상협정

27) 이종원(1996), p. 142.
28) "일단 대규모 원조의 형태로 미국의 개입이 확정되면, 그것은 바로 전술한 지역통합 논의에 말려들어 가는 것으로 되었다." 이종원(1993), p. 24.
29) 물론 미국이 이 협정을 통해 외국자본과 무역의 자유화를 촉구하였던 것은 미국 자신의 당장의 이익을 위한 것은 아니었다. 사실 한국은 미국에게 경제적 가치가 거의 없었기 때문이다. 우정은(2006), p. 503.
30) 1949년 4월 23일 체결된 「대한민국과 점령하 일본 간의 무역협정」, 「대한민국과 점령하 일본 간

이 체결됨에 따라 비록 정부의 허가를 받아야 하지만 대일민간무역이 재개될 수 있게 되었다. 이는 한일 무역의 확대를 알리는 신호탄이었다. 이 협정이 체결된 것은 한국과 일본의 이해관계뿐만 아니라 미국의 이해관계가 일치하였기 때문이다. 여기서는 주로 이 협정에 대한 한국과 미국의 입장에 대해 살펴보고자 한다.[31)]

먼저, 한국은 일본과의 교역확대를 원하고 있었다는 점이다. 이는 정부뿐만 아니라 민간경제계도 마찬가지였다. 1948년 10월 22일 맥아더의 초청으로 동경을 방문한 이승만 대통령이 "일본과 한국에 정상(正常)한 통상관계가 재확립되기를 희망한다"고 발언한 이후,[32)] 한일 통상의 재개는 이승만정권이 당면한 중요 문제였다. 왜냐하면, 정부수립 후 이승만정권의 경제정책의 기본방향은 국가가 주도하는 산업의 긴급재건과 경제부흥이었으며, 이를 위해 비록 국가의 통제를 받기는 하지만 일본과의 통상이 재개될 필요성이 있었기 때문이다.[33)]

더욱이 국내의 경제인들은 일본과의 교역확대를 적극적으로 원하였다. 한국무역협회는 다음과 같이 희망하고 있다. "과거 반 세기 간 일본경제에 예속되었던 관계로 그들과의 관련성이 두절된 금일 그들의 제품과 기술이 아니면 도저히 경제재건은 기대하기 어려운 것이다. 이러한 의미에서 대일무역의 긴급개시가 요청되었고 이로써 4월부터 대일무역이 개시되게 되었으나 아직 구체화되지 못하고 있다. …… 무역의 발전과 국내 경제재건의

의 무역을 위한 재정협정」 및 「대한민국과 점령하 일본 간의 무역계획」을 「한일통상협정」으로 총칭한다. 太田修(1999), p. 2 참조.

31) 일본의 경제현실도 한국과의 무역을 필요로 하였다. 일본경제를 재건하는 과정은 무역의 확대와 관련되어 있으며, 이에 따라 일본은 한국과의 교역을 원하였다. 정진성(2005), p. 135 참조.

32) 공보처(1953), p. 18. 이는 대일통상관계의 재개에 대한 최초의 발언이었다.

33) 한국은행조사부(1949), p. 36. 그러나 이종원이 지적하듯, "대일경제관계의 부활에 대한 당시의 한국 정부의 태도는 …… 양면성을 가지고 있었다. 한편에서는 이승만정권의 존속 그 자체를 위해서도 일본과의 관계강화는 불가결하다는 인식이 생겨나고 있었던 반면, 다른 한편으로는 일본경제에의 재종속의 염려는 여전히 강하여 국회를 중심으로 국내산업의 보호가 강조되던 중, 전형적인 보호주의의 신관세법이 성립하고 일본에의 최혜국대우의 요구도 거부되었다." 이종원(1993), p. 28.

속도화를 초래할 것이 생각된다."[34)]

그렇다면 한국 정부가 한일 통상을 재개하게 되는 배경은 무엇인가? 앞의 인용문에서 지적된 바와 같이, 그것은 일제 강점기 동안 한국경제는 일본경제에 포섭되어 긴밀한 경제관계를 맺고 있었기 때문이다. 이리하여 太田修는 "참으로 식민지하 일본과의 경제관계라고 하는 역사적 요인이야말로, 한국 정부가 한일 경제 '재결합'을 통한 '경제부흥'전략을 선택하였던 최대의 이유였던 것이다"라고 주장한다.[35)] 이 밖에 太田修는 다음과 같은 이유를 들고 있다. ① 한국과 일본의 지리적 근접성, ② 남북분단에 의한 경제적 단절, ③ 경제부흥의 한 수단으로서 구상된 대일배상 요구의 유리성(有利性), ④ 미국의 한일 '지역통합 구상'의 영향[36)] 등이다. 지엽적인 것이지만 중국 상인의 중개무역에 따른 '중간착취' 및 사치품 도입 등의 폐단도 언급할 수 있다.[37)]

다음으로, 이것이 결정적이라고 할 수 있는데, 미국은 (일본과의 단절정책에서 통합정책으로의 변환을 의미하는) 한일통상협정 체결에 깊숙이 개입하고 나아가 주도하였다는 사실이다. 미국은 1947년 이후 냉전전략의 일환으로서 아시아의 경우 (일본을 기축으로 하는 수직적 국제경제관계, 즉 구식민지 종주국과의 비대칭적 경제관계의 부활을 의미하는) '경제통합'을 구상 · 시도하였다.[38)] 특히, 소련이 원폭실험에 성공하고 중국이 공산화되었던 1949년 말

34) 한국무역협회(1950), p. 15.

35) 太田秀(1999), p. 7. 그러나 역사적 요인이 주요한 요인이기는 하지만, 그 자체가 '역사적 연속성'에 있어서 결정적인 것은 아니다. 역사적 요인의 연속은 일정한 역사적 시기에 있어서 '힘의 관계'에 의해 결정된다. 북한은 남한과 비슷한 사정임에도 불구하고 일본과의 경제적 재결합은 없었다. 북한은 소련의 영향권에, 남한은 미국의 영향권하에 들어간 것이 역사적 연속성 문제에 있어서 결정적이었다. 스탈린이 1945년 여름 유고슬라비아 공산당 지도자들과 나눈 대화를 의미해 볼 필요가 있다. "이 전쟁은 과거와는 다르다. 누구든 어떤 영토를 점령하면 그 곳에 자신의 사회체제를 심는다. 누구든 자기의 군대가 미치는 곳까지 자신의 고유한 체제를 이식하고 있다." P. Armstrong, A. Glyn, and J. Harrison(1991), p. 54. 연속시기는 다르지만, 이종훈은 미국의 한일 경제통합정책이 "역사에 있어서의 연속성을 담보하는 일종의 '매개적 역할'을 담당하였다"고 서술하였다. 이종원(1993), p. 34.

36) 太田修(1999), pp. 6~7.

37) 한국은행조사부(1949), p. II-11.

이 되면 문서로 공식화되었는데,[39] 이러한 지역통합전략은 미 육군성이 주도하였다. 한일 관계에 있어서 이 전략이 구체화된 것 중의 하나가 SCAP(Supreme Commander for Allied Power: 연합군최고사령부)가 주도한 한일통상협정이었다.[40]

1949, 1950, 1951년에 체결된 '한일무역계획'의 내용은 이러한 측면을 잘 보여 준다. 그 내용은 대체로 한국측의 식량 및 원료의 수출, 공업제품의 수입, 그리고 대폭적인 입초라는 무역구조라고 할 수 있는데, 이는 太田修가 평가하듯 한국을 자국의 시장으로서의 역할을 기대한 일본에 유리한 것이었고 더욱이 미국(특히, SCAP)이 바라는 바였다.[41] 한일통상협상은 국내의 필요성에 기인한 바도 크지만, 미국의 동아시아전략의 일환으로 추진되었다는 점은 결코 간과할 수 없다.

이때 처음부터 입초로 계획된 한일통상협정이 가능하였던 것은 1949년부터의 ECA(Economic Cooperation Administration: 경제협조처) 원조 때문이었다.[42] 한일통상협정과 미국의 원조는 불가분의 관계에 있는 것으로, 이를 통해 미국은 지역통합 구상을 현실화시키려고 하였던 것이다.[43]

이제 한국전쟁이 부산항 무역 및 국별 무역구조에 어떠한 영향을 미쳤는가를 살펴보자. 앞에서 살펴본 한미원조협정과 한일통상협정은 대미무역, 특히 대일무역이 확대될 수 있는 제도적 장치의 마련 및 방향성을 상징한다고 할 수 있다. 그렇다면 한국전쟁이 국별 무역구조에 미친 영향의 정도를 평가하기 위해서는, 1948년 한미경제원조협정과 1949년 한일통상협

38) "냉전기 미국의 동아시아정책은 기본적으로 일본을 지역적 중심축으로 하면서, 아시아의 비공산주의 제국을 하나의 지역으로서 정치 · 경제 · 군사적으로 유기적으로 통합하는 것에 주안을 두고 있었다." 이종원(1996), p. 291.

39) 이종원(1996), pp. 8~9; 박태균(1998), p. 98.

40) 구체적 과정에 대해서는 차철욱(2004), pp. 36~38 참조.

41) 太田修(1999), pp. 10~11.

42) "ECA 원조로 말미암아 대일무역도 겨우 할 수 있게 되었다." 한국은행조사부(1949), p. II-10.

43) 그러나 ECA 원조를 통한 한일 지역통합 구상의 구체적 실행에 대해서는 육군성과 ECA의 견해가 달랐다. 여기에 대해서는 이종원(1996), pp. 24~28 참조.

표 3-5 한일무역계획과 대일 수출입 실적 대비표

(단위: %, 만 달러)

연도	대일수출			대일수입			총무역		대일비중	
	계획금액	실적금액	비율	계획금액	실적금액	비율	총수출	총수입	수출	수입
1949(1)	2,929	269	9.2	4,869	895	18.4				
1949(2)	3,256	332	10.2	5,169	1,761	34.1				
1950	953.5	2,358		2,550	248					
1951	1,600	1,054	65.9	3,200	1,531	47.8	1,557	2,612	67.7	58.6
1952	1,600	608	38.0	3,200	2,646	82.7	2,659	5,430	22.9	48.7
1953	1,600	837	52.3	3,200	7,451	232.8	4,413	16,398	19.0	45.4
1954	1,600	793	49.6	3,200	2,637	82.4	2,591	7,786	30.6	33.9
1955	1,600	773	48.3	3,200	667	20.9	1,834	8,103	42.1	8.2

주: 1) 1949(1)의 계획금액은 1949년 4월 23일에 조인된 한일무역계획에 따른 것이며, 1949(2)의 계획금액은 1949년 10월 14일 조정계획에 따른 것임.
2) 1949(1)의 실적금액은 1949년 4월 1일~1949년 9월 30일까지이며, 1949(2)의 실적금액은 1949년 4월 1일~1950년 3월 31일까지임.
자료: 1949(1)~1950년은 太田修(1999); 1951~1955년은 김서일(1957. 1).

정 체결 직후의 한국 무역의 전개과정을 살펴볼 필요가 있다.

1949년 4월 한일통상협정 체결 이후 한일 무역은 어떻게 전개되었는가를 살펴보기로 하자. 〈표 3-5〉의 1949(1)의 통계는 1949년 4월 23일에 조인된 한일무역계획에 따른 것으로, 실적금액(1949. 4. 1~1949. 9. 30)은 수출과 수입 각각 계획금액의 9.2%와 18.4%로 대단히 낮았다. 이와 같이 한일 무역이 정체상태에 빠진 이유를 정진성은 "한일 간 무역은 엄중한 정부의 통제무역이었던 것과 상호 교류물자의 균형상실, 품질에 대한 '클레임'의 속출 및 미묘한 쌍방의 정치정세"에 있었다고 지적한다.[44)]

〈표 3-5〉의 1949(2)의 통계는 이러한 부진을 극복하기 위해 재협상된

44) 정진성(2005), p. 133.

1949년 10월 14일의 조정계획으로, 실적금액(1949. 4. 1~1950. 3. 31)은 수출과 수입 각각 10.2%와 34.1%로 증가하였다.[45] 비율로 따지면 여전히 낮은 상태라고 할 수 있다. 그런데 실적금액 중 대일수입의 절대액을 보면 1949년도도 그렇게 낮다고 할 수는 없을 것이다. 〈표 3-5〉의 1949(2)와 1951년의 대일수입실적 금액을 비교하면 1949(2)가 오히려 높다.[46] 그러다가 1950년 한국전쟁을 계기로 1951~1953년 대일수입은 급증하였다.

이러한 사태의 전개는 무엇을 의미하는가? 첫째, 한일통상협정의 체결로 한국전쟁 이전에 이미 한일 무역이 증대해 가고 있었다는 사실은 한국전쟁 이전 한일 무역증대의 발판이 마련되었다는 것을 의미한다. 둘째, 1951~1953년 대일수입의 급증은 한국전쟁이 한일 무역확대의 결정적 계기가 되었다는 것을 의미한다.

한국전쟁이 대일편중무역 형성의 직접적 계기가 되었던 이유로는 다음의 두 가지를 들 수 있다. 첫째, 한국전쟁의 결과 필요한 물자를 지리적으로 가까운 일본으로부터 수입할 필요성 때문이었다. 사실 전쟁으로 인한 생산시설의 파괴, 민생을 위한 물자의 부족, 그리고 심각한 인플레이션의 상황하에서, 그리고 한일통상협정이 체결된 상태에서, 지리적으로 가까운 일본과의 교역확대에 제동을 걸 요인은 거의 없었다. 둘째, 앞에서도 언급하였듯이 미국의 동아시아정책, 즉 일본을 중심으로 하는 지역경제 통합전략 때문에 일본으로부터의 수입이 증대하였다.[47] 특히, 원조와 관련해서 보

45) "1949년 4월 1일부터 동년 12월 31일 현재 수입은 1,132만 4,522달러, 수출은 301만 5,029달러로서 협정액의 5분의 1 내지 3분의 1에 불과한 수준이었다." 정진성(2005), p. 133.

46) 太田修에 따르면 1951년의 대일수출과 대일수입이 각각 10억 5,445만 달러와 18억 9,037만 달러로 되어 있는데, 어떻게 해서 이런 계산이 나왔는지는 알 수가 없다(太田修, 1999), p. 38. 정진성의 조사에 따르면 1949년 대일수출과 대일수입은 각각 350만 달러, 1,280만 달러이고 1951년의 그것은 각각 710만 달러와 1,370만 달러이다(정진성, 2005) p. 120.

47) "한국전쟁의 발발과 더불어 일본과의 무역, 특히 일본으로부터 수입이 급증하게 되었는데, 이는 미국측의 요구로 한국전쟁 중 군수물자를 일본으로부터 많이 조달하게 된 데다가, 또한 그 이전까지 성행하였던 홍콩과의 중개무역이 전쟁을 계기로 대일무역으로 전환하게 된 점 등이 그 위에 보태졌기 때문이라 할 수 있다." 이대근(2003), p. 129.

면, 한국전쟁은 미국의 대한원조정책의 성격을 부흥원조에서 재차 군사원조 및 구호원조로 되돌리는 데 결정적이었다.[48] 그리고 이러한 원조의 성격 변환은 동시에 미국의 대한경제정책이 부흥정책에서 경제안정화정책으로의 재정착을 의미하는 것이었다. 이러한 원조정책의 변화는 미국의 동아시아정책, 즉 일본 중심의 지역경제 통합전략과 맞물리는 것으로 이에 따라 구호원조의 조달지역이 일본에 편중되었다.

본항을 정리해 보자. 한국전쟁을 계기로 부산항이 급부상하게 된 것은 다른 항구의 기능마비와 그리고 일본 편중적 무역구조의 형성 때문이었다. 미국의 지역통합전략의 틀 속에서 이루어지는 한일통상협정 그리고 한미원조협정 등은 미일 편중적 무역구조 형성의 발판이 되었다. 한국전쟁은 미일 편중무역구조, 특히 한국전쟁 직후의 일본 편중무역구조를 형성시키는 결정적인 무역외적 요인이었다고 할 수 있다. 한편, 한국전쟁은 대미무역을 곧바로 확대시킨 것은 아니지만, 한국전쟁으로 인한 원조의 증대는 그만큼 미국경제와의 결합을 의미하는 것으로, 대미무역 확대를 향한 잠재력을 촉진시켰다고 할 수 있다.

재건기에 들어서서는 이러한 일본 편중무역구조는 무너지고 미일 편중무역구조라고 할 수 있는 상황으로 전개되는데, 이 미묘하고 복잡한 과정은 다음 항의 과제이다.

3. 재건기 부산항 지위의 고위성

한국전쟁을 계기로 급부상한 부산항의 지위는 〈표 3-1〉에서 보았듯이 비록 저하해 가는 경향은 있지만, 1954년 이후에도 지속되어 70% 이상의 무역비중을 차지하였다. 이러한 부산항의 독보적 지위는 재건기 '미일 편중

48) 박태균(1998) 참조.

무역구조'의 형성과 밀접히 관련된 것이다. 〈표 3-4〉에서 보는 바와 같이, 1950년대 대미무역과 대일무역의 합계가 총무역에서 차지하는 비중을 보면, 비록 시기에 따라 일본이 앞서기도 하고 미국이 앞서기도 하지만, 대일금수조치가 내려지는 1955년과 1959년을 제외하면 거의 60% 이상으로 높은 대미 · 대일 수출입 의존도를 보여 주고 있다. 본항에서는 파동적 대일 및 대미 무역관계의 변동에 대해 각각 살펴보는 것으로 하겠다.

(1) 대일무역의 변동

먼저 대일무역의 변동에 대해 살펴보도록 하자. 재건기 대일무역 변동에 크게 영향을 미친 것은 두 차례의 대일금수조치였다. 1955년 7월 일본의 중국 정부 승인을 이유로 제1차 금수조치를, 1959년 6월 일본 정부의 재일교포 북송 허용을 이유로 제2차 금수조치를 취한 것이 그것이다. 그 결과 〈표 3-4〉에서 보듯이, 1955년과 1959년의 대일수입 비중이 크게 줄었다.

여기서는 1950년대 대일무역 변동의 분수령을 이룬 1955년의 대일금수조치를 둘러싼 사정에 대해 살펴보기로 하자. 대일금수조치를 내린 결정적인 이유는 정치적 쟁점이었다.[49] 일본은 1955년 5월 4일 중국과 무역협정을 체결하였을 뿐만 아니라 북한과의 교역도 적극 추진하였다. 이리하여 한국 정부는 1955년 8월 18일 대일교역을 중단하기에 이른다.[50] 이른바 8 · 18단교가 내려진 결정적 원인은 일본의 대공산권 교역의 확대 때문이었다. 한국의 대일금수조치는 이러한 표면적인 정치적 쟁점 때문이었지만, 다른 이유들도 있었다. 대일금수조치는, 첫째는 일본의 대한수입억제에 따른 불만 때문이었으며, 둘째는 보다 근본적인 것으로 미국의 일본 중시 지역통합구상에 대한 반발로써 '제한적' 대일무역정책의 귀결이었다.

첫째, 대일무역에서 한국 정부가 느낀 불만에 대해 살펴보기로 하자.

49) 한국무역협회(1956; 1957), p. 28.
50) 이 과정에 대해서는 차철욱(2002), pp. 87~88 참조.

한국전쟁 발발 이후 한국 정부는 대일무역에 대해 두 가지 해결해야 할 과제가 있었다. 첫째는 높은 대일무역 의존도의 해소이며, 둘째는 대일무역 역조의 개선이었다.

그렇다면 당시 한국 정부는 이러한 대일무역 관련문제들을 어떻게 해결하려고 노력하였던가? 먼저, 한국 정부는 대일무역 적자의 해소를 위해 어떠한 노력을 펼쳤는가를 살펴보자. 대일무역은 한일통상협정과 한국전쟁을 계기로 1951년 이후 크게 증가하였는데, 이는 심각한 대일무역 적자를 동반하는 것이었다. 이에 정부는 대일역조의 확대를 방지하기 위해 다양한 대책들을 마련하였다. 크게 수입억제정책과 수출진흥정책으로 나눌 수 있다.

한국 정부는 수입을 억제하기 위해 양적 규제방식을 채택하였다.[51] 이에는 수입할당제와 수출입링크제가 있었다. 1949년 1월부터 실시되어 1955년 8월에 폐지된 수입할당제는 한정된 보유외환으로 국내 필요량의 정확한 공급과 불필요한 물품의 수입을 금지시키려는 목적으로, 즉 수입제한을 강화하기 위해 제정되었다. 수입할당제하에서 정부는 전반적인 물자수급계획을 기초로 하여 수입상품을 종류별 및 양적으로 통제할 것을 시도하였다.[52] 수출입링크제는 특정 상품수출에 대해(수익성이 좋은 특정 상품을 수입할 수 있는) 외환을 유리한 환율로 배분하는 것이다.

대일무역 적자(또는 총체적 무역적자)를 해소하기 위해, 한편으로는 수입억제정책을 펼치면서 다른 한편으로는 수출진흥정책을 시도하였다. 수출진흥정책으로는 다음을 들 수 있다. 앞에서 언급하였듯이 특정 상품수출에 대해 수익성이 좋은 특정 상품수입을 할 수 있는 외환을 유리한 환율로 배분하는 것이 주요 수단이었다. 한편, 수출장려책의 일환으로서 정부는

51) 왜냐하면, 당시는 복수환율제이어서 환율은 대외적 조정역할을 수행하지 못하였기 때문이다. 환율정책에 대해서는 최상오(2000), p. 7 참조.
52) 김광석 · L. E. 웨스트팔(1976), pp. 44~45; 차철욱(1993), pp. 79~82 참조.

1952년 11월 23일 상공부 고시 제107호에 의하여 종래의 무역업자 경유 수출방침을 변경하여 생산업자의 직수출원칙을 채택, 실시하였다.[53] 또한 수출장려정책으로 특혜외환제도를 들 수 있다. 그러나 이러한 수출진흥정책에도 불구하고, 저환율을 기저로 하는 복수환율제도와 빈약한 국내산업으로 수출은 거의 제자리걸음을 하고 있었다.[54] 특히, 대일무역 적자의 해소를 위해 일본으로의 수출증진을 위해 적극 시도하였지만 일본은 여러 방식으로 한국 수출품의 수입을 억제하였다. 이는 이후 무역단절의 한 이유가 되기도 한다.

다음으로, 높은 대일무역 의존도를 해결하기 위한 정책에 대해 살펴보자. 한국 정부는 이를 위해 무역대상국의 다변화를 시도하였다. 1952년 1월 8일 정부는 수출무역의 증진과 수출시장의 다변화를 위하여 청산협정지역(清算協定地域)(일본) 이외로 진출을 촉진하는 수출정책의 기본방향을 명시하였으며, 이와 같은 방침하에 정부는 일본 이외의 지역에 수출비중을 증대시키는 계획을 수립하고 실행하였다.[55]

그리고 수입시장 다변화도 시도하였다. 정진성이 지적하는 바와 같이, "정부는 수입면에서도 대일편중을 시정하기 위해 직접적으로는 수출입쿼터 책정에 있어서 일본지역에 대한 금액책정을 가능한 억제하였으며, 직수입원칙을 세워 1952년 10월부터 일본 이외의 기타 지역에서 중점적으로 직수입하도록 수입계획을 책정하고 외환의 할당을 이에 우선적으로 배정하였다."[56]

이리하여 "수입시장은 매우 광범위하여 40여 개국에 달하고 있으며", 1958년에 와서는 "비료공장 건설을 위한 산업기계의 수입이 많았던 대서

53) 한국무역협회(1972), p. 233.
54) 최상오는 수출부진은 저환율에 있는 것이 아니라 국내의 생산부진에 있다고 주장한다. 최상오(2003) 참조.
55) 차철욱(2002), p. 81; 정진성(2005), p. 138.
56) 정진성(2005), pp. 138~139.

독(對西獨) 수입이 급격히 늘어 1,113만 2,000달러로 가장 많고, 다음으로 한일 무역균형을 위한 수입억제 등 때문에 대일수입은 1,010만 8,000달러로 약간 줄어들었으나 그래도 제2위에 머물렀다."[57]

수출입 다변화정책의 결과 대일무역 비중은 약간 줄어들었으나, 대일무역 적자는 여전하였다. 이러한 상황에서도 일본은 대한수입을 증대시키려고 노력하기보다는 대한수입을 억제하는 정책을 펼쳤다.[58] 이에 한국 정부는 일본 정부의 대한무역정책, 특히 대한수입을 억제하는 정책에 불만을 가지게 되었다.[59] 한국무역협회는 당시의 사정과 한국 정부의 대일수입 제한조치의 경과를 잘 정리하고 있다. 약간 길지만 언급해 보자.

> "1950년 6월 2일 한일 간에 체결된 통상협정을 우리나라 측에서 충실히 이행하여 계획된 수입을 완수하여 왔음에도 불구하고 일본국 측은 무성의와 고의적인 제약 등으로 협정을 불이행하여 협정액의 절반도 대한수입을 실행치 않았던 까닭에 …… 1954년 3월 20일부터 정부는 특별외화대부불(特別外貨貸付弗)에 의한 대일무역의 금지조치를 취하기에 이르렀고, 다시 1954년 4월부터는 대일수지 균형원칙(對日收支 均衡原則)을 수립하여 일본지역으로부터의 수입은 동지역에 수출하여 획득한 외화로서만 가능하도록 하는 조치를 취하기에 이르렀다(1954년 4월 8일 대일교역 특별조치: 인용자) …… 일본측은 계속해서 성의 있는 태도를 표시함이 없이 기계류와 기타 원자재의 대한수출에 있어 차등가격을 적용하고 부당한 제약을 가하는가 하면 한국산 해태, 선어, 농산물 및 광산물 등의 자국 내 수입을 되도

57) 상공부(1971), pp. 133, 135.
58) 일본 정부는 한국으로부터의 수입에 대해 사전할당제, 자동승인제, 그리고 선착순제 등 여러 통제방식을 채택하였을 뿐만 아니라, 수출에서도 동일 수출품목이라도 다른 나라에 비해 수출가격을 높이는 등 한국에 차별적이기도 하였다. 한국 정부의 불만은 이와 같은 일본의 무성의 속에서 형성되고 있었다. 차철욱(2002), pp. 80~81; 정진성(2005), p. 139; 김서일(1957), p. 21.
59) 이러한 불만에 따른 청산계정의 부채 변제 불이행 등 한국 정부의 반발에 대해서는 차철욱(2002), pp. 83~84 참조.

> 록 억제하는 방향으로 나갔기 때문에 정부는 또다시 1955년 7월부터 특혜외환에 의한 대일수입까지도 금지하는 조치를 취하고 말았다."[60)]

둘째, 대일금수조치를 내리는 보다 근본적인 배경에는 이승만정권의 대일무역정책의 전환이 있었다. 1950년대 이승만정권은 '한일 재결합 구상'의 포기라고[61)] 할 수 있는 '제한적' 대일무역정책을 펼쳤다.[62)] 그렇다면 한일 재결합 구상에서 그것의 포기라는 방향으로 전환하게 된 이유는 무엇 때문인가?

이는 무엇보다도 일본을 동아시아의 공업생산 수출국으로 하고 그 외의 국가들은 원료 · 식량공급국으로 한다고 하는 미국의 동아시아지역 통합정책에 대한 이승만정부의 불만 때문이었다. 한국전쟁 이후 다시금 가속화되는 (한국의 경제원조를 일본의 경제성장과 결합시키는) 미국의 동아시아지역 통합전략을 이승만은 일본경제를 부흥시키는 동시에 한국을 일본의 '경제적 노예'로 만드는 전략으로 파악하였다.[63)]

이러한 생각을 가진 이승만정부는 미국의 일본 중시 지역통합정책에 정면으로 대항하였다. 따라서 이승만정권의 기본적인 경제정책의 방향은 다름 아닌 '자급자족'하는 '자립경제'의 형성이었다. 이를 위한 정책이 상호표리관계에 있는 제한적 대일수입정책과 (원조의존적) 수입대체공업화였다.

이리하여 일찍부터 한국전쟁이 진행중인 1951년에 이미 이승만정권은 대일무역을 제한하려는 조치를 실시하였다.[64)] 따라서 한국전쟁 후 "동아시아 질서에 대한 미국의 시각을 간파하고 있었으며 맹렬하게 저항"하였던 이승만은 "공장건설을 막무가내로 밀어붙였고, 수입대체산업화를 통해 하

60) 한국무역협회(1956; 1957), p. 27.
61) 이승만정권의 한일 재결합 구상과 포기에 대해서는 太田修(1999) 참조.
62) 앞에서 살펴본 무역수지 적자의 해소와 대일 편중무역 해소를 위한 다양한 노력은 '제한적' 대일무역정책 속에서 실시된 것이었다.
63) 공보처(1953), pp. 223~224; 太田修(1999), p. 30.
64) 공보처(1953), p. 206.

루아침에 일본 수준의 공업국이 되겠다고 주장"하면서 산업화에 힘썼다.[65] 결국 이승만정권이 (비록 '불안정한' 그리고 '기이한 형태'이기는 하지만) 수입대체산업화 정책을 선택한 것은 일본의 영향력을 차단하려는 정책으로 무엇보다도 미국의 지역통합 구상을 받아들일 수 없었기 때문이었다.[66] 동시에 '제한적' 대일무역정책 또한 당연한 귀결이었다. 이와 같이 미국의 일본중시 지역통합정책과 일본의 지역패권국가로의 등장가능성에 대한 이승만정권의 대응, 곧 이승만정권의 '한일 재결합 구상' 포기가 갖는 정책적 의미가 바로 제한적 대일무역정책과 수입대체산업화였다.

결국 수입대체산업화 추구는 일본의 지역패권국화를 저지하려는 시도였다. 그런데 이러한 이승만정권의 '방어적 산업화'전략은[67] 미국의 지역통합전략 –한국에 있어서는 대일무역 확대와 비교우위에 입각하는 수출촉진정책을 의미한다– 과 상충되는 것이었다. 제한적 대일수입정책 또한 마찬가지이다.

이때 이승만정권이 원조집행기관(미국 주도의 합동경제위원회)의 통제권을 벗어나 이러한 정책을 펼칠 수 있었던 "작은 동맹국이 큰 영향력을 행사할 수 있었던 놀라운 능력"은 어디에 있었을까? 우정은에 따르면 미국은 한국을 공산주의를 막아 낼 수 있을 만큼 강력한 '봉쇄국가', 즉 '전초기지 국가'로 삼았기에 한국이 (견제와 균형을 갖춘 정치체제, 이른바 자유주의적 정치체제와는 양립할 수 없는) '강한 국가'가 되는 것을 용인할 수밖에 없었고, 이승만은 이 점을 이용하여 "걸핏하면 북한을 전격 공격하겠다고 위협"하는 등 '공갈이 효과'를 보게 되었다는 것이다.[68] 이승만이 획득한 주요 효과는 '강한 국가'에 필요한 막대한 원조를 최대한 획득한 것이었다. 그 결과 '한

65) 우정은(2006), pp. 501, 509.
66) 이것이 수입대체산업화의 유일한 이유는 아니었지만 매우 강력한 이유였다. 다른 이유로는 이승만정권의 정치적 기반 또는 돈줄이 되는 정치세력의 형성에 있었다. 이에 대해서는 우정은(2006) 참조.
67) 우정은(2006), p. 503.
68) 우정은(2006), pp. 490~493.

일 재결합 구상'을 포기하고, 직접원조에 거의 전적으로 의존하는 수입대체산업화의 방향으로, 그리고 '제한적' 대일무역정책으로 나아갈 수 있었다.

이상에서 살펴본 바와 같이, 1950년대 이승만정권의 대일무역정책은 전반적으로 '제한적' 대일수입정책이라고 할 수 있으며, 이러한 정책하에서 일본 정부의 대한수입억제정책과 급기야는 일본의 공산권과의 교역확대에 불만을 품어 대일금수조치를 내리게 되었던 것이다. 그런데 한국 정부는 대일금수조치 이후 '수지균형주의'[69]하에서 대일무역의 재개와 제한조치를 반복한다. 그렇다면 어느 정도 통제되기는 하지만,[70] 대일무역을 재개하는 이유는 무엇일까? 이는 한국경제의 재생산구조가 대일무역, 특히 대일수입에 크게 의존하였기 때문이다.

따라서 대일금수조치는 결과적으로 일본측보다도 (대일의존도가 구조적으로 높았던) 한국경제에 더욱 심한 타격을 가져다줌으로써 한국 스스로에 의하여 해제되고 말았다. 이러한 상황을 차철욱은 잘 정리하고 있다. "대일무역 중단이 한일 간 경제 외적인 요인에 의해 이루어졌을지라도, 양국 경제구조는 일정한 범위에서 유지되어야 하였다. 무역중단과 동시에 한국 정부는 대일 수출입 물자를 기타 지역으로 전환하는 문제를 검토하면서 혼란을 극복하려고 노력하였다. 그런데 기타 지역으로 전환할 수 없는 품목도 존재할 수밖에 없고, 수입품의 경우 경제성에서 일본이 유리한 품목도 있기 마련이었다. 한국 정부는 1955년 9월 일본에서 수입이 절대 필요한 품목의 목록을 작성하였는데, 약 200품목 300만 달러에 달하였다."[71]

69) 이 용어는 한국무역협회(1956; 1957)의 p. 27에서 빌어 왔다.
70) 이를테면, 대일금수조치 해제 이후 대일무역은 "주일대표부를 경유하는 기형적인 무역거래 형태로 발전"하였다. 한국무역협회(1956; 1957), p. 27.
71) 차철욱(2002), pp. 89~90. 특히, 한국에 긴급한 물자인 소맥부, 유안, 방적기계 등을 일본으로부터 수입해야 하였다.

(2) 대미무역의 변동

다음으로 대미무역의 변동에 대해 살펴보기로 하자. 1950년대 대미무역은 대한민국 정부수립을 전후하여 체결된 일련의 협정들에 의해 규정된 측면이 강하다. 특히, 한미원조협정의 무역조항은 앞에서 살펴보았듯이 미국의 통제하에서 자유무역을 지향하는 것이었다.[72] 이것은 사정에 따라 대미무역이 증대할 수 있음을 의미한다. 이러한 자유무역 지향의 결과 그리고 여건의 변화에 따라, 1950년대 초반까지는 대미무역의 비중은 낮은 편이었지만, 1952년부터는 상승하여 1956년에 36.1%에 이르게 되었다. 이제 재건기 대미 수출입 변동에 대해 살펴보기로 하자.

먼저 대미수입에 대해 살펴보자. 대미수입은 〈표 3-4〉에서 보듯이 1955년 이후에는 일본을 제치고 제1위의 자리를 차지하였다. 그리고 그 비중도 꾸준히 증가하여 1957년에는 36.9%에 이르게 되었다.

대미수입 비중의 증대는 앞에서 언급하였듯이, 대일 '제한적' 무역억제정책의 반사적 효과라고 할 수 있다. 이를테면, "정부의 비청산지역으로부터의 수입장려정책의 실시와 종래 일본에서 수입하던 일부 물품의 기타 지역에의 전환을 쿼터면에서 반영"시킨 결과였다. 그러나 무엇보다도 1955년 대일교역 정지가 결정적 원인이라고 할 수 있다. 특히, 1955년도의 대미민간수입에 있어서 "미국은 1954년의 20.6%(1,900만 달러)에서 31.7%(2,600만 달러)로 1955년에 와서 그 비중이 껑충 뛰었는데," 이는"대일교역 정지에서 유인되고 있는 것"이며, "정부 매각불의 대일무역 불허도 큰 원인이 되고 있다."[73]

다음으로 대미수출 변동을 보면, 1953년 이후 1956년까지 대미수출 비중이 일본에 앞서 제1위를 달리고 있다. 그리고 그 비중도 〈표 3-4〉에서 보

72) 太田修는 미국의 원조를 통한 한국 수출입계획의 통제를 두고 '신식민지'적 측면이라고 말하고 있다. 太田修(1999), p. 7. "미국은 재정 · 금융의 管制 고지만을 장악하는 간접지배방식을 취하였다." 梶村秀樹(1985), p. 187.

73) 한국무역협회(1956; 1957), p. 8.

는 바와 같이, 1952년부터 1956년까지 33.1%에서 56.3%에 이르고 있다. 이는 무엇보다도 미국으로의 중석 수출과 관련된 것이다.[74)]

중석 수출이 증대한 이유는 한국산 중석은 세계적으로 그 품질의 우수성을 인정받고 있었으며, (희귀성 광물이며 그리고 전략상품으로서 중요성을 가진) 중석은 한국전쟁으로 인해 수요가 급증하였을 뿐만 아니라, 세계 생산량의 1/3를 차지하고 있던 중국의 공산화로 공급이 급속히 감소하였기 때문이다.[75)] 이런 상황에서 중석의 주요 소비국가인 미국은 한국과 2년간의 '한미중석협정'(韓美重石協定)을 1952년 3월 31일에 체결하여 미국이 원하는 한 한국산 중석을 우선적으로 구매할 수 있는 권리를 가지게 되었다. 따라서 1950년대 초반 중석 수출은 대부분 미국에 대한 수출이었다. 한편, 외환이 필요하였던 한국 정부에서도 외환을 획득하기 위해 중석 생산에 박차를 가하였다. 그 결과 중석은 1950년대 제1위의 수출품이 되었던 것이다.

그런데 중석 수출은 1953년을 고비로 1954년 이후 지속적으로 감소하였다. 왜냐하면, 한국전쟁이 종결됨에 따라 중석의 국제수요는 급격히 감소하였고, 또한 지속적으로 중석을 비축한 미국이, 중석을 수출하여 외화를 획득하고 그로부터 재건에 필요한 물자를 도입하려고 하였던 한국 정부는 중석협정의 연장을 원하였으나, 1954년 3월 8일 한미중석협정의 종결을 발표하였기 때문이다. 대미 중석 수출의 감소는 〈표 3-4〉에서 보듯이 대미수출 비중의 저하와 동시에 대일수출 비중의 증대를 동반하였다.

이상에서 살펴본 바와 같이, 재건기 대일무역, 특히 대일수입의 저하는 (여전히 한국경제를 지배하는 요인으로 작용하는 미국의 지역통합 구상에 반발한) 한국 정부의 '제한적' 대일수입정책의 결과이며, 반사적으로 수입국 다변화와 함께 대미수입의 비중이 증대하였다. 대일무역은 비록 저하해 갔지만, 8 · 18금수조치에 내려진 직후인 1955년과 1956년을 제외하면 20%가 넘는

74) 중석이 수출에서 차지하는 지위에 대해서는 최상오(2000), pp. 39~40 참조.
75) 최상오(2000), p. 41.

것으로 (역사적 요인에 의해, 더욱이 미국의 지역통합정책과 맞물린 미국의 대한 원조에 의해 규정된) 한국경제의 재생산구조에서 대일수입은 필요한 것이었다. 대미수입의 증대는 대일무역 감소의 반사적 결과이기는 하지만, 대미원조 의존적 경제 및 (중석 수출에서 여실히 드러나는) 미국과의 불평등한 통상관계로 인하여 대미무역의 비중은 높은 수준을 유지하였던 것이다. 따라서 1950년대를 통하여 한국의 미일 무역(그리고 그 비중)은 고저의 변동은 있었으나, 전반적으로 미일 편중적 무역구조가 형성되었다고 할 수 있다.

Ⅳ. 맺음말

해방 · 분단 이후 미군정기 동안 부산항은 최고의 지위를 인천항에 내어 주게 되었는데, 이는 무엇보다도 미군정의 대일단절정책의 결과 무역은 주로 중국 및 홍콩을 대상으로 이루어졌기 때문이다.

대한민국 정부수립 이후 이승만정부는 무역을 통제하는 가운데에서도 대일무역을 재결합하려는 방향으로 나아갔으며, 동시에 미국의 일본 중시 동아시아 지역통합정책과 맞물려 한일통상협정을 맺기에 이른다. 한편, 미국은 한국에 계속해서 영향력을 행사하기 위해 한미원조협정을 맺게 되는데, 이는 한국의 자유무역주의를 지향하며 특히 일본과의 무역확대를 꾀하는 것으로 미국의 지역통합전략과 그 맥락을 같이 하는 것이었다. 이러한 일련의 협정들은 한국의 주요 무역대상국으로 일본의 부상을 의미하는 것이었다.

그런데 일본과의 교역이 재개되는 바로 그때 한국전쟁이 발발하였다. 한국전쟁을 계기로 부산항은 급상승하여 독보적 지위를 누리게 되었는데,

이는 주로 전쟁기간 중 일본과의 교역 때문이었다.

한국전쟁 이후 1950년대 부산항은 한국 무역의 70% 이상을 차지하는 지위를 유지하였다. 이러한 부산항의 지위는 미일 편중무역구조의 형성과 밀접히 연관된 것이었다. 재건기 동안 미국과 일본의 무역비중은 파동을 이루며 전개되지만, 두 나라에 대한 무역의존도는 대단히 높았다.

이와 같이 미일 편중무역구조가 형성된 결과 1950년대 부산항은 최고 무역항으로서의 지위를 유지하게 되었다. 한국전쟁을 계기로 구축된 무역항으로서의 부산항의 독보적 지위는 (부산항이 한국경제의 한 중심축이 되는) '경부성장축'을 구축하는 데 큰 역할을 하였다고 할 수 있다. 따라서 한국전쟁은 '경부성장축' 형성에 주요한 계기로 작용하였다고 할 수 있다. 그렇지만 '경부성장축'의 형성을 무역 측면에서 볼 때, 즉 미일 편중무역구조와 결합된 부산항의 지위에 따른 결과라는 측면에서 볼 때, '경부성장축'은 한국 무역의 미일 편중성을 의미하는 것이었다.

참고문헌

경제기획원, 『한국통계연감』, 1964.

공보처, 『대통령이승만박사담화집』, 1953.

국회입법조사국, 『미국의 대한 원조관계자료(1948. 9~1961. 5)』, 1964.

김광석 · L. E. 웨스트팔, 『한국의 외환 · 무역정책』, KDI, 1976.

김기원, 「미군정의 경제정책에 관한 연구」, 『한국방송통신대학 논문집』 제5집, 1986.

김대래 · 최성일, 「국교 정상화 이후 한일 경제 관계의 전개(1965-1994)」, 『경제경영연구』, vol. 1, no. 1, 2000.

김동욱, 「1940~50년대 한국의 인플레이션과 안정화정책」, 연세대학교 경제학과 박사학위논문, 1994.

김서일, 「한일통상협정의 추이와 현황」, 『무역경제』 제3호, 1957.

김수행 옮김, 『1945년 이후의 자본주의』, 동아출판사, 1993(P. Armstrong, A. and Glyn, J. Harrison, *Capitalism since 1945* , 1991).

김점숙, 「미군정의 민간 물자보급계획」, 『역사와 현실』 제22호, 1996.

남조선과도정부, 『조선통계연감(1943)』, 1949.

내무부치안국, 『미군정법령집』, 1956.

내무부통계국, 『대한민국통계연감』, 1960.

梶村秀樹, 「60년대 초 한국의 지배구조와 예속자본」, 梶村秀樹 외, 우대형 옮김, 『한국경제의 구조 -민족경제의 발전과 왜곡-』, 학민사, 1985.

민의원사무처, 『미국의 대한원조관계제법규』, 1958.

박태균, 「미국의 대한경제부흥정책의 성격(1948~1950)」, 『역사와 현실』 27, 1998.

______, "Changes in U.S. Policy toward South Korea in the early 1960s,"

Korean Studies 23, 1999.

_____, 「1956-1964년 한국경제개발계획의 성립과정」, 서울대학교 국사학과 박사학위논문, 2000a.

_____, "U.S. Policy Change toward South Korea in the 1940s and the 1950s," *Journal of International and Area Studies*, vol. 7, no. 2, 2000b.

배석만, 「미군정기 부산항과 도시민 생활」, 『지역과 역사』 제5호, 1999.

변형윤, 「한국 대외경제관계의 변화와 전망」, 『광복50주년 기념논문집 3 경제』, 광복50주년기념사업회 · 한국학술진흥재단, 1995.

부산상공회의소 부산경제연구원, 『부산경제사』, 1989.

부산세관, 『부산항무역개람』, 각 연도.

부산시사편찬위원회, 『부산약사』, 1965.

부산지방해운항만청, 『부산항사』, 1991.

부산직할시시사편찬위원회 편, 『부산시사』 제1권, 1989.

상공부, 『통상백서』, 1971.

우정은, 「비합리성 이면의 합리성을 찾아서 –이승만 시대 수입대체산업화의 정치경제학」, 『해방 전후사의 재인식 Ⅱ』, 책세상, 2006(Woo, Jung-en, "A Method to His Madness: The Political Economy of Import-Substitution Indusrialization in Rhee's Korea," *Race to the Swift: State and Finance in Korea Industrialization*, Columbia University Press, 1991).

이대근, 『한국무역론 –한국경제, 선진화의 길–』 제2판, 법문사, 2003.

이종원, 「戰後美國の極東政策と韓國の脫植民地化」, 『近代日本と植民地』 8, 岩波書店, 1993.

_____, 『東アジア冷戰と韓米日關係』, 東京大學出版會, 1996.

임종철, 「한국무역의 발전, 1946~1959」, 『경영논집』 4-4, 1970.

재무부세관국 · 관세청, 『무역통계연보』, 각 연도.

정진성,「1950년대의 한일경제관계 -한일무역을 중심으로-」,『한일역사공동연구보고서』 제6권, 2005.

조선무역협회 편,『조선무역사』, 동양경제신보경성지국, 1943.

조선은행조사부,『조선경제연보』, 1948.

______,『경제연감』, 1949.

조선총독부,『조선총독부통계연감』, 각 연도.

______,『조선무역연표』, 각 연도.

조선통신사,『조선연감』, 1948.

차철욱,「1950년대 전반기 수입할당제의 운영과 무역업자의 동향」, 부산사학회,『부산사학』 제24호, 1993. 6.

______,「미군정기 한일무역의 성격」,『부대사학』 제22호, 1998.

______,「이승만정권기 무역정책과 대일 민간무역구조」, 부산대학교 박사학위논문, 2002.

______,「이승만정권기 한일통상협상과 무역구조」,『역사와 경제』, 제50집, 2004.

최상오,「1950년대 외환제도와 환율정책에 관한 연구」, 성균관대학교 경제학박사학위논문, 2000.

______,「이승만 정부의 경제정책과 공업화 전략」,『경제사학』 제35호, 2003.

太田修,「大韓民國樹立と日本 -日韓通商交渉の分析を中心に」,『朝鮮學報』第173輯, 1999.

한국무역협회,『한국무역사』, 1972.

______,『무역연감』, 1950~1952, 1956~1957.

한국산업은행조사부,『한국산업경제10년사』, 1955.

한국은행조사부,『경제연감』, 1955~1959.

______,『경제통계연보』, 1961~1963.

CHAPTER 4

부산의 인구 및 노동자 상태변화

1959년 부산

CHAPTER 4

부산의 인구 및 노동자 상태변화

Ⅰ. 머리말

이 글은 한국전쟁을 전후로 하는 시기(해방 이후부터 1950년대)에 부산의 인구 및 노동자 상태의 변화와 특징을 분석하는 데 일차적인 목적을 두고 있다. 이러한 분석을 통해 가능하다면 해방과 한국전쟁으로 인한 부산 인구의 급팽창이 1950년대 '경부성장축'과 부산 노동자 상태의 변화에 어떠한 영향을 미쳤는지에 대한 함의를 도출해 보고자 한다.

그러므로 이 글에서는 한국전쟁, 부산의 인구 및 노동자의 상태변화, 경부성장축의 변화와 관련하여 다음과 같은 두 가지 의문을 해소하기 위한 실마리를 찾는 데 초점을 맞추고자 한다. 첫째, 과연 한국전쟁은 부산 인구의 변동에 어떠한 영향을 미쳤으며, 부산의 경제적 위상 및 경부성장축과는 어떠한 관련성을 가지는가? 즉, 한국전쟁-부산 인구 급증-부산경제 위상 제고-경부성장축 강화라고 할 수 있는가? 둘째, 한국전쟁은 1950년대 부산의 노동자 상태에 어떠한 영향을 미쳤는가? 즉, 한국전쟁-부산 인구 급증-부산경제 위상 제고-부산의 노동자 상태 개선이라고 할 수 있는가? 이 글에서는 한국전쟁으로 인한 부산 인구의 급증이 경부성장축과 노동자의 상태변화에 각각 상이한 영향을 미쳤을 가능성에 무게중심을 두고 분석한다.[1)]

그러나 이 시기 지역경제를 분석하는 데 가장 어려운 문제는 해방과 한국전쟁이라는 혼란기이기 때문에 나타나는 통계자료 자체의 한계이다. 특히, 지역 통계자료의 경우 가장 기본적인 인구통계조차 시계열적으로 파악하기가 어려운 실정이다.[2] 본고에서는 이러한 기초자료의 한계를 전제로 하여 한국전쟁 전후기 부산과 서울의 인구 및 노동자의 상태변화를 비교해 보고자 한다. 이하에서 이 글의 전개는 다음과 같다.

우선 제Ⅱ절에서는 한국전쟁으로 인한 부산의 인구관련 변화를 서울 및 대구와 비교 · 분석한다. 이를 위해 먼저 세 차례에 걸친 부산과 서울 인구의 급격한 사회적 증감원인을 분석한다. 다음으로 국외전입지별 · 전입시기별 인구이동 자료를 이용하여 개략적으로 해방과 한국전쟁기 경부성장축의 인구동태를 살펴본다. 나아가 한국전쟁기 부산과 서울의 인구변화를 기준으로 경부성장축의 변화를 살펴본다. 제Ⅲ절에서는 한국전쟁으로 인한 부산의 노동자 상태관련 변화를 분석한다. 이를 위해 우선 한국전쟁기를 전후로 하여 부산과 서울의 직업별 인구 및 노동력 상태를 비교 · 분석한다. 다음으로 부산과 서울의 소비자물가지수와 일고(日雇)노동자 임금 등의 비교를 통해 노동자 상태의 변화를 분석한다. 마지막으로 제Ⅳ절에서는 위의 논의결과를 토대로 한국전쟁이 1950년대의 경부성장축과 부산의

1) 한국전쟁과 경부성장축의 변화 그리고 한국전쟁과 부산 노동자 상태의 변화는 각각 직접적인 상관관계를 가진다. 그러나 경부성장축의 변화와 부산 노동자 상태의 변화는 사실 직접적인 상관관계를 가지는 것은 아니다. 그런데 일반적으로 부산의 경제적 위상이 높아져 경부성장축이 강화되면 그에 비례하여 부산의 노동자 상태도 개선되는 것으로 생각하기 쉽다. 그러나 이 글에서는 한국전쟁으로 인한 부산 인구의 급증이 1950년대 후반 경부성장축의 강화에는 긍정적인 영향을 미쳤음에도 불구하고 부산의 노동자 상태는 오히려 악화되었을 가능성에 초점을 맞추어 분석하고자 한다.

2) 해방 이후부터 1950년대의 경우 가장 기초적인 인구통계조차 지역별로 파악하기 어렵다. 특히, 이 시기 부산은 경상남도에 포함되어 있어서 부산시의 독자적인 시계열자료를 구하기는 매우 어려운 실정이다. 그나마 부산의 경우 최근 몇 년간 몇몇 연구자들에 의해 20세기 부산의 통계정비 작업이 이루어지고, 그것을 토대로 괄목할 만한 연구성과가 발표되고 있다. 이 시기 부산경제 통계와 관련된 대표적인 최근 연구로는 김호범 외(2004); 김대래 · 김호범 · 장지용 · 정이근(2005. 10); 김대래(2006); 박영구(2005a; 2005b; 2005c) 등을 참조.

노동자 상태에 미친 영향에 대한 시사점을 요약한다.

Ⅱ. 부산의 인구관련 변화 비교

1. 세 차례에 걸친 부산과 서울 인구의 급격한 사회적 증감

해방과 한국전쟁을 전후한 10여 년 사이에 부산과 서울의 인구는 3차에 걸쳐 매우 급격한 변화가 일어났다. 1차가 1945~1948년의 해방시기이고, 2차가 1949~1953년의 한국전쟁기이고, 3차가 1954~1959년의 한국전쟁 이후기이다. 해방과 한국전쟁이란 역사적 사건으로 인해 우리나라 전체의 사회적 이동이 매우 활발하게 이루어졌으나, 그 가운데에도 부산과 서울은 가장 급격한 사회적 인구증감을 경험한 도시이다.

우선 개략적으로 한국전쟁 전후기 부산과 서울의 인구변화 추이를 보면 〈그림 4-1〉과 같은데, 여기에서는 다음 두 가지 특징을 알 수 있다. 첫째, 부산의 경우 인구조사가 이루어지지 못한 1950년을 제외하면, 전반적으로 부산의 인구는 증가경향을 보여 주고 있다. 그러나 서울의 경우 해방 3년의 미군정기에는 급격한 증가, 한국전쟁기에는 급격한 감소, 한국전쟁 이후 다시금 급격한 증가경향을 보여 주고 있다. 둘째, 한국전쟁이란 특수한 상황으로 인해 1951년과 1952년에는 역사상 처음으로 부산 인구가 서울 인구를 초과하였다. 이 시기 부산과 서울의 인구추이에 대한 보다 상세한 변화를 살펴보면 〈표 4-1〉과 같다.

첫째, 한국전쟁 전후기 동안 남한 인구의 추이를 살펴보면 한국전쟁보다 해방이 남한 인구변화에 더 큰 영향을 미쳤다. 1944년에 전국 인구는 약 2,512만 명이고, 이 가운데 남한 인구는 1,658만 명이었다. 그러나 해방 이

그림 4-1 부산과 서울의 인구변화 추이

(단위: 천 명)

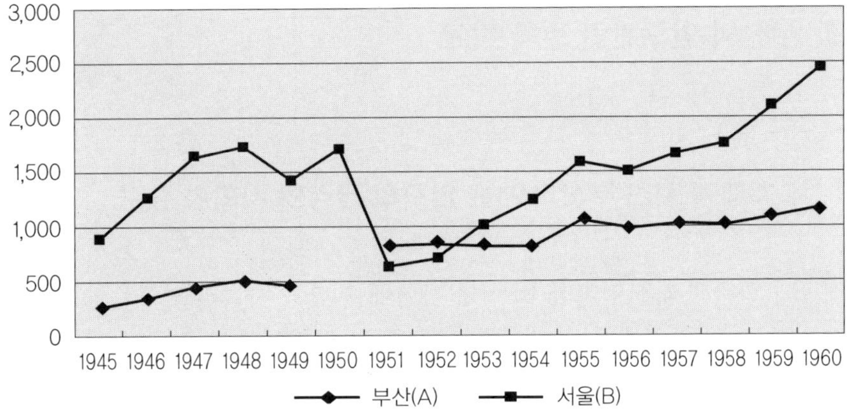

자료: 『시세개람』; 『도세개람』; 『부산통계연보』; 『서울통계연보』; 『대한민국통계연감』; 『한국통계연감』, 각 연도에서 작성함.

듬해인 1946년에는 남한 인구가 약 1,937만 명으로 1944년 대비 16.9%나 증가하였다. 이와 같은 급격한 인구증가의 절대 다수는 해외동포의 귀환으로 추정된다. 한편, 한국전쟁기 1·4후퇴 이후에 북한 인구의 대거 유입으로 남한 인구의 급격한 증가가 이루어진 것으로 보이지만, 1951년과 1952년의 인구증가율은 각각 0.8%와 2.3%로 매우 낮았다. 후술하겠지만 이미 북한 인구의 남한으로의 유입은 해방 3년 기간 동안에 대부분 이루어졌기 때문인 것으로 판단된다. 또한 1955년에 인구증가율이 음(-)으로 나타난 것은 우리나라의 실제인구가 감소한 것이 아니다. 1955년도의 전국 인구는 그 해 9월 1일에 실시된 제1회 간이총인구조사 결과자료이기 때문에 조사기관 및 조사시점상의 통계적 불일치로 보인다. 그리고 1956년부터 1959년까지의 전국 인구는 1955년과 1960년 국세조사 결과에 의한 추계인구로서 연평균 약 2.9%의 증가를 보여 준다.[3] 결국 한국전쟁 전후기 남한의 인구는

표 4-1 부산, 서울, 전국의 인구추이 및 증감률 비교

(단위: 천 명, %)

연도	부산	증감률	서울	증감률	전국(남한)	증감률
1944	329	–	988	–	16,575[1)]	–
1945	281	−14.3	901	−5.0	–	–
1946	363	29.2	1,266	40.5	19,369	16.9[3)]
1947	439	20.9	1,647	30.1	19,886	2.7
1948	502	14.4	1,708	3.7	20,027	0.7
1949	471	−6.2	1,418	−17.0	20,189	0.8
1950	–	–	1,693	19.4	20,513	1.6
1951	844	79.2[2)]	648	−61.7	20,671	0.8
1952	850	0.7	716	10.5	21,144	2.3
1953	828	−2.6	1,010	41.1	21,546	1.9
1954	840	1.4	1,243	23.1	21,796	1.2
1955	1,049	24.9	1,575	26.7	21,502[4)]	−1.2
1956	1,002	−4.5	1,504	−4.5	22,307[5)]	3.6
1957	1,019	1.7	1,666	10.8	22,949[5)]	2.9
1958	1,044	2.5	1,756	5.4	23,611[5)]	2.9
1959	1,087	4.1	2,094	19.2	24,291[5)]	2.9
1960	1,164	7.1	2,445	16.8	24,954[6)]	2.9

주: 1) 1944년 전국 인구는 약 2,512만 명이고, 이 가운데 남한 인구는 1,658만 명임.
2) 1949년 대비 1951년의 증가율을 나타냄.
3) 1944년 대비 1946년의 증가율을 나타냄.
4) 제1회 간이총조사인구로서 9월 1일에 실시.
5) 계수는 1955년 및 1960년 국세조사 결과에 의한 매년 12월 1일 현재의 추계인구.
6) 정부수립 후 처음으로 실시한 인구, 주택, 농업의 대규모적인 국세조사로서 12월 1일 0시 현재 실시한 조사로 외국인이 제외된 인구임.

자료: 『시세개람』; 『도세개람』; 『부산통계연보』; 『서울통계연보』; 『대한민국통계연감』; 『한국통계연감』, 각 연도에서 작성.

3) 1956년부터 1959년까지 전국 인구는 『대한민국통계연감』과 『한국통계연감』에서조차 여러 번에 걸쳐 통계치 변화가 이루어지고 있다. 예를 들어, 1962년도까지는 1956년 전국 인구가 2,072만 4,000명으로 1955년의 2,150만 2,000명보다 감소한 것으로 나타났다. 그러나 1963년도에는 조사 당시 제외되었던 군인 및 교도소 수감자를 포함하여 2,135만 3,000명이라고 하였다가, 1964년부터는 1955년과 1960년의 국세조사 결과에 의거하여 추계인구인 2,230만 7,000명으로 표시하고 있다. 1957, 1958, 1959년의 전국 인구수치는 이와 동일한 과정을 거쳐 1969년도 『한국통계연감』

해방 직후기를 제외하고는 한국전쟁이라는 격동기에도 비교적 안정적인 인구증가 추이를 보여 주고 있다. 이에 반해 부산과 서울의 경우는 해방시기보다 한국전쟁기의 인구변화가 더 급격하다.

둘째, 해방을 맞이한 1945년 부산과 서울의 인구는 1944년에 비해 각각 14.3%와 5.0% 감소한 것으로 나타났다. 해방 전 해인 1944년의 부산 인구는 32만 9,000명이었다. 1925년에 처음으로 국세조사가 실시되었을 때(1920년 간이국세조사가 있었음), 부산 인구는 약 10만 명이었기 때문에 그 후 19년간 약 22만 9,000명이나 증가하였다. 이처럼 연평균 6.4%라는 높은 증가율은 1936년과 1942년에 이루어진 제1 · 2차 행정구역 확장[4]과 식민지공업화의 진전에 따른 인구유입의 결과[5]이다.

그러나 이듬해인 1945년에 해방을 맞이하자 만주 및 전국 각지와 부산 거주 일본인 귀환의 집결지로서, 그리고 일본으로부터의 귀환동포들의 유입이 맞물려 한때 유동인구가 80만 명에 이를 정도로 급격한 인구팽창이 이루어졌다고 한다.[6] 그러나 『부산통계연보』에 따르면 1945년 부산의 인

까지는 〈표 4-1〉에서 제시한 추계인구로 나타내고 있다. 그러다가 1970년부터는 아예 1956~1959년 사이의 전국 인구수를 표기하지 않고 있다. 이것은 이 시기 전국 인구통계조차 통일된 수치를 파악하기 어려움을 단적으로 보여 준다. 보다 상세한 내용은 경제기획원(1962; 1963; 1970)의 인구추세표 참조.

4) 부산이 근대도시의 성격을 갖춘 시기는 일제시기인 1914년 3월 1일 행정구역 개편에 따라 부산부제가 실시되면서부터이다. 당시 면적은 불과 84.15km²로 지금의 중구 · 동구 · 영도구 그리고 서구의 일부에 지나지 않았다. 1936년 4월 1일 제1차 행정구역 확장으로 동래군 서면과 사하면 암남리 편입으로 면적이 112.12km²로 늘어났으며, 1942년 10월 1일 제2차 행정구역 확장으로 면적이 이전보다 2배 이상인 241.12km²로 확대되면서 오랫동안 이 지방의 행정중심지였던 동래군 동래읍과 사하면 · 남면 · 북면 일부가 편입되었다. 보다 상세한 내용은 부산광역시 홈페이지(http://www.busan.go.kr/) '부산의 역사' 참조.

5) 부산상공회의소(1989)에서는 이 시기 부산의 인구증가율이 높았던 이유로, "① 일본이 한국으로부터 공업원료 및 식량을 수입하고 공산품을 수출하는 주요 항구로써 부산을 개발하였고, ② 경부선, 동해남부선 등 철도의 시발점으로써 부산이 교통의 요충지였고, ③ 남해안 등 해상수출기지로써 또한 해외무역의 중개지로써 부산항의 기능이 중요하였고, ④ 상공무역도시로써 부산이 남부경제권의 중추적 역할을 담당하였다(부산상공회의소, 1989, p. 783)"고 지적한 반면, 박영구(2005b)는 일본이 일관되게 부산을 집중적인 노동집약적 이용의 공업도시로 개발하였기 때문이라고 보았다.

6) 김지태회장창업사십오년사편찬위원회(1978), p. 112.

구는 28만 1,000여 명으로 1944년에 비해 오히려 약 5만여 명이 감소한 것으로 나타난다. 이는 결국 패전국인 부산 거주 일본인 6만여 명이 신속하게 철수하였음에 반해, 귀환동포의 귀환이 상대적으로 느리게 이루어졌거나, 부산으로 유입된 귀환동포 다수가 기록에서 누락되거나 또는 일시적 체류 후 연고지를 찾아 흩어졌기 때문인 것으로 보인다. 서울의 인구가 1944년 94만 8,000명에서 1945년 90만 1,000명으로 5.0% 감소한 것도 부산의 경우와 동일하게 서울 거주 일본인의 철수가 주된 이유로 보인다.

셋째, 부산과 서울 인구의 급격한 증가는 오히려 해방 이듬해인 1946년부터 1948년 사이에 이루어졌다. 부산 인구는 1946년 36만 3,000명, 1947년 43만 9,000명, 1948년 50만 2,000명으로 급증하였는데, 이는 해방된 지 3년 만에 부산의 인구가 거의 2배에 가까운 증가를 보여 준다. 이 시기 서울의 인구는 부산보다 더 급격하게 증가하였다. 1945년에 90만 1,000명에서 1946년에는 126만 6,000명으로 무려 40.5%나 증가하였고, 1947년에도 164만 7,000명으로 전년 대비 30.1%나 증가하였다. 이 시기 부산 인구증가의 주된 요인이 일본으로부터의 동포귀환이었다고 한다면, 서울 인구증가의 주된 원인은 남북분단에 따른 북한 인구유입이었다.7)

넷째, 1949년에 부산과 서울의 인구는 전년 대비 각각 6.2%와 17.0% 감소한 것으로 나타났다. 이러한 감소현상은 해방 3년 동안 부산과 서울 인구의 급격한 증가에 따른 도시의 수용능력 한계를 보여 준 것이다. 해외나 북한으로부터 유입된 인구 가운데 지역연고가 없는 사람들은 최소한 생활비를 벌기 위해서 서울, 부산과 같은 대도시에 정착하려고 하였을 것이다. 그러나 2~3년간에 지나친 인구증가로 인해 도시 비공식부문이 지나치게 비대해지고 실업자가 증가함에 따라 하는 수 없이 서울생활이나 부산생활을

7) 북한으로부터 유입된 월남인구는 1946년 18만 5,441명, 1947년 16만 5,074명이다. 해방 후 1947년 12월 말까지 월남동포의 총수는 80만 3,434명에 달하고 있다. 월남자를 직업별로 고찰하면 무직자가 가장 많고, 농민, 상인, 광부, 노동자의 순으로 되어 있다. 이에 대한 보다 상세한 설명은 조선은행조사부(1948), pp. 1~9 참조.

포기하고 타지방 도시나 농촌으로 이동하였을 가능성이 크다. 이른바 도시로의 인구이동에 대한 푸쉬(push)요인의 반작용효과로 볼 수 있다.[8)]

다섯째, 한국전쟁은 부산과 서울의 인구변동을 가장 극명하게 보여 준 사건이다. 불과 1년 만에 부산의 인구가 서울의 인구를 초과하였다. 1950년 부산 인구가 조사되지 않았기 때문에 현재로서는 알 수 없다. 대신 1949년 대비 1951년의 부산 인구는 무려 79.2%나 증가한 84만 4,000명이다. 이에 반해 1951년의 서울 인구는 64만 8,000명으로 1950년 대비 61.7%나 감소하였다. 불과 1년 만에 100여만 명의 서울 인구가 감소한 것이다. 이 시기 서울을 떠난 인구 가운데 상당수가 부산으로 유입되었을 것이고, 임시수도로서 부산은 일시적으로나마 정치 · 행정 · 경제의 중심지가 되었다. 굳이 통계적 수치를 언급하지 않더라도 한국전쟁 이전에 비해 전국 및 서울 대비 부산의 위상이 높아졌다는 데에는 그다지 이론(異論)의 여지가 없다. 그러나 전쟁이라는 특수상황으로 인해 경부성장축 가운데 한 축이 무너진 상황에서 과연 한국전쟁기를 경부성장축의 강화시기로 볼 수 있을까? 논자에 따라 다양한 견해가 가능하겠지만 적어도 인구변화의 측면에서 보면, 한국전쟁기간 동안은 경부성장축이 일시적으로 단절된 것으로 보는 것이 타당할 것이다. 왜냐하면, 휴전이 이루어진 1953년에 서울의 인구가 101만 명으로 해방 이전의 서울 인구수준(1944년 98만 8,000명)을 겨우 회복하고 있는데 불과하기 때문이다.

여섯째, 한국전쟁 이후 부산 인구의 변화에서 나타난 두드러진 특징은

8) 농민층분해론에서는 농민이 도시로 이동하는 요인을 푸쉬(push)요인과 풀(pull)요인으로 설명한다. 푸쉬요인은 농업 내부에서 경영 간의 생산성 격차로 인해 몰락한 하층농민들이 도시로 압출되는 것을 말하고, 풀요인은 도시화 및 공업화의 전개로 도시의 노동시장으로부터 농촌의 노동력을 흡인하는 것을 말한다. 배무기(2000), pp. 30~31. 해방 직후 부산과 서울의 인구증가는 하층농민의 도시로의 압출은 아니지만 해외동포 및 북한 인구의 증가이고, 이들 대부분이 농민층분해론에서 말하는 하층농민의 도시로 이동과 유사한 처지라는 점에서 푸쉬요인에 가깝다고 하겠다. 그러나 도시가 최대한 수용할 수 있는 한계를 넘어서면 오히려 그 도시의 인구가 감소할 수 있는데, 본고에서는 1949년에 부산과 서울의 인구감소현상을 바로 이러한 푸쉬요인의 반작용효과로 파악하고자 한다.

1953년에 82만 8,000명으로 1952년 대비 2.6%밖에 감소하지 않았고, 게다가 1955년에는 104만 9,000명으로 1954년 대비 무려 24.9%(20만 9,000명)나 증가하였다는 점이다. 이처럼 한국전쟁 이후 세 번째 부산 인구의 급격한 증가는 두 가지 측면에서 분석이 가능하다. 하나는 통계조사기관 및 조사시기의 차이에 따른 통계적 불일치일 가능성을 지적할 수 있다. 즉, 1954년의 부산 인구통계는 『시세개람』, 즉 부산시가 조사한 연말 통계치임에 반해, 1955년 부산 인구는 제1회 간이총인구조사에 따른 9월 1일 통계치이다. 1995년 조사가 총인구조사이기 때문에 보다 정확한 통계치라고 한다면, 1954년의 부산시 통계치는 과소조사되었을 가능성도 배제할 수 없다.

다른 하나는 이러한 통계적 불일치가 있다할지라도 실제로 1955년에 부산으로 20만 명에 가까운 인구유입이 일어났을 가능성을 들 수 있다. 박영구에 의하면 1954년 이후 부산은 제조업 붐이 시작되었고,[9)] 1955년의 인구급증은 이에 유발된 인구유입이었을 가능성이 있다. 만약 1955년에 부산의 인구가 20만 명이나 증가한 것이 사실이라면, 이러한 급격한 인구유입은 주로 경남지역에서 많았던 것으로 판단된다. 1956년 『도세개람』 통계에 의하면 거제 · 통영지역에서만 약 12만 명의 인구가 유출된 것으로 나타나 있는데, 전후 재건기를 맞이하여 이들 지역을 비롯하여 경남 농촌인구의 상당수가 부산으로 유입되었을 가능성이 크다.[10)]

일곱째, 1956년부터 1959년까지 부산의 인구는 거의 변화가 없다. 1956년에 부산과 서울의 인구가 각각 4.5% 감소한 것은 내무부 조사결과에 의거한 것으로 실제인구 감소라기보다는 통계적 불일치일 가능성이 크다. 분명한 사실은 적어도 1955년에서 1960년까지 5년간 부산의 인구가 약 11만

9) 박영구(2005c), pp. 192~197.

10) 그러나 이러한 가능성은 이 시기 부산과 경남 간의 인구이동 관련통계를 구할 수 없기 때문에 객관적 근거를 확보하기 어렵다. 따라서 여전히 1955년 한 해에만 부산 인구가 급격하게 증가할 수 있었던 원인이 무엇인지는 불분명하다. 그러므로 이 시기 부산 인구증가가 과연 경제재건기의 풀요인에 의한 증가로 볼 수 있는지에 대해서는 앞으로 좀더 세밀한 연구가 필요하다.

5,000명밖에 증가하지 않았다는 점이다. 이 수치는 5년간 전국 연평균증가율인 2.9%보다 낮은 2.2%에 불과하다. 이에 반해 서울의 인구는 이미 1955년에 157만 5,000명으로 한국전쟁 직전 시기의 인구규모로 급속하게 회복되었고, 이후 부산보다 높은 인구증가율을 지속적으로 보여 준다. 과연 전쟁의 종식, 수도 회복, 경제재건과정에서 서울 인구의 급속한 증가가 경부성장축에는 어떠한 의미를 가지는지에 대해서는 좀더 심도 있는 연구가 필요하다.

2. 해방과 한국전쟁기 경부성장축의 인구이동 추정

이미 앞에서 살펴보았듯이 해방과 한국전쟁기에 부산과 서울의 인구이동이 급격하게 이루어졌음에도 통계자료의 부족으로 전출입의 유형을 구체적으로 파악하는 것은 사실상 불가능한 실정이다. 다만 1955년의 제1회 간이총인구조사에서 제시된 1955년 현재 국외전입지별 · 전입시기별 인구이동 통계자료(〈표 4-2〉 참조)를 통해, 이 시기 경부성장축의 근간을 이루는 부산-대구-서울의 인구이동에 대한 개략적인 분석이 가능하다.

우선 이 시점 간 비교 · 분석을 위해서는 다음과 같은 몇 가지 가정이 필요하다. 첫째, 1944년부터 1955년 사이에 인구유입이 한 번만 있고 유출은 없는 것으로 가정한다. 따라서 적어도 해방 이후 3년간 부산에 유입된 일본으로부터의 귀한동포나 서울에 유입된 북한과 중국으로부터의 인구는 〈표 4-2〉에서 제시된 수치보다 훨씬 많았을 것이다. 둘째, 각 도시의 매년 자연증가율은 1955년 인구의 0.5%라고 가정한다.[11)]

11) 예컨대, 부산의 경우 1954년의 자연증가인구(출산인구−사망인구)는 5,951명이고, 1955년 7,340명, 1956년 6,725명, 1957년 6,002명으로 각 연도 인구 대비 약 0.6%로 나타나고 있다. 부산시(『시세일람』) 및 경상남도(『도세개람』) 참조. 따라서 1944년부터 1953년까지의 인구가 1955년 인구보다 적은 것을 고려한다면, 1944년부터 1955년 사이의 11년간 부산 인구의 자연증가율은 1955년 인구의 0.5% 수준으로 보는 것이 합리적이라고 생각한다.

표 4-2 국외전입지별 · 전입시기별 인구이동(1955)

(단위: 명, %)

구 분	부 산		서 울		대 구	
	인 구	비 중	인 구	비 중	인 구	비 중
1944년 전체 인구	329,215		988,537		206,638	
1955년 전체 인구	1,045,183		1,574,868		487,252	
합계	154,509	100.0	226,033	100.0	36,085	100.0
북한	109,723	71.0	188,541	83.4	20,815	57.7
8 · 15 이후	31,245	20.2	129,992	57.5	7,877	21.8
6 · 25 이후	40,987	26.5	23,775	10.5	4,833	13.4
1 · 4 이후	37,491	24.3	34,774	15.4	8,105	22.5
중국	5,292	3.4	17,313	7.7	5,392	14.9
8 · 15 이후	4,687	3.0	16,952	7.5	5,257	14.6
6 · 25 이후	530	0.3	227	0.1	88	0.2
1 · 4 이후	75	0.0	134	0.1	47	0.1
일본	39,071	25.3	19,486	8.6	9,763	27.1
8 · 15 이후	37,573	24.3	19,140	8.5	9,560	26.5
6 · 25 이후	970	0.6	159	0.1	156	0.4
1 · 4 이후	528	0.3	187	0.1	47	0.1
기타 외국	423	0.3	693	0.3	115	0.3
8 · 15 이후	237	0.2	299	0.1	49	0.1
6 · 25 이후	105	0.1	60	0.0	24	0.1
1 · 4 이후	81	0.1	334	0.1	42	0.1

자료: 통계청 인구총조사(1955)와 내무부 통계국(1957)을 이용하여 재작성.

이제 〈표 4-2〉를 이용하여 해방과 한국전쟁기 경부성장축 인구이동의 특징을 살펴보면 다음과 같다. 첫째, 1955년 현재 부산, 서울, 대구의 국외전입인구 비율은 각각 14.8%, 14.8%, 7.4%로 나타났다. 둘째, 전입지별로는 세 도시 모두 북한으로부터의 전입비율이 가장 높게 나타났다. 특히, 서울의 경우 국외전입인구 가운데 83.4%가 북한으로부터 유입되었고, 중국과

일본의 전입비율은 각각 7.5%와 8.5%로 매우 낮다. 부산의 경우도 국외전입인구 가운데 북한 유입인구가 71.0%로 가장 높고, 다음으로 일본으로부터 유입인구가 25.3%로 비교적 높은 편이다. 대구의 경우는 북한 전입인구 비중이 57.7%로 높으나 서울과 부산에 비해서는 낮은 편이다. 셋째, 전입시기별 국외인구를 보면, 세 도시 모두 8·15 이후 전입된 인구가 가장 많다. 부산의 경우 국외전입인구의 48.0%가 8·15 이후에 전입되었고, 서울과 대구의 경우 각각 73.5%와 62.9%로 나타났다. 넷째, 전입지와 전입시기를 동시에 고려해 보면, 부산은 8·15 이후 일본으로부터 전입된 귀환동포가 3만 7,573명(24.3%)으로 가장 많았고, 다음으로 북한 인구 전입자수가 3만 1,245명(20.2%)으로 많았다. 그리고 부산에 유입된 북한 인구(10만 9,723명)를 전입시기별로 보면 8·15 이후(3만 1,245명)보다 6·25 이후(4만 987명)와 1·4 이후(3만 7,491명)가 훨씬 많다. 결국 부산의 경우 해방 직후에는 일본 귀환동포와 북한 인구가 국외전입인구의 대부분을 차지하였고, 한국전쟁기에는 북한 인구의 유입이 절대다수였음을 추정할 수 있다.[12] 다섯째, 서울에 유입된 국외전입인구로는 북한 인구가 절대적 다수를 차지하고 있고, 전입된 북한 인구 18만 8,541명 가운데 8·15 이후에 전입된 인구가 12만 9,992명으로 압도적 다수이다. 여섯째, 대구의 경우 부산과 서울에 비해 국외전입인구의 비중이 지역별로 비교적 골고루 분포되어 있다는 점과 중국 귀환동포의 비중이 부산과 서울에 비해 2배 정도 높다.

마지막으로 위에서 제시한 두 가지 가정을 전제로 1944년에서 1955년 사이에 부산, 서울, 대구에서 국내순전입인구 규모를 개략적으로 추정해 보면 다음과 같다. 먼저 부산의 경우 1955년 현재 104만 5,000명 가운데 국외전입인구 약 15만 5,000명을 제외하면 약 89만 명이 된다. 여기서 지난 10

12) 한국전쟁기간 동안 북한으로부터의 인구유입 규모에 대해서는 최소 40만~65만 명에서부터 적어도 150만 명 이상이라는 다양한 견해가 있다. 이에 대한 보다 상세한 논의는 이대근(2002), pp. 257~261 참조.

년간 자연증가인구 약 5만 명을 제외하면 84만 명이 된다. 따라서 1944년부터 1955년 사이에 부산에 유입된 국내순전입인구는 84만 명에서 1944년 인구인 33만 명을 제외한 수치인 약 51만 명으로 추정할 수 있다. 결국 11년간 부산의 연평균 국내순전입인구 증가율은 약 14.0%로 매우 높다. 이처럼 부산과 동일한 방식으로 서울과 대구의 국내순전입인구를 추정해 보면, 서울은 약 25만 명, 대구는 약 20만 명의 국내순전입인구 증가가 이루어졌다. 서울과 대구의 11년간 국내순전입인구 증가율은 각각 연평균 약 2.3%와 8.7%로 나타난다.

이처럼 개략적으로나마 추정해 본 부산과 서울, 대구의 연평균 국내순전입인구 증가율이 시사하는 바는 다음과 같다. 세 도시 가운데 1944년을 기준시점으로 하여 해방과 한국전쟁이라는 푸쉬요인이 국내순전입인구 증가에 미친 파급효과로는 부산이 가장 크고, 그 다음으로 대구가 높았다. 서울의 경우 해방 직후의 국외순전입인구 증가라는 푸쉬요인과 한국전쟁기의 국내순전출인구의 급증이라는 특수요인, 그리고 한국전쟁 이후의 국내순전입인구의 급증이라는 풀요인과 푸쉬요인이 상호작용하여 11년간 연평균 국내순전입인구 증가율은 2.3%로 매우 낮게 나타났다.

3. 인구변화로 본 경부성장축의 변화

이제까지 살펴본 한국전쟁 전후기 부산과 서울의 인구변화와 특성 비교에 기초하여 경부성장축의 변화를 검토한다. 적어도 인구변화의 관점에서 '경부성장축 강화'라는 의미의 보다 엄격한 기준은 다음과 같은 두 가지 조건을 동시에 충족하는 시기이다. 첫째, 부산 인구와 서울 인구가 동반성장을 하면서 전국 대비 이들의 비중 역시 비교시점보다 증가하는 시기이다. 둘째, 서울 대비 부산의 인구비중이 비교시점보다 높은 시기이다. 전자가 경부성장축 강화의 필요조건이라면 후자는 충분조건이다.[13] 이미 서론에서

도 언급하였듯이 경부성장축의 강화 또는 약화의 문제는 비교시점과 비교기준에 따라 상이한 주장이 가능하다. 본 연구에서는 한국전쟁이 경부성장축의 변화에 미친 영향에 초점을 맞추고 있기 때문에 비교시점은 한국전쟁 이전 시점이다. 그리고 비교기준은 경부성장축 강화의 필요충분조건을 어느 정도 충족시키는가에 있다. 이러한 기준에 입각하여 부산과 서울의 상공업인구 및 총인구 추이에 대한 상대적 비교 · 분석결과는 다음과 같다.

먼저 〈표 4-3〉은 자료수집이 가능한 연도에 기초하여 부산과 서울의 상공업인구 추이를 상대적으로 비교해 본 것이다. 우선 1947년 서울 대비 부산의 공업인구, 상업인구, 상공업인구의 비중은 각각 48.5%, 31.5%, 37.7%였는데, 1951년의 특수한 상황을 제외하더라도 1953년 이후 서울 대비 부산의 상공업인구 비중은 1947년에 비해 거의 두 배에 가까운 증가를 보여주고 있다. 둘째, 1950년대 전국 대비 부산의 공업인구, 상업인구, 상공업인구 비중 역시 한국전쟁 이전인 1947년보다 높으며, 특히 공업인구의 경우 1951년부터 지속적인 증가추이를 보여 주고 있다. 셋째, 전국 대비 서울의 공업인구, 상업인구, 상공업인구 비중은 1956년 전국 대비 공업인구 비중(17.5%)이 1947년의 15.8%를 상회한 것을 제외하고는 1958년까지 1947년 수준으로 회복되지 못하고 있다. 넷째, 전국 대비 서울과 부산을 합친 공업인구 비중은 1953년에 이미 1947년 수준에 도달하였으나, 상업인구와 상공업인구 비중은 1958년까지도 여전히 1947년 수준에 이르지 못하고 있다.

결국 주어진 통계자료 연도와 공업인구만으로 보면, 한국전쟁 이전인 1947년에 비해 서울 대비 부산 공업인구 비중과 전국 대비 서울과 부산을 합친 공업인구 비중이 증가하였을 뿐만 아니라 서울과 부산의 공업인구 비

13) 물론 경부성장축 강화 또는 약화를 위의 기준에 입각하여 분석할 수 있는 가장 대표적인 변수는 한국전쟁 전후기 부산과 서울의 지역총생산(GRDP) 추이 비교이다. 그러나 이 시기 부산과 서울의 지역총생산을 구할 수 있는 자료가 없다. 이 밖에도 부산과 서울의 사업체수, 금융 등 다양한 경제적 변수가 있으나 본 연구의 범위를 넘는 것이다. 인구는 도시규모와 경제성장 크기를 규정하는 기본변수이고, 노동자 상태는 그 도시의 생활수준에 대한 다양한 정보를 제공해 준다.

표 4-3 부산과 서울의 상공업인구 추이의 상대적 비교

(단위: 명, %)

연도	직업	부산(A)	서울(B)	전국(C)	A/B	A/C	B/C	(A+B)/C
1947	공업	17,890	36,873	233,335	48.5	7.7	15.8	23.5
	상업	20,047	63,653	251,134	31.5	8.0	25.3	33.3
	상공업	37,937	100,526	484,469	37.7	7.8	20.7	28.6
1951	공업	41,784	25,320	361,795	165.0	11.5	7.0	18.5
	상업	94,499	27,996	980,114	337.5	9.6	2.9	12.5
	상공업	136,283	53,316	1,341,909	255.6	10.2	4.0	14.1
1953	공업	20,494	28,552	204,491	71.8	10.0	14.0	24.0
	상업	50,277	57,351	405,179	87.7	12.4	14.2	26.6
	상공업	70,771	85,903	609,670	82.4	11.6	14.1	25.7
1956	공업	27,341	36,988	211,702	73.9	12.9	17.5	30.4
	상업	54,093	79,090	495,462	68.4	10.9	16.0	26.9
	상공업	81,404	116,078	707,174	70.1	11.5	16.4	27.9
1958	공업	25,103	31,724	183,520	79.1	13.7	17.3	31.0
	상업	51,896	88,246	530,371	58.8	9.8	16.6	26.4
	상공업	76,999	119,970	713,891	64.2	10.8	16.8	27.6

자료: 경상남도(『도세개람』); 부산시(『시세개람』); 내무부 통계국(『대한민국통계연감』); 한국은행(『경제연감』), 각 연도에서 작성.

중이 동반증가하는 연도는 1956년을 전후한 시기로 보인다. 그러나 이러한 상공업인구 비중 비교는 한국전쟁 직전 시기인 1949년의 통계와 1954, 1955, 1957년 통계자료를 구할 수 없기 때문에 시계열적인 추이를 비교하기가 어렵다.

〈표 4-4〉는 부산, 서울, 전국의 전체 인구추이를 상대적으로 비교한 것으로서 해방과 한국전쟁 당해 연도의 자료를 제외하고는 시계열 추이를 파악하는 데 용이하다. 총인구규모의 상대적 비중변화에서 나타난 특징을 살펴보면 다음과 같다. 첫째, 해방 직전인 1944년 서울 대비 부산 인구의 비중

표 4-4 부산, 서울, 전국 인구추이의 상대적 비교

(단위: 천 명, %)

연도	부산(A)	서울(B)	전국(C)	A/B	A/C	B/C	(A+B)/C
1944	328	988	16,575	34.6	2.0	6.0	8.0
1945	281	901		31.2			
1946	363	1,266	19,369	28.7	1.9	6.5	8.4
1947	439	1,647	19,886	26.7	2.2	8.3	10.5
1948	502	1,708	20,027	29.4	2.5	8.5	11.0
1949	471	1,418	20,189	33.2	2.3	7.0	9.4
1950		1,693	20,513			8.3	
1951	844	648	20,671	130.2	4.1	3.1	7.2
1952	850	716	21,144	118.7	4.0	3.4	7.4
1953	828	1,010	21,546	82.0	3.8	4.7	8.5
1954	840	1,243	21,796	67.6	3.9	5.7	9.6
1955	1,049	1,575	21,502	66.6	4.9	7.3	12.2
1956	1,002	1,504	22,307	66.6	4.5	6.7	11.2
1957	1,019	1,666	22,949	61.2	4.4	7.3	11.7
1958	1,044	1,756	23,611	59.5	4.4	7.4	11.9
1959	1,087	2,094	24,291	51.9	4.5	8.6	13.1
1960	1,164	2,445	24,954	47.6	4.7	9.8	14.4

주: 1) 1944년 전국 인구는 약 2,512만 명이고, 이 가운데 남한 인구는 1,658만 명임.
2) 전국 인구 통계수치에 대한 설명은 〈표 4-1〉 각주 참조.

자료: 『시세개람』; 『도세개람』; 『부산통계연보』; 『서울통계연보』; 『대한민국통계연감』; 『한국통계연감』, 각 연도에서 작성함.

은 34.6%이고, 남한 인구 대비 부산과 서울 인구의 비중은 각각 2.0%와 6.0%이다. 둘째, 한국전쟁 직전인 1949년 서울 대비 부산의 인구비중은 33.2%로 1944년 수준에 이르지 못하고 있으며, 전국 대비 서울과 부산을 합한 인구비중은 9.4%로 해방 직전인 1944년의 수준을 회복한 것으로 보인다. 셋째, 1951년에 서울 대비 부산 인구비중은 130.2%로 1949년에 비해 무려 4배 이상 증가하였으며, 이후 그 비중은 지속적으로 하락하였음에도 불

구하고 1944년과 1949년에 비해 지속적으로 높은 수준을 유지하고 있다. 넷째, 전국 대비 서울 인구와 부산 인구를 합한 비중이 1944년의 8.0%를 넘어선 시기는 1953년(8.5%)이고, 1949년의 9.4%를 넘어선 시기는 1954년(9.6%)이다. 그러나 1954년 전국 대비 서울의 인구비중은 5.7%로서 1944년의 6.0%보다 낮은 수준이다. 1955년에 이르러서야 전국 대비 서울 인구의 비중이 7.3%로 1944년은 물론 1949년보다 높다.

종합적으로 인구 측면에서는 적어도 1955년 이후에야 전국 대비 부산과 서울의 인구비중이 동반성장함과 동시에 부산과 서울의 인구를 합한 비중 역시 1944년과 1949년의 수준을 넘어서고 있음을 알 수 있다. 따라서 인구 측면에서 한국전쟁으로 인한 지속적인 경부성장축의 강화는 1950년대 중반 이후에야 이루어진 것으로 판단된다.

Ⅲ. 부산의 노동자 상태 관련변화 비교

해방과 한국전쟁이 부산과 서울의 노동자 상태에 어떠한 영향을 미쳤을까? 이에 대한 비교 · 분석을 위해서는 각 도시의 노동력 내부구성 변화, 실질임금 변화, 물가지수 및 생계비 변화 등에 대한 도시별 시계열 통계자료가 필요하다. 그러나 이 시기 시계열자료를 구하기 어려울 뿐만 아니라 요행히 구한 경우에도 조사항목이 불일치하여 시계열 비교 · 분석은 현재 불가능한 실정이다. 따라서 자료가 허용하는 한에서 주요 연도의 노동자 상태의 변화를 비교 · 분석해 보고자 한다.

1. 직업별 인구 및 노동력 상태 비교 · 분석

주지하듯이 1947년은 해방으로 말미암아 위축되었던 남한 경제가 미군정 하에서 다시금 경제적 안정과 회복이 이루어지는 해이다. 또한 일본, 중국, 북한을 포함한 국외귀환동포의 유입으로 각 도시의 인구가 급증하는 해이기도 하다. 이러한 상황을 전제로 〈표 4-5〉에 나타난 각 도시의 직업별 인구구성의 특징을 살펴보면 다음과 같다.

첫째, 서울 대비 부산의 직업별 종사자 비중은 대체로 1/3 수준이다. 둘째, 15세 이상 인구 대비 각 도시의 공업 및 토목건축업 종사자 비중은 7.5% 수준으로 공업비중이 낮다. 셋째, 부산의 전문적 직업종사자 비중이 0.9%로 매우 낮으며, 서울 대비 1/6 수준으로 부산에 고급 인적자원의 일자리가 매우 부족함을 보여 준다. 넷째, 부산의 일고노무자 비중은 9.7%로 서울의 6.5%보다 상당히 높다. 부산의 일고노무자의 비중은 9.7%로서 공업종사자 비중 6.1%와 상업종사자 비중 8.4%보다 높은 것이어서, 이미 이 시기 부산에는 도시 비공식부문에 정체적 과잉인구가 비대함을 시사해 준다. 또한 부산의 불완전취업층 문제가 서울이나 대구보다 심각함을 시사하고 있다. 다섯째, 부산의 학생 · 생도의 비중은 15세 이상 인구 대비 5.5%로 서울의 6.8%와 대구의 11.1%에 비해 상당히 낮은 수준이다. 이 시기 해외로부터 귀환한 동포의 상당 정도가 청년층 이상일 가능성이 크기 때문인 것으로 추측된다. 여섯째, 15세 이상 인구 대비 부산의 실업자 비중은 8.4%로 서울의 11.6%와 대구의 9.4%에 비해서는 상대적으로 낮다.[14] 이처럼 부산의 실업자 비중이 상대적으로 낮게 나타난 까닭은 일고노무자의 비중과 '불명'으로 분류된 집단의 비중이 서울과 대구에 비해 상대적으로 높았기 때문으로

14) 15세 이상 인구 대비 실업자의 비중은 오늘날 우리가 말하는 실업률(실업자수/경제활동인구)로 환산하면 부산 17.6%, 서울 25.0%, 대구 19.6%로서 결코 낮은 것이 아니다. 다만 부산의 실업률이 이 시기 서울과 대구에 비해 상대적으로 낮다는 것이다.

표 4-5 1947년 말 부산, 서울, 대구의 직업별 인구구성

(단위: 명, %)

구 분	부 산		서 울		대 구		남한 전체	
	인 구	비 중	인 구	비 중	인 구	비 중	인 구	비 중
총계	239,117	100.0	779,890	100.0	174,503	100.0	10,800,888	100.0
농업	10,012	4.2	7,964	1.1	8,954	5.1	4,931,585	45.7
수산업	3,302	1.4	380	–	89	–	63,466	0.6
광업	172	0.1	557	0.1	71	–	9,653	0.1
공업	14,625	6.1	46,821	6.0	12,215	7.0	195,303	1.8
토목건축업	3,265	1.4	9,948	1.3	819	0.5	38,032	0.4
상업	20,047	8.4	63,653	8.2	14,484	8.3	251,134	2.3
교통통신업	8,718	3.6	18,335	2.4	2,419	1.4	76,781	0.7
공무원	7,186	3.0	24,836	3.2	7,248	4.1	149,477	1.4
사무원	7,356	3.0	32,595	4.2	3,454	2.0	92,457	0.8
전문직 직업	2,150	0.9	12,612	1.7	1,638	0.9	46,274	0.4
일고노무자	23,274	9.7	53,064	6.5	16,252	9.3	434,671	4.0
학생 · 생도	13,077	5.5	53,215	6.8	19,248	11.1	194,207	1.7
기타	71,190	30.0	243,187	31.2	44,189	25.4	2,614,334	24.2
재소자	1,651	0.7	4,817	0.6	31	–	13,031	0.2
실업자	20,075	8.4	90,151	11.6	16,506	9.4	798,233	7.4
불명	39,107	16.4	117,685	15.1	26,880	15.5	892,250	8.3

주: 1947년 말 현재 15세 이상 대상.
자료: 조선은행조사부(1949).

보인다. '불명'으로 분류된 인구 가운데 일부는 경제활동인구일 가능성도 있지만, 대다수는 실망실업자로서 비경제활동인구일 가능성이 높다.

한편, 1955년은 한국전쟁의 혼돈이 어느 정도 정리되는 시점이다. 1955년에 제1회 간이총인구조사가 이루어졌는데, 〈표 4-6〉은 이 시기 부산과 서울, 대구의 노동력 상태가 어떠한가를 보여 준다. 〈표 4-6〉에서 '14세 이상 인구', '노동력', '비노동력'의 구분기준은 오늘날의 분류기준인 '생산가

표 4-6 1955년 부산, 서울, 대구의 노동력 상태

(단위: 명, %)

구 분	부 산		서 울		대 구		전 국	
	인 구	비 중	인 구	비 중	인 구	비 중	인 구	비 중
14세 이상 인구	656,875	100.0	1,003,814	100.0	307,888	100.0	13,189,426	100.0
노동력	390,521	59.5	546,026	54.4	177,054	57.5	9,832,208	74.5
취업자	233,350	35.5	321,902	32.1	110,391	35.9	8,052,685	61.1
완전실업자	25,151	3.8	20,683	2.1	4,562	1.5	117,696	0.9
무업자	132,020	20.1	203,441	20.3	62,101	20.2	1,661,827	12.6
비노동력	266,354	40.5	457,788	45.6	130,834	42.5	3,357,218	25.5
학생 · 생도	68,518	10.4	151,981	15.1	41,572	13.5	937,639	7.1
노동불능자	30,324	4.6	49,571	4.9	14,812	4.8	698,925	5.3
가사	167,512	25.5	256,236	25.5	74,450	24.2	1,720,654	13.0

주: 1) 취업자는 조사기간중 실제취업자임.
2) 완전실업자는 직업이 없는 자로서 직업을 구하고 있는 18~60세인 자임.
3) 무업자는 생활보호를 받는 자, 또는 걸인 등으로 불로소득에 의한 자, 또는 노동능력이 있으나 직업을 가지지 아니하고, 연금, 예금이자, 소작료, 집세, 이익배당 등의 재산수입에 의한 자, 또는 직업을 구하지 않는 14~60세인 자임.
4) 학생 · 생도는 취학자임.
5) 노동불능자는 노약자, 불구자임.
6) 가사는 취업자가 아닌 가정부임.
자료: 통계청 인구총조사(1955).

능인구', '경제활동인구', '비경제활동인구' 구분기준과 유사하다.[15)]

우선 1955년의 부산, 서울, 대구의 노동력 상태를 비교해 보면 다음과 같다. 첫째, 부산의 노동력 비중은 59.5%로 서울이나 대구보다 높다. 이처럼 노동력 비중이 상대적으로 높게 나타난 주된 원인으로는 서울이나 대구에 비해 학생 · 생도의 비중이 10.4%로 낮았기 때문이다.[16)] 전국의 노동력

15) 다만 오늘날은 생산가능인구를 15세 이상으로 한다는 점과 무업자의 대다수를 노동력이 아닌 비경제활동인구로 분류한다는 차이가 있다.
16) 이 시기 부산의 학생 · 생도 비중이 서울이나 대구보다 낮은 뚜렷한 이유를 현재로는 알 수 없다.

비중이 74.5%로 대도시보다 높게 나타난 것은 농촌인구의 대부분이 노동력으로 분류되었기 때문일 것이다. 둘째, 14세 이상 인구 가운데 완전실업자의 비중이 3.8%로 서울의 2.1%나 대구의 1.5%보다 높다. 셋째, 1955년 통계에서는 '무업자'를 노동력인구로 명확하게 구분하고 있으며, 각 도시의 14세 이상 인구에서 차지하는 비중이 약 20%로 매우 높다.17) 오늘날의 실업자 구분에 따르면 무업자는 대부분 비경제활동인구로 구분된다. 이 시기 무업자가 비경제활동인구임에도 불구하고 노동력인구로 구분된 까닭은 무업자의 대부분이 노동능력을 가지고 있으면서도 일자리 자체가 거의 없기 때문에 하는 수 없이 구직을 포기한 '실망실업자'가 대부분이기 때문일 것이다. 만약 무업자를 실업자 범주에 포함시킨다면 이 시기 각 도시의 체감실업률은 약 40%대에 이르는 심각한 실업상태라 하겠다.

한편, 1955년 제1회 간이총인구조사에서는 직업별 인구조사기준이 〈표 4-7〉의 형태로 바뀌어 1947년과 직접 비교는 불가능한 실정이나 개략적인 특징을 살펴보면 다음과 같다. 첫째, 1947년과 비교하여 1955년의 각 도시의 취업자수를 보면, 부산의 경우 약 2.5배 증가하였음에 반해, 서울과 대구는 각각 1.2배와 1.6배 증가한 것으로 나타났다. 적어도 취업자수 증가의 측면에서는 한국전쟁이 부산에 미친 영향은 절대적이었음을 알 수 있다. 둘째, 부산의 전문기술직 및 관리직 종사자 비율은 1955년에도 여전히 서울과 대구보다 낮다. 셋째, 생산직 노동력이라 할 수 있는 특수기능공 및 생산공정 종사자 및 유사노동자의 비중 역시 부산의 비중이 서울과 대구보다

그러나 이 시기 학력별 인구구성을 보면, 불취학자 비율이 부산 45.3%, 서울 38.5%, 대구 44.2%로 나타났다. 부산의 불취학자 비중이 서울이나 대구보다 높다는 것은 그만큼 단순노동력이 많음을 의미한다.

17) 이 당시 경상남도와 부산시가 발행한 『도세개람』이나 『시세일람』에서 직업별 인구통계는 당해 연도 총인구 가운데 유직업자를 직업별로 분류하여 통계치를 제시하고 실업자와 직업을 구하지 않는 남녀노소 모두를 '무업'으로 분류하고 있다. 이러한 통계방식은 부산상공회의소에서 펴낸 1954년판 『상공명감』에도 그대로 이어지고 있어서 이 시기 부산의 실업률을 파악하는 데 어려움을 겪고 있다. 1954년판 『상공명감』 자료를 이용한 부산의 행정구역별 직업분포 분석과 관련된 보다 상세한 논의는 김대래(2006), pp. 144~145 참조.

표 4-7 1955년 부산, 서울, 대구의 직업중분류별 인구구성

(단위: 명, %)

구 분	부 산		서 울		대 구		전 국	
	취업자	비중	취업자	비중	취업자	비중	취업자	비중
1947년	94,017		270,835		67,649		6,288,833	
1955년	233,350	100.0	321,902	100.0	110,391	100.0	8,052,685	100.0
전문직 · 기술직 종사자	10,955	4.7	24,105	7.5	6,446	5.8	130,773	1.6
관리직 종사자	8,927	3.8	17,408	5.4	4,802	4.4	92,475	1.2
사무종사자	20,317	8.7	44,870	13.9	8,955	8.1	196,460	2.4
판매종사자	43,646	18.7	56,958	17.7	21,654	19.6	357,706	4.5
농부, 벌목부, 엽사, 어부 및 유사 종사자	40,575	17.4	28,786	8.9	20,906	18.9	6,404,571	79.5
채광, 채석 직업 종사자	126	0.1	564	0.2	87	0.1	17,702	0.2
운전직업 종사자	8,276	3.6	12,413	3.9	2,757	2.5	54,746	0.7
특수기능공, 생산공정 종사자 및 유사 종사자	40,318	17.3	58,054	18.0	22,035	20.0	289,172	3.6
단순노무자 (농장, 광산 제외)	38,845	16.7	45,638	14.2	15,024	13.6	341,173	4.2
서비스업 종사자	21,365	9.2	33,106	10.3	7,725	7.0	167,905	2.1
분류불능 및 직업미상							2	0.0

자료: 통계청 인구총조사(1955).

낮다. 넷째, 단순노무자의 비중은 부산이 16.7%로 서울의 14.2%나 대구의 13.6%보다 높다. 결국 1955년 부산의 취업자수는 1947년에 비해 2.5배나 증가하였음에도 불구하고, 직업별 구성비는 전문기술직과 관리직 · 생산직의 비중이 서울과 대구보다 낮고, 단순노무직의 비중은 서울과 대구보다 높아서 고급 인적자원을 필요로 하는 일자리 비중이 상대적으로 낮음을 보여준다. 이러한 부산의 직업별 인구구성은 1947년과 비교하여 그다지 개선되지 않았음을 시사하고 있다.

표 4-8 1947년과 1955년 경제활동참가율과 실업률

(단위: %)

구분	1947년			1955년			
	경제활동 참가율	취업률	실업률	경제활동 참가율	취업률	실업률	무업자 포함 체감실업률
부산	47.7	83.4	17.6	39.3	93.6	6.4	40.2
서울	46.3	75.0	25.0	34.1	96.2	3.8	41.0
대구	48.2	80.4	19.6	37.3	97.4	2.6	37.7
전국	65.6	88.7	11.3	61.9	98.8	1.2	13.0

주: '무업자 포함 체감실업률'은 무업자로 분류된 인구가 실망실업자이지만 실제로는 일자리가 없어서 비자발적으로 구직을 포기한 사실상의 실업자로 가정하여 실업자로 포함시켰을 경우의 피부로 느끼는 실업률을 의미함.
자료: 〈표 4-6〉과 〈표 4-7〉에 기초하여 재작성.

한편, 해방 이후 2년의 시점과 한국전쟁 휴전 이후 2년 시점에서 경제활동참가율과 실업률은 어떠한 차이를 보이고 있는가? 〈표 4-8〉은 〈표 4-5〉와 〈표 4-6〉을 이용하여 오늘날의 기준에 따른 경제활동참가율과 실업률을 추정해 본 것이다. 우선 1947년의 경제활동참가율과 실업률은 〈표 4-5〉의 분류기준에서 '불명'으로 분류된 인구와 〈표 4-6〉의 분류기준에서 '무업자'로 분류된 인구를 비경제활동인구로 분류하여 경제활동참가율과 실업률을 계산한 것이다.[18] 만약 '불명'으로 분류된 인구를 경제활동인구에 포함시킬 경우 이 시기 부산의 경제활동참가율이 64.1% 수준으로 나타난다. 과연 이 시기의 경제활동참가율이 오늘날 수준(58~60%)보다 높았을지에 대해서는 회의적이다.

또한 이 시기 '불명'으로 분류된 인구 가운데에는 일부의 취업자나 실

18) 〈표 4-5〉에서 '불명'으로 분류된 인구 가운데 상당수가 '일자리가 없어서' 구직을 포기한 실망실업자라면 실질적인 경제활동참가율과 체감실업률은 〈표 4-8〉에 제시된 수치보다 상당히 높아진다. 예를 들어, 부산의 경우 경제활동참가율이 64.1%이고 실업률이 38.6%로 나타난다.

업자도 있겠지만, 대부분은 실망실업자를 포함하는 무업자나 노동불능자일 가능성이 크다. 이런 이유로 본 연구에서는 '불명'으로 분류된 인구를 비경제활동인구로 구분하였다. 그러나 앞으로 이에 대한 보다 정확한 분석을 위해서는 추가적인 자료의 수집과 논의가 필요하다. 아무튼 1947년에 '불명'으로 분류된 인구와 1955년에 '무업자'로 분류된 인구가 비경제활동인구로 구분되는 것을 전제로, 1947년과 1955년의 경제활동참가율 및 실업률을 비교해 보면 다음과 같은 몇 가지 특징을 발견할 수 있다.

첫째, 1947년에 비해 1955년의 경제활동참가율이 평균 10% 정도 감소하였다. 둘째, 1947년의 각 도시 취업률은 1955년에 비해 20% 이상 높게 나타나고 있다. 셋째, 1947년의 실업률은 1955년 완전실업률보다는 상당히 높은 수준이지만 무업자를 포함한 실업률보다는 낮다. 넷째, 1947년 부산의 실업률은 17.6%로 서울과 대구보다 낮았으나, 1955년 완전실업률은 6.4%로서 서울(3.8%)과 대구(2.6%)보다 높다.

이처럼 1947년에 비해 1955년 부산의 (완전)실업자 비중이 서울과 대구보다 높은 이유는 다음과 같은 두 가지 측면에서 해석해 볼 수 있다. 하나는 한국전쟁기간 동안 부산으로 집중되었던 인구 중 전쟁 이후 원래의 직장으로 복귀가 가능한 자들은 돌아가고, 복귀할 직장이 없는 자들이 대부분 부산에 남아 있었기 때문에 발생한 현상일 수 있다. 다른 하나는 1954년의 부산 인구가 84만 명에서 1955년에 104만여 명으로 약 20만 명의 급격한 증가에 따른 노동공급 측면의 현상을 반영하는 것으로 보인다.[19] 결국 1947년에 비해 1955년의 부산, 대구, 서울의 (완전)실업률이 10% 이상 감소하였음에도 불구하고, 경제활동참가율이 40% 이하로 매우 낮아짐에 따라, 무업자 포함 체감실업률은 40%대에 이르러 우리나라의 고용사정은 오히

19) 물론 1954년과 1955년 사이에 서울의 인구 역시 30만여 명 증가하였다. 그러나 한국전쟁이 일어나기 직전인 1950년 서울의 인구는 이미 169만 3,000명이었고, 1955년에 인구 157만 5,000명은 한국전쟁 직전 인구수준으로 회복되는 시기이다. 이와 함께 전후 재건기를 맞으면서 전후복구를 위한 신규 일자리가 부산보다 많이 창출되었을 가능성이 크다.

려 악화되었을 가능성을 시사해 주고 있다.

2. 소매물가와 일고노동자 임금 등의 변화

물가는 노동자 및 서민의 일상생활에 직접적인 영향을 미친다. 해방과 함께 남한의 물가는 일제 통제경제하에서 억압되었던 잠재수요의 현재화, 지속적인 통화증발, 생산위축에 따른 공급부족 등의 요인과 정치 · 사회적 불안에 따른 심리적 요인까지 겹쳐 초인플레 양상으로 나타났다.[20)]

그러나 1948년 8월 정부수립 후 강력한 경제안정정책의 실시와 미국으로부터의 원조증가에 힘입어 물가상승률은 점차 둔화되었다.[21)] 즉, 1949년의 전국 소매물가지수는 197.8(1947년=100)로서 전년보다 25.0% 상승에 그쳤다(이하 〈표 4-9〉 참조).

1950년 한국전쟁의 발발로 부산은 임시수도와 병참기지로서의 기능을 담당하게 되었다. 전시하의 통제경제, 산업시설 파괴에 따른 생산활동 위축, 피난민들의 대량유입, 그리고 심리적 요인까지 겹쳐 물자공급의 절대적 부족현상이 나타나자, 그간 안정세를 보였던 물가도 다시 급등세로 나타났다. 1947년 기준 대비 1951년 부산의 소매물가지수는 2,352.7로서 전년 대비 무려 396.6%나 급등하였으며, 서울의 369.9%와 대구의 389.7%보다 높았다.

한편, 1953년 7월 휴전성립과 함께 수도가 서울로 환도함에 따라 부산의 물가도 안정세를 찾기 시작하였다. 1947년 기준 대비 1953년 부산의 소매물가지수는 8,203.6으로 전년 대비 41.4% 상승하였으며, 서울의 52.5%와 대구의 46.1%보다 낮았다. 이후 경제재건기와 안정기를 거치면서 소매물가는 점차 안정세를 회복하였다. 1957년 부산의 소매물가지수는 28,109.4로서

20) 부산상공회의소(1982), p. 344.
21) 부산상공회의소(1982), p. 363.

표 4-9 부산, 서울, 대구의 소매물가지수 변화(1947년=100)

(단위: 명, %)

연 도	부 산		서 울		대 구		전 국	
	총지수	증감률	총지수	증감률	총지수	증감률	총지수	증감률
1945.8(A)	12		15.9					
1946	59.9	399.2	54.6	243.4	59.1		55.9	
1947	100	66.9	100	83.2	100	69.2	100	78.9
1948	168.4	68.4	153.6	53.6	157.0	57.0	158.3	58.3
1949(B)	206.8	22.8	195.1	27.0	199.6	27.1	197.8	25.0
1950	473.8	129.1	564.7	189.4	453.4	127.2	531.5	168.7
1951	2,352.7	396.6	2,653.3	369.9	2,220.5	389.7	2,128.5	300.5
1952	5,802.6	146.6	4,841.1	82.5	5,644.3	154.2	5,243.6	146.4
1953(C)	8,203.6	41.4	7,383.9	52.5	8,248.1	46.1	7,618.8	45.3
1954	11,233.6	36.9	10,125.9	37.1	10,832.3	31.3	10,319.5	35.4
1955	18,487.4	64.6	17,057.7	68.5	17,023.4	57.2	17,483.3	69.4
1956	23,448.8	26.8	21,047.8	23.4	21,544.9	26.6	21,694.7	21.1
1957(D)	28,109.4	19.9	25,984.8	23.5	26,644.7	23.7	26,613.3	22.7
(B/A)	17.2배		12.3배					
(C/B)	39.7배		37.8배		41.3배		38.5배	
(D/C)	3.4배		3.5배		3.2배		3.5배	

자료: 조선은행조사부(1949); 한국은행(1955; 1958).

전년 대비 19.9% 증가하여 서울의 23.5%와 대구의 23.7%보다 낮았다.

결국 해방과 한국전쟁 전후기 부산과 서울, 대구의 소매물가지수를 시기별로 비교해 보면 다음과 같다. 첫째, 해방 직후 소매물가지수 증가는 부산이 가장 높았다. 1946년에 부산의 소매물가지수는 전년 대비 399.2% 증가하였음에 반해, 서울은 243.4% 증가하였다. 둘째, 1945년 8월에서 1949년까지 소매물가지수 증가 역시 부산이 서울보다 높았다. 이 기간 동안 부산은 17.2배(B/A) 증가하였음에 반해, 서울은 12.3배 증가하였다. 셋째, 한국

그림 4-2 부산, 서울, 대구 소매물가 지역격차지수

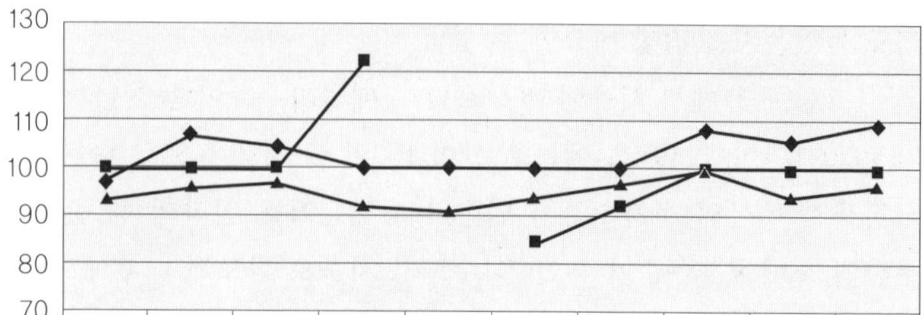

	1947	1948	1949	1950	1951	1952	1953	1954	1955	1956
부산	97	107	104	100	100	100	100	108	106	109
서울	100	100	100	122		85	92	100	100	100
대구	94	96	97	92	91	94	97	100	94	96

자료: 한국은행(1957).

전쟁기에는 1951년의 소매물가지수가 가장 높았으며, 부산의 경우 해방 직후시기인 1946년과 비슷한 증가율을 보여 주었다. 넷째, 1949년 대비 1953년 물가증가(C/B)는 대구가 가장 높게 나타났다. 이 기간 동안 부산 39.7배, 서울 37.8배 증가하였음에 반해 대구는 41.3배나 증가하였다. 다섯째, 한국전쟁 이후 소매물가지수는 상대적으로 안정세를 회복하였다. 1953년 대비 1957년의 소매물가(D/C)는 부산 3.4배, 서울 3.5배, 대구 3.2배로 나타났다.

한편, 〈표 4-9〉에 나타난 소매물가지수는 1947년을 100으로 나타낸 부산, 서울, 대구의 지수이기 때문에 물가수준에 대한 지역격차를 직접 비교하기는 어렵다. 〈그림 4-2〉는 부산, 서울, 대구의 소매물가 지역격차지수를 나타내고 있다. 1947~1949년까지와 1954~1957년까지는 서울의 소매물가지수를 100으로 하여 부산과 대구의 소매물가수준을 상대적으로 나타낸 것이고, 한국전쟁기인 1950~1953년까지는 부산의 소매물가지수를 100으로

하여 서울과 대구의 소매물가수준을 상대적으로 나타낸 것이다. 이를 통해 우리는 한국전쟁 전후기 부산의 소매물가수준이 서울과 대구에 비해 어느 정도 높았는지를 직접 비교할 수 있다.

〈그림 4-2〉에서 서울이 부산보다 소매물가수준이 높았던 해는 1947년과 1950년뿐이다. 1952년에는 부산이 100일 때 서울은 85로 나타났는데, 한국전쟁기 부산의 물가수준이 얼마나 높았는가를 짐작케 해 준다. 문제는 부산의 소매물가수준이 휴전 후 수도가 서울로 환도된 이후에도 지속적으로 서울보다 높았다는 점이다. 이처럼 해방 이후부터 1950년대 후반에 이르기까지 부산의 소매물가지수가 대구는 물론 서울보다 지속적으로 높았다는 것은 그만큼 노동자를 포함한 서민들의 일상생활이 어려웠음을 시사해 준다.

노동자 및 서민의 생활에 직접적인 영향을 미치는 핵심 요인으로는 물가와 함께 임금수준을 들 수 있다. 〈표 4-10〉은 한국전쟁 전후기 임금관련 시계열 비교가 어느 정도 가능한 일고노동자 임금수준을 보여 준다.[22] 이를 통해 부산, 서울, 대구의 물가 및 일고노동자 임금수준을 비교해 보면 다음과 같다.

첫째, 해방 3년째인 1948년 부산의 일고노동자의 임금은 대부분 서울의 임금수준보다 높았다. 예를 들어, 1948년 부산에서 대목(大木)의 1일임금은 6.60환으로 서울의 4.82환보다 높았고, 인부의 경우도 부산은 4.00환인데 서울은 3.17환이었다. 〈그림 4-2〉에서 1948년 부산의 소매물가 지역격차지수가 107로 서울보다 높았어도 일고임금 역시 높았기 때문에 노동자 및 서민의 생활수준에 미치는 영향은 어느 정도 상호 상쇄될 수 있었을 것이다.

그러나 한국전쟁기인 1950~1953년까지는 서울의 일고노동자 임금수준을 알 수 없기 때문에 상호 비교가 어렵다. 문제는 한국전쟁 후인 1954년부

22) 부산과 서울의 산업별 임금수준 시계열 비교는 자료상의 한계로 현재로는 분석이 어려운 실정이다.

표 4-10 부산, 서울, 대구 일고노동자 임금비교

(단위: 환)

구분		1946	1947	1948	1949	1950	1951	1952	1953	1954	1955	1956	1957	1958	1959	1960
대목	서울	1.50	3.52	4.82	8.42	-	-	-	-	941	1,630	2,222	2,500	2,686	2,750	2,960
	부산			6.60		19.0	118.3	360	548	1,032	1,854	1,995	2,590	2,556	2,680	2,870
	대구			6.40				294	419	1,082	1,457	1,776	1,880	2,047	2,410	2,800
미장이	서울	1.64	3.32	4.04	8.20	-	-	-	-	805	1,599	2,222	2,680	2,700	2,750	2,830
	부산			5.50		19.0	114.4	360	570	1,072	1,841	2,077	2,730	2,700	2,680	2,870
	대구			7.30				289	420	1,097	1,547	1,788	1,940	2,053	2,390	2,800
석수	서울	1.80	3.37	4.50	11.43	-	-	-	-	1,313	2,554	3,050	2,730	2,700	2,700	2,680
	부산			5.60		19.7	121.1	390	585	1,043	2,393	2,753	3,640	2,713	2,710	2,700
	대구			5.30				320	428	1,210	1,645	1,862	2,000	2,448	2,520	2,950
기와장이	서울	1.61	3.44	4.96	11.67	-	-	-	-	900	1,659	2,212	3,420	2,998	2,700	2,700
	부산			6.00		19.0	115.2	360	537	1,058	1,685	1,963	2,640	3,571	2,780	2,700
	대구			7.00				296	409	1,101	1,925	1,772	1,880	2,178	2,370	2,600
콘크리트공	서울	1.66	2.57	3.40	8.38	-	-	-	-	789	1,285	1,768	2,570	2,700	2,750	2,710
	부산					13.6	83.6	220	364	811	1,041	1,262	1,650	2,700	2,610	2,730
	대구							283	390	884	1,098	850	970	1,197	1,330	2,320
벽돌공	서울	1.76	3.23	4.25	8.25	-	-	-	-	831	1,590	2,218	2,680	2,700	2,750	2,960
	부산			5.30		18.7	112.2	360	539	1,052	1,725	1,995	2,550	2,700	2,700	2,920
	대구			7.30				292	416	1,120	1,925	1,962	2,000	2,000	2,260	2,840
칠장이	서울	1.83	3.03	3.69	7.18	-	-	-	-	883	1,562	2,057	2,230	2,200	2,360	2,680
	부산			5.60		23.4	108.2	330	524	1,031	1,771	1,837	2,310	2,298	2,480	2,650
	대구			5.00				311	406	1,235	1,925	1,759	1,880	2,050	2,260	2,640
목도인부	서울	1.64	2.89	3.61	6.91	-	-	-	-	914	1,358	2,025	2,490	2,354	2,290	2,300
	부산					17.9	88.9	270	439	602	982	1,265	1,270	2,447	2,200	2,110
	대구							234	282	662	810	867	1,000	1,178	1,610	2,480
인부	서울	0.85	2.09	3.17	5.54	-	-	-	-	442	689	997	990	1,000	940	1,000
	부산			4.00		11.9	52.2	190	296	398	578	720	890	986	1,000	930
	대구			3.40				148	241	461	552	652	770	932	1,050	1,080
비게인부	서울	1.81	3.28	3.83	10.93	-	-	-	-	516	1,630	2,458	3,340	3,500	2,920	2,880
	부산					20.7	125.7	420	596	935	1,620	2,090	2,240	3,237	3,150	2,970
	대구							293	459	962	1,182	1,293	1,300	1,300	2,030	2,910

자료: 한국은행(1949; 1955); 내무부 통계국(1959); 경제기획원 조사통계국(1961)에서 작성.

터 일고노동자의 임금수준 비교이다. 1954년과 1955년의 경우 석수, 콘크리트공, 목도인부와 인부, 비계인부의 임금을 제외하고는 부산에서 일부 토목건축 일고노동자의 임금수준이 서울보다 높았다. 그러나 1956년부터는 부산에서 거의 모든 일고노동자의 임금이 서울보다 낮았다. 예를 들어, 1956년 서울에서 대목의 1일임금은 2,222환인데 부산은 1,995환이었다. 인부의 경우도 서울은 1일임금이 997환인데 부산은 720환으로 277환이나 낮았다. 1956년 부산의 소매물가 지역격차지수가 109로서 서울보다 높았음에도 불구하고 일고노동자 임금수준은 오히려 낮았기 때문에, 이 시기 부산 일고노동자의 생활상태는 오히려 악화되었을 가능성을 시사하고 있다.

다음으로 한국전쟁 전후기의 도시별 생계비 추이를 비교해 보려고 하였으나 자료상의 한계로 비교 · 분석은 어려운 실정이다. 다만 한국전쟁기간 동안 부산 노동자 가계의 생계비 실상을 통하여 이 시기 부산 노동자의 상태를 어느 정도 짐작할 수 있다. 〈표 4-11〉의 자료 역시 표본수가 적기 때문에 통계적 신뢰도는 낮은 것을 전제로 하여 몇 가지 특징을 발견할 수 있다.

첫째, 봉급생활자의 생계비 규모가 노무자보다 크다. 1953년의 경우 노무자 가계의 수지총액이 1만 9,248환으로 봉급생활자 가계의 2만 5,005환에 비해 77.0%에 불과하다. 둘째, 가구주가 벌어들이는 소득이 가계의 총수입에서 차지하는 비중이 매우 작다는 점이다. 1953년의 경우 그 비중이 봉급생활지 34.0%, 노무자 48.3%에 불과하다. 가구수 1인의 소득만으로는 생계유지가 곤란하기 때문에 다른 가구원들도 어떤 형태로든 경제활동에 참가하여 가계를 보완해야 하였는데, 그것이 국제시장을 비롯한 각종 시장에서 상업활동의 증가로 나타났다. 셋째, 지출면에서 보면 1953년의 경우 실지출 중 음식물의 비중이 봉급생활자 47.7%, 노무자 54.7%로 상당히 높게 나타나고 있다는 점이다. 결국 한국전쟁기간 동안 부산의 노동자를 포함한 서민들은 구호물자와 군수물자에 생계의 일부를 맡기고, 일할 수 있는 모

표 4-11 한국전쟁기 부산 노동자 가계생계비 추이 월평균

(단위: 환)

구 분	봉급생활자			노무자		
	1951	1952	1953	1951	1952	1953
표본수	27	48	37	19	31	42
가구당 인원	4.82	4.76	4.92	4.80	4.70	5.02
총수입	7,010	12,710	25,005	5,550	10,970	19,248
실수입	4,970	8,510	16,675	3,590	7,370	13,409
가구주본수입	1,840	4,740	8,502	2,630	5,140	9,298
기타 수입	2,040	4,200	8,330	1,960	3,600	5,839
총지출	7,010	12,710	25,005	5,550	10,970	19,248
실지출	5,390	9,710	18,838	3,980	8,410	15,098
음식물	3,030	5,940	8,999	2,290	5,430	8,260
주거광열비	500	790	3,379	440	660	2,353
피복비	740	1,080	2,555	430	700	1,832
잡비	1,120	1,900	3,905	820	1,620	2,653
기타 지출	1,620	3,000	6,167	1,570	2,560	4,150

자료: 한국은행조사부(1955).

든 사람들이 갖가지 형태의 직업에 종사하여 낮은 수준의 생계를 유지하는 데 급급하였던 것이다.[23)]

마지막으로 한국전쟁으로 인한 부산의 주거환경 변화에 대해 간략하게 살펴보면 다음과 같다. 〈표 4-12〉는 1955년 현재 부산, 서울, 대구의 주거형태를 보여 준다.

또한 부산일보사가 발간한 『임시수도천일』에서는 1·4후퇴 당시 부산의 열악한 주거환경에 대해 기록하고 있다.

23) 부산상공회의소(1989), pp. 858~860.

표 4-12 1955년 주거종류별 가구, 가구원수 비교

(단위: 가구, 명, %)

구분	가구수	가구원수	가구수 비율	가구원수 비율
부산	189,900	1,045,183	100.0	100.0
자가	99,279	591,602	52.3	56.6
관사 또는 사택	5,612	44,434	3.0	4.2
차가	12,613	70,642	6.6	6.8
셋방	52,372	195,050	27.6	18.7
기타	20,024	143,455	10.5	13.7
서울	281,601	1,568,746	100.0	100.0
자가	128,063	806,260	45.5	51.4
관사 또는 사택	12,208	64,369	4.3	4.1
차가	43,195	238,971	15.3	15.2
셋방	88,124	359,093	31.3	22.9
기타	10,011	100,053	3.6	6.4
대구	85,079	487,252	100.0	100.0
자가	54,033	327,572	63.5	67.2
관사 또는 사택	2,730	14,983	3.2	3.1
차가	4,322	20,789	5.1	4.3
셋방	22,062	92,539	25.9	19.0
기타	1,932	31,369	2.3	6.4
전국	3,801,947	21,502,386	100.0	100.0
자가	3,023,940	17,444,699	79.5	81.1
관사 또는 사택	71,180	379,023	1.9	1.8
자가	223,613	1,031,566	5.9	4.8
셋방	408,723	1,576,177	10.8	7.3
기타	74,491	1,070,921	1.9	5.0

주: 1) 가구는 외국인 가구를 제외한 보통가구.
2) 가구원은 당해 가구의 인구.
3) 기타는 판자집, 천막 및 수용소 등.
자료: 한국은행(1955).

> “강제로 쫓겨난 피난민들은 뿔뿔이 헤어져 이리저리 방황하다가 산기슭이나 빈터에 가움막집 같은 것을 만들어 추위를 피했다. 처음에는 버젓한(?) 판자집도 짓기가 어려웠다. 돈도 없는데다 자재도 품귀상태라 주로 미군부대에서 나오는 소위 ‘볼박스’를 이용하여 볼품도 없이 집 형태를 만들었다.”[24)]

또한 1951년 2월 1일자 부산일보에 사회면 머리기사의 일부분을 인용하면 다음과 같다.

> “오늘의 부산은 곳곳이 다 초만원이다. 거리거리 골목 구석마다 사람의 물결이 넘치고 밥집, 다방, 요정까지도 들어설 틈이 없다. 여관에도 콩나물 박히듯 어느 집 구석방 할 것 없이 피난민들로 꽉 찼다. 심지어 다리 밑 산비탈 어디라고 할 것 없이 빈자리가 드물었다. 터질 듯한 부산은 주택난, 식수난, 식량난의 소동 속에 먼지와 쓰레기에 쌓여 있다.”[25)]

이처럼 몇 줄 안 되는 기사만 읽어도 1·4후퇴 당시 부산 사회가 얼마나 혼란에 빠져 있었던가를 짐작하고도 남음이 있다. 결국 개략적으로 살펴본 부산과 서울의 소매물가, 일고노동자 임금, 주거환경 비교와 부산의 한국전쟁기 노동자 생계비 실태분석 결과만으로도 1950년대 후반 부산의 1950년대 노동자 상태는 상대적으로 악화되었을 가능성을 시사해 준다.

24) 부산일보사(1985), p. 549.
25) 부산일보사(1985), p. 553.

Ⅳ. 맺음말

지금까지 한국전쟁 전후기 부산과 서울의 인구 및 노동자 상태변화를 비교 · 분석하였다. 그리하여 부산 인구의 급팽창이 부산경제의 위상, 경부성장축, 노동자 상태에 어떠한 영향을 미쳤는지를 알아보고자 하였다. 한국전쟁을 전후한 시기의 부산 인구변화와 노동자 상태변화에 나타난 특징에 대한 요약은 생략한다. 지금까지의 분석결과를 토대로 한국전쟁으로 인한 부산인구의 급증이 1950년대 경부성장축과 부산의 노동자 상태변화에 미친 영향에 대한 시사점을 요약하면 다음과 같다.

첫째, 한국전쟁 전후기 인구변화를 기준으로 볼 때 한국전쟁은 부산의 경제적 위상을 강화시키는 결정적 계기가 되었다. 그러나 한국전쟁으로 인한 부산의 경제적 위상 강화가 곧 한국전쟁기(1950~1953년)에도 경부성장축이 강화되었음을 의미하지는 않는다. 한국전쟁기 부산과 서울의 전국 대비 인구비중은 한국전쟁 직전인 1949년의 비중보다 낮다. 서울의 관점에서 보면 한국전쟁기는 서울의 경제적 위상이 추락한 비정상적 시기이며, 경부성장축의 단절의 시기로도 볼 수 있다.

둘째, 이 글에서 경부성장축 강화의 필요조건은 전국 대비 부산 인구와 서울 인구의 비중이 모두 비교시점보다 높아야 한다는 것이고, 충분조건은 서울 인구 대비 부산 인구의 비중이 비교시점보다 높아야 한다는 것이었다. 본 연구의 이러한 경부성장축 강화기준에 의하면 적어도 한국전쟁 이전인 1949년 수준으로 경부성장축의 회복은 1954년이고, 1950년대 중반 이후부터 한국전쟁 이전 수준을 넘어서는 지속적인 경부성장축 강화가 이루어지는 것으로 판단된다.

셋째, 한국전쟁이 적어도 외형적으로는 부산경제의 위상과 경부성장축

의 강화에 결정적인 기여를 하였음에도 불구하고, 그것이 곧 그 당시 부산 노동자 상태의 개선으로 이어지지는 않았다. 한국전쟁으로 인한 부산 인구의 급팽창은 전쟁 이전보다 낮은 경제활동 참가율, 높은 물가, 열악한 주거 환경, 그리고 서울 대비 높은 완전실업률, 저임금, 높은 생계비의 주된 원인이 되었다.

결국 한국전쟁은 부산 인구팽창에 결정적인 역할을 하였으며, 이로 인해 1950년대 서울 대비 부산경제의 위상 강화와 전후 경부성장축 강화에 긍정적인 영향을 미쳤다. 그러나 다른 한편으로는 이 시기 부산의 노동자 상태에 부정적인 영향도 미쳤다. 적어도 한국전쟁 전후기에는 외형적으로 부산경제의 위상과 경부성장축이 강화되었음에도 불구하고 부산의 노동자와 시민의 상태는 오히려 악화될 수 있었음을 시사해 준다.

그러나 본 연구의 결정적인 한계는 전국 대비 부산 인구비중 증가를 곧바로 부산의 경제적 위상 강화로 설명하고, 전국 대비 부산과 서울의 인구비중 증가를 경부성장축 강화의 필요조건으로 설명하였다는 점이다. 나아가 인구 이외의 경제적 변수들에 대한 충분한 검토가 이루어지지 못하였다. 또한 부산의 인구 및 노동자 상태변화에 초점을 맞추어 분석하느라 서울과 대구에 대한 체계적인 분석이 매우 부족하다.

참고문헌

경상남도, 『도세개람』 1952~1953, 1955~1958.

______, 『도세일람』, 1957~1959.

경제기획원 조사통계국, 『한국통계연감』, 1961~1963, 1970, 1975.

김대래, 『해방직후 부산 · 경남지역의 공업』, 효민, 2006.

김대래 · 김호범 · 장지용 · 정이근, 「일제강점기 부산지역 인구통계의 정비와 분석」, 『한국민족문화』 제26집, 부산대학교 한국민족문화연구소, 2005. 10.

김지태회장창업사십오년사편찬위원회, 『김지태회장창업사십오년사』, 1978.

김호범 외, 『20세기 부산지역 경제통계의 이해와 부산경제의 변동분석』, 부산광역시, 2004.

내무부 통계국, 『대한민국통계연감』, 1954, 1957, 1959, 1960.

박영구, 「지역 장기 제조업 통계의 작성방법과 추계: 부산, 1945-2000」, 『경제학연구』 제53집 제2호, 한국경제학회, 2005a.

______, 『부산의 제조업, 1900-2000(Ⅰ). 근대 부산의 제조업, 1900-1944: 통계와 발전』, 부산발전연구원, 2005b.

______, 『부산의 제조업, 1900-2000(Ⅱ). 현대 부산의 제조업, 1945-2000: 통계와 발전』, 부산발전연구원, 2005c.

배무기, 『노동경제학』, 경문사, 2000.

부산광역시 홈페이지(http://www.busan.go.kr/).

부산상공회의소, 『부산상의사』, 1982.

______, 『부산경제사』, 1989.

부산시, 『시세일람』, 1956, 1958, 1959, 1961.

______, 『통계연보』, 1962~1965.
부산일보사, 『임시수도천일』, 1985.
부산직할시사편찬위원회, 『부산시사』 제3권, 1991.
______, 『시사자료 Ⅱ』, 1995.
서울특별시, 『서울통계연보』, 1964.
이대근, 『해방 후－1950년대의 경제』, 삼성경제연구소, 2002.
조선은행조사부, 『조선경제연보』, 1948.
통계청, 『인구총조사』, 1944, 1949, 1955, 1960, Kosis. 192
한국은행조사부, 『경제연감』, 1955~1959.

CHAPTER 5

부산 금융의 위상과 특질

1960년 부산 중구 중앙동

CHAPTER 5

부산 금융의 위상과 특질

Ⅰ. 서론

한국은 이미 해방 이전에 근대적인 금융제도의 기본골격을 갖추고 있었다. 그런데 일제가 패망하여 갑작스럽게 물러가게 되자 금융기관들은 운영에 어려움과 시행착오를 겪게 되었다. 무엇보다도 일본경제와 급격하게 단절되자 더 이상 일본 자본시장에서 채권과 주식을 비롯한 유가증권을 발행할 수 없게 되고 단기차입금 도입도 불가능해졌다. 일제하의 국내 금융시장에서는 증권시장도 제대로 형성되어 있지 않았기 때문에 금융기관들은 자금경색에 직면하였다. 그 결과 해방 이후 금융기관의 운영은 주로 예금과 대출에 집중되지 않을 수 없었다. 따라서 이것은 해방 이후 한국 금융에 대한 이해가 금융기관의 예금 및 대출을 중심으로 한 분석이 되지 않을 수 없는 것임을 의미한다.

그런데 예대출의 두 계정을 사용하여 한국전쟁을 전후한 시기의 지역금융의 실태와 특징을 밝히는 것은 그리 간단한 작업이 아니다. 그것은 본서의 다른 저자들도 공통적으로 직면하게 되는 분석시기의 특수성과 자료의 미비점 때문이다. 첫째, 자료상의 제약이다. 당시에는 전쟁이나 분단과 같은 사회경제적 혼란 때문에 사회 각 부문의 통계를 자세히 조사할 여유가 많지 않았다. 심지어 통계자료를 발간한 기관조차 자신의 자료를 가지

고 있지 않은 경우도 있다.

둘째, 지역의 금융통계가 작성되었더라도 현재의 관점에서 분석에 필요한 항목이 자세히 조사되지 않았다는 점이다. 즉, 상위계정은 있지만 하위항목이 아예 없거나 있더라도 간헐적으로 발견되는 경우가 적지 않다. 예대출의 경우를 보면, 총액의 연도별 정비는 가능하지만 이 자금의 성격 파악에 필요한 종류별 · 은행별 · 용도별 내역은 몇 개 연도밖에 없다.

그러므로 여기에서는 예금과 대출의 총량지표를 이용하여 부산지역금융의 변동을 분석하기로 하되, 전국과 서울, 대구 등 주요 도시들의 금액과 비교하여 부산 금융의 특징을 파악하는 간접적 방법을 사용하기로 한다. 다만 여기에서 분석에 이용한 통계들은 현재의 예금은행(Deposit Money Banks)[1]에 해당하는 계정이다. 또한 이 통계에는 일제하에서 설립된 금융조합과 그 후신인 농업은행, 즉 현재 농협의 여수신 업무가 포함된다. 물론 은행 이외의 보험, 신탁, 우체국 등의 금융기관의 액수도 함께 포함하는 것이 전국 및 지역금융의 동태를 보다 정밀하게 반영하겠지만, 이들까지 포함한 지역별 시계열자료는 존재하지 않는다. 당시에는 증권시장이 제대로 발달하지 않아서 은행의 예대출이 금융기관의 영업면에서 가장 중요한 부분을 차지하고 있기 때문에 이들을 중심으로 분석해도 지역금융의 특징을 파악하는 데는 크게 무리가 없을 것이다.

1) 한국은행의 『경제통계연보』에 예금은행의 용어가 등장하는 것은 1971년판부터이다. 이에 관한 상세한 내용은 김호범 · 황규선(2006), p. 146을 참조.

Ⅱ. 금융체제의 정비

1. 일제하의 금융기관

먼저 금융기관의 동향을 중심으로 금융체제가 어떻게 정비되었는지 살펴보자. 한국에서 근대적 금융체제가 확립된 것은 일제하에서였다. 〈그림 5-1〉은 일제하의 금융기관을 요약한 것이다.[2] 일제하의 금융기관은 은행과 비은행 금융기관으로 구분되었는데, 은행에는 특수은행으로서 조선은행(朝鮮銀行: 1911년 설립)과 조선식산은행(朝鮮殖産銀行: 1918년 설립, 이하 식산은행)이 있었다. 조선은행은 식민지 중앙은행으로서 화폐발행뿐만 아니라 민간을 대상으로 대규모 상업금융을 영위하였고,[3] 농공은행(農工銀行)을 개편한 식산은행은 산미증식계획의 실시를 계기로 본격적으로 장기산업자금을 조달하였다.[4] 일제하에서 보통은행으로 불렸던 일반은행은 한국에 본점을 두고 있는 본점은행과 일본에서 진출한 지점은행으로 구분되었는데, 대체로 지역적 소규모 상업금융을 담당하였다. 그 밖에 서민저축기관으로서 1929년에 영업을 개시한 조선저축은행(朝鮮貯蓄銀行: 이하 저축은행)이 있었다.[5]

비은행금융기관으로서는 신탁회사, 무진회사, 조선간이생명보험, 보험

2) 鈴木武雄(1940), p. 363.
3) 조선은행이 설립되기 전 식민지 중앙은행의 역할을 담당한 것은 일본의 제일은행(第一銀行)이었다. 제일은행은 개항 2년 후인 1878년 6월 부산에 지점을 개설함으로써 일본의 은행 중에서 가장 먼저 한국에 진출하였는데, 제일은행권 발행을 계기로 강제병탄 전 사실상의 중앙은행으로서 위치를 굳혔다. 강제병탄 이후 제일은행은 한국에서 중앙은행으로서의 위치를 고수하기 위해 노력하였지만 일본 정부는 1909년 한국은행을 창립하였고 1911년에는 조선은행으로 개칭하였다.
4) 일제는 제1차 세계대전이 끝나는 시기를 전후하여 자본수출 및 식민지 개발의 필요성에 직면하게 되는데, 이를 위해 조선은행의 증자, 식산은행의 자금조달력 강화, 식산은행-금융조합의 연계강화, 동양척식주식회사의 증자 및 본점의 동경 이전 등 식민지 금융체제를 재편성 · 강화하였다.
5) 저축은행은 시중의 영세자금을 모으기 위해서 설립되었는데, 예금에 비해서 대출은 극히 일부에 지나지 않았다. 이 차액은 식산은행에 예입되었다. 따라서 저축은행은 식산은행 계열로 분류되었다.

그림 5-1 일제하의 금융기관

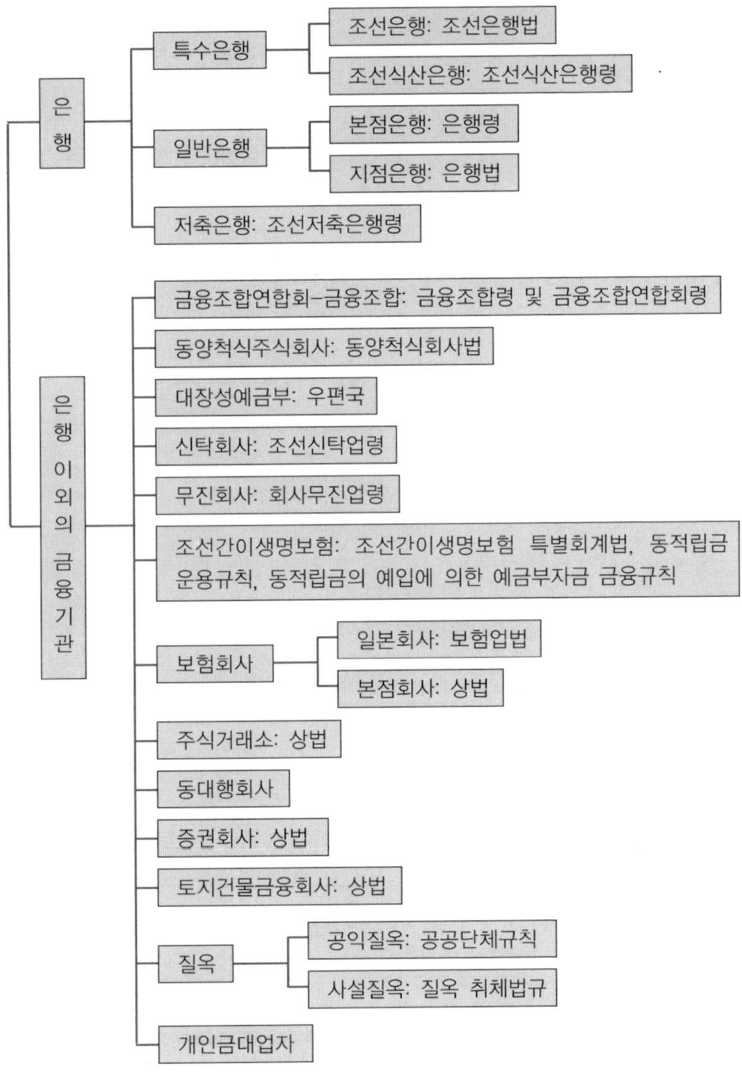

회사, 주식거래소 및 동대행회사, 증권회사, 토지건물금융회사, 전당포, 개인금대업자 등이 있었는데, 이 중에서 금융기관으로서 가장 중요한 위치를 차지한 것은 조선금융조합(朝鮮金融組合: 이하 금융조합)이었다. 금융조합은 사실상 식산은행의 산하기관이나 다름없었다. 금융조합은 식산은행이 일본 자본시장에서 식산채권을 발행하여 조성한 장기자금을 가져와 농촌에 살포하는 역할을 담당하였다.[6] 금융조합은 점차 조합원을 증원하고 조직력을 확대하면서 식민지 전시경제체제기에는 금융기관 중 수신분야에서 1위를 차지할 정도로 전시자금 동원에 막강한 영향력을 발휘하였다. 한편, 식민지기에 최대의 지주회사로서 군림한 동양척식주식회사(東洋拓植株式會社)는 주로 산하 소작농을 대상으로 금융업을 영위하였다.

2. 해방 후 금융기관의 정비

일제하에 조성된 금융체계의 기본 틀은 해방 직후에도 대체로 유지되었다. 식민지 중앙은행이었던 조선은행은 종전대로 명칭을 유지하면서 화폐발행 등 중앙은행 기능은 물론 일제시대에 민간을 상대로 하였던 여수신 업무도 그대로 수행하였고, 식산은행 역시 산업금융기관의 위치를 고수하였다. 농촌수탈에 적극 가담하였던 금융조합(연합회)은 사회적 지탄을 받고 위기에 처한 적이 있었지만 금융기관의 역할을 지속할 수 있었다. 일반은행으로서 일제 말 전시경제체제기의 철저한 금융통제하에 1943년까지 단 2개 은행으로 통합되면서 규모를 키웠던 조흥은행(朝興銀行)과 조선상업은행(朝鮮商業銀行), 그리고 서민저축기관이라던 저축은행도 영업체제를 유지할 수 있

6) 일제는 화폐정리사업의 여파로 전황(錢慌)이 발생하고 한국 상인이 대거 몰락하자 이를 수습한다는 차원에서 금융조합, 농공은행, 어음조합 등을 설립하였다. 금융조합은 1907년 5월 칙령 제33호 「지방금융조합규칙」에 의거 지방금융조합이란 명칭으로 설립되기 시작하였다. 일제는 금융경색으로 운영난에 빠진 한국의 상공업계, 특히 금융기관에 자금을 공급하는 과정에서 상층 부르주아를 흡수하면서 식민지적 금융기구를 창출하였다.

었다. 따라서 주로 자사소속 소작농을 대상으로 금융업을 하던 동양척식주식회사가 일본으로 물러간 것을 제외하면 모든 금융기관은 명맥을 유지하였다. 다만 일본 금융시장과의 단절로 인해 식산은행의 장기자금 조달력이 붕괴되었기 때문에 식산은행과 식산은행의 자금을 농촌에 살포하던 금융조합 간의 상하관계는 없어졌다.

해방을 맞이하여 한국의 금융계는 일제시대에 구축된 기본구도를 유지하면서도 나름대로 구조조정과 제도정비에 착수하였다. 해방 직후부터 한국전쟁이 발발하는 때까지 금융체제 정비는 주로 일본계 은행(지점)의 흡수와 일반은행의 신설, 한국은행의 출범에 집중되었다. 먼저 일제가 물러가자 한국 내에 있던 일본계 은행들은 한국의 금융기관들에 흡수되었다. 금융조합과 금융조합연합회 및 모든 금융기관(조흥은행은 제외)의 지배주는 일본인 재산의 귀속에 따라 미군정청에 넘어갔고, 1948년 9월 이후에는 대한민국 정부에 이전되었다.[7)]

해방 직후에는 비은행금융기관인 무진회사와 신탁회사가 은행으로 개편되었다. 이 두 종류의 금융회사는 1945년 말부터 저축은행과 함께 일반은행 업무를 취급하기 시작하였는데, 조선무진주식회사(朝鮮無盡株式會社)는 1946년 4월 1일자로 조선상호은행(朝鮮相互銀行)으로, 조선신탁주식회사(朝鮮信託株式會社)는 1946년 10월 29일에 조선신탁은행(朝鮮信託銀行)으로 개편되었다. 이 두 은행에는 중소기업금융기관의 역할이 부여되었는데, 이리하여 해방 후에는 일제하에서부터 명맥을 유지한 조흥 · 상업 · 저축은행과 더불어 5개 일반은행이 존재하게 되었다. 그러나 은행의 신설은 일본계 은행 지점의 흡수와 38선에 의한 영업지역의 축소에 직면해 있던 은행계에 점포과다를 초래하였다. 이에 대해 미군정청은 1947년 7월 1일 일반은행

7) 이와 같이 해방 후 정부가 일단 금융기관 주식의 대부분을 보유한 것은 불가피한 과정이었다 할 수 있다. 그러나 이러한 조치는 그 후 금융정책에 대한 정치적 압력과 관권개입을 초래하여 금융기관의 건전한 영업행위를 크게 방해하는 요인이 되었다. 박원표(1969), pp. 28~29.

그림 5-2 해방 후 금융기관

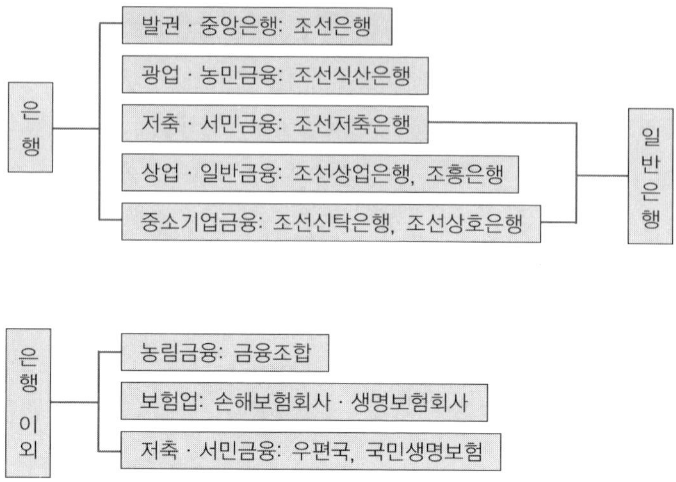

점포의 25%를 폐쇄시켰다.[8)]

1947년 7월 15일에는 미군정청 법령 제145호(1947년 6월 16일 공포)에 의하여 조선환금은행(朝鮮換金銀行: The Korean Foreign Exchange Bank, 총재-스미스 소령)이 설립되었다. 환금은행은 정부가 전액 출자하여 설립한 미군정청 직속의 직할기관으로서 외환 및 무역금융 취급이 설립목적이었다.[9)] 이리하여 한국 정부가 수립된 1948년경까지 정비된 금융기관을 기능별로 분류하면 〈그림 5-2〉와 같다(조선환금은행은 1950년 한국은행에 흡수되었기 때문에 그림에서 제외).

정부수립 후에는 국호에 맞추어 일반은행들의 명칭이 다시 변경되었다. 조선상업은행은 1950년 4월 24일 한국상업은행(韓國商業銀行)으로, 조선

8) 박원표(1969), p. 28; 대한금융단(1967), p. 83.
9) 대한금융단(1967), pp. 83, 88; 경남은행(1980), p. 55.

신탁은행은 1950년 4월 25일자로 한국신탁은행(韓國信託銀行)으로, 조선저축은행은 1950년 5월 20일에 한국저축은행(韓國貯蓄銀行)으로 바뀌었으며, 조선상호은행은 1950년 5월 17일에 상호은행으로, 그리고 동년 6월 6일에 다시 한국상공은행(韓國商工銀行)으로 개칭되었다.

한국전쟁이 발발하기 직전인 1950년 6월 12일에는 조선은행이 한국은행(韓國銀行)으로 재창립됨으로써 중앙은행으로서의 위치를 확고히 하였다. 이 조치는 본격적인 제도정비의 틀을 갖춤으로써 해방 후의 경제적 혼란을 수습하고 금융발전의 토대를 마련하고자 한 것이었다. 한국은행의 출범은 일제하의 민간 상대 여수신 업무 등 비정상적 업무를 폐쇄하여 중앙은행으로서의 위상을 갖추고 국제적 기준에 상응하는 통화금융제도의 수립에 필요한 기초작업을 마련한다는 의의를 띠고 있었다. 은행 창립과 더불어 통화금융정책을 최종적으로 결정하는 '금융통화위원회'와 일반은행에 대해 감독업무를 담당하는 '은행감독부'가 설립되었고, 일제하의 엔본위제에서 완전히 탈피한 독립적 통화권이 구축되고 이를 기초로 하는 관리통화제도도 정착되었다.[10] 체제정비와 함께 한국은행은 외환 및 무역금융을 담당하던 조선환금은행도 흡수하였다. 한국은행이 환금은행을 흡수한 것은 해방 직후에는 무역형태가 실물거래에 기초한 바터무역으로서 외환거래가 그다지 없을 뿐 아니라 환금은행은 설립 후에도 등기수속과 법인설립 절차를 제대로 진행하지 않았기 때문이다.[11]

3. 한국전쟁 이후의 재정비

한국은행의 재창립을 비롯하여 해방 직후 나름대로 체제를 정비하던 금융

10) 부산은행(1997), p. 102.
11) 이에 대한 자세한 내용은 김정렴(1991), p. 31; 조선은행(1949), pp. I-138~139; 김호범(1998), pp. 334~335; 한국은행(2000), p. 52.

계는 전쟁발발로 인하여 본격적인 금융정상화를 위한 기반정비를 휴전 이후로 미루지 않을 수 없었다. 즉, 한국은행이 창립된 지 며칠 지나지 않아서 전쟁이 터지는 바람에 금융계와 정책당국은 전시자금 조달과 인플레이션 억제 등 전시체제를 뒷받침하는 비상체제에 돌입하지 않을 수 없었던 것이다.

급작스런 전쟁의 발발로 전쟁 초기에 한국은행 한 곳을 제외한 나머지 은행들은 본점조차 부산으로 옮기지 못할 정도로 큰 타격을 입었다. 그렇지만 1953년 7월 27일에 휴전이 되자 정부는 금융정상화를 위한 제도정비에 본격적으로 착수하였다. 그 첫 번째 조치가 1954년 8월 15일의 「은행법」 공포였다. 은행법을 공포한 것은 일반은행을 대상으로 하는 은행법이 여전히 일제하의 법령에 근거하고 있었기 때문이다. 물론 은행법은 이미 1950년 5월 5일 「한국은행법」과 동시에 법률 제139호로서 제정되어 있었다. 하지만 귀속주 처리와 자산재평가 문제 등 미해결 과제가 남아 있었고, 은행법 또한 제정된 지 얼마 지나지 않아 전쟁이 발발하였기 때문에 시행이 지연되고 있었다.[12] 따라서 전쟁이 끝난 다음 해인 1954년에 이르러 중앙은행의 금융정책이 자율적 기능을 발휘할 수 있도록 은행법이 실시되게 되었던 것이다. 은행법은 일반은행의 인가와 규제에 대해 보다 폭넓은 권한을 금융통화위원회에 부여하고 정부의 일반은행에 대한 직접적 통제의 완화를 목표로 하고 있었다는 점에서[13] 전시금융체제의 마감과 본격적인 금융정상화의 출발점이라는 의미를 지니고 있었다.

통화금융제도상의 변화와 함께 금융기관도 재차 정비되었다. 그 중 가장 중요한 것이 1954년 4월 1일 산업에 대해 중장기 대출을 목적으로 하는 한국산업은행(韓國産業銀行: 이하 산업은행)의 설립이다. 산업은행의 전신인 식산은행은 일제하에서 주로 일본 자본시장으로부터 식산채권의 발행을 통해서 장기자금을 공급받았지만, 해방 이후부터 한국전쟁기간 동안에 다

12) 한국산업은행(1955), pp. 415~416.
13) 대한금융단(1967), pp. 148~149.

른 은행과 마찬가지로 단기금융에 치중하여 상업은행화되어 버렸기 때문에 장기자금 공급체제의 수립이 매우 시급한 과제였다. 산업은행은 식산은행의 자산 및 부채, 기구 중의 일부를 이양받아서 설립되었는데, 산업자금을 조달하기 위하여 '텀론'을 전문적으로 취급하도록 되었다.[14] 그렇지만 산업은행은 높은 인플레이션과 극히 한정된 민간저축, 이자율 상한 등의 여러 가지 문제점 때문에 일반대중에 장기채권을 판매하지 못하고 자금의 상당 부분을 한국은행에 의존하였다. 뿐만 아니라 산업은행은 사실상 재무부의 통제를 받았다. 그 후 설립된 특수은행들도 대부분 중앙은행의 통제를 받지 않고 특별법에 의해 재무부의 감독을 받았다.

휴전 이후에는 일반은행에 대한 구조조정도 단행되었다. 1954년 10월 1일에는 한국신탁은행이 한국상공은행을 흡수·합병하고 상호를 한국흥업은행(韓國興業銀行)으로 변경하였다.[15] 1955년에는 금융기관의 부실영업을 막기 위해 대대적인 지점폐쇄가 단행되었다.[16] 1956년 5월 1일에는 한국금융조합과 동연합회의 금융업무를 인수하여 은행법에 의한 일반은행으로서 농업은행(農業銀行)이 설립되었다.[17] 설립취지는 금융조합연합회의 금융활동과 판매활동을 분리시킨다는 것이었다. 하지만 농업은행도 정부와 중앙은행으로부터의 자금공급에 거의 전적으로 의존하였다.[18]

1957년부터는 은행의 민영화가 본격적으로 추진되었다. 1954년 8월의 은행법 제정으로 1954년 11월부터 정부는 미군정으로부터 이양된 일반은행의 보유주식을 불하히기 시작하였는데(조흥은행은 여기에서 제외),[19] 10월

14) 대한금융단(1967), p. 152. 단기대출은 만기에 일시에 상환해야 하지만, 텀론은 만기 1년 이상의 장기대출로서 일정 기간 거친 후 균등분할되는 특징을 가지고 있었다. 단, 차입자는 장기자금을 확보할 수 있는 이점이 있지만 대출조건이 까다로웠다.

15) 한국은행(2000), p. 100.

16) 부산은행(1977), p. 103.

17) 한국은행(2000), p. 114.

18) 부산은행(1977), p. 103.

19) 1948년 현재 금융기관 주식 중 귀속주식의 비율은 평균 69.5%였다. 조선식산은행, 조선은행, 상호은행의 비율이 매우 높았고, 조흥은행, 상업은행, 신탁은행 등은 상대적으로 낮았다. 부산은행(1977), pp. 103~104.

에는「은행귀속주불하요강」이 결정 · 공포되었다. 그렇지만 은행주식의 민간불하는 원만히 진행되지 않아 7차례에 걸친 유찰을 거듭하다가 1957년 2월에 일단 완료되었다. 그런데 이러한 은행의 민영화조치는 소수 재벌이 금융기관을 장악함으로써 재벌이 대출의 대부분을 차지하는 부작용을 낳기도 하였다.[20)]

1958년 4월 1일부터는 은행민영화와 함께 한국은행 은행감독부의 지시에 의하여 금융계의 자산재평가가 실시되었다. 이것은 첫째, 은행자산의 장부가격과 실질가격의 격차를 시정하고 재평가 차액인 자산재평가적립금을 자본금에 전입시켜 운용자산의 건전화와 자본금의 충실화를 달성하기 위한 것이었다. 둘째, 1956년 3월 증권거래소가 개장되었는데, 주식시장을 통한 자본확대를 위해서 은행에 대한 정확한 자산재평가가 필요하였기 때문이었다.[21)] 이와 같이 해방 후 시도된 금융제도 및 금융기관의 체제정비는 전쟁으로 인하여 중단되었다가 1950년대 후반에 이르러 일단 마무리되었다고 하겠다.

한편, 휴전 후 재건기인 1953년 8월부터 1956년 말까지 금융정책은 주로「경제재건과 재정안정계획에 관한 한미 간의 합동경제위원회 협약」에 따라 실시되었다. 즉, 1955년 8월 15일에는 달러당 환율을 180환에서 500환으로 인상하는 공정환율 단일화정책을 실시하였고, 재정 및 금융긴축도 시도되었다. 또한 휴전과 더불어 대규모의 대한원조가 본격적으로 전개되어 전재복구사업이 거의 완수됨에 따라 악성인플레이션이 점차 완화되어 1957년부터는 휴전 후 처음으로 안정기조가 나타나기 시작하였다. 그 결과 1957년부터 1960년 3월에 이르는 안정모색기간 중에는 원조를 바탕으로 통

20) 조흥은행과 흥업은행은 삼성이 각각 총주식의 55%, 83%를 차지하였고, 상업은행은 대한제분이, 저축은행은 삼호재벌이 최대주주가 되었다. 삼성은 흥업은행 신탁부가 가지고 있던 상업은행 주식 33%를 포함하여 4개 시중은행 총주식의 거의 절반을 차지하고 있었다. 소유구조상 소수 재벌 중심의 은행민영화가 달성된 것이었다. 민영화된 은행주식은 5 · 16 이후에 재차 정부소유로 환원되었다. 부산은행(1977), p. 105.

21) 부산은행(1977), p. 106.

화가치가 상당히 안정되어 농업생산 및 산업구조면에서 비교적 착실한 발전이 이룩되었다[22]고 한다.

Ⅲ. 예금의 동향

1. 전체적 추이

앞 절에서는 해방 이후 금융체제의 정비과정을 금융기관의 동향을 중심으로 살펴보았다. 이제부터는 금융기관을 중심으로 한 금융체제의 변동이 예금과 대출에 구체적으로 어떻게 반영되었는가, 특히 부산 금융의 실태가 어떻게 변화하고 있었는가를 예금과 대출을 통해서 파악해 보기로 한다. 이를 위해서 먼저 전국 및 주요 도시의 동향을 살펴보고, 다음에 부산지역의 금융을 분석하기로 한다.

먼저, 주요 도시와 전국의 예금액을 나타내는 〈표 5-1〉을 보자. 단, 여기서의 '전국'은 각 도시의 합계액이 아니라 우리나라 전 지역의 합계액을 나타낸다. 〈표 5-1〉에서 1950년 이후 전국 합계액에 한국은행분이 포함되지 않은 것은 조선은행이 1950년 6월에 한국은행으로 개편되면서 중앙은행 업무만 담당하도록 되었기 때문이다.[23] 이 계수에는 사실상 은행이나 다름없는 금융조합(1956년 이후에는 농업은행)분이 포함되어 있다. 또한 산업은행은 일제하의 식산은행 시절부터 한국은행처럼 일반민간을 상대로 여수신 업무를 담당하였는데, 1954년 산업은행으로 재출범한 이후에는 이 통

22) 박원표(1969), p. 41.
23) 1950년 5월 5일 법률 제138호 「한국은행법」에 의하면 한국은행은 금융기관을 대상으로 예금을 수신하고 여신업무를 할 수 있도록 규정되었다. 한국산업은행(1955), pp. 905~915의 「한국은행법」 참조.

표 5-1 전국 주요 도시의 예금(경상가격)

(단위: 백만 환)

연도	전국	부산	서울	인천	대구	대전	목포	광주	전주	청주	춘천
1945	28	3	16	1	1	0	0	1	–	…	
1946	103	9	56	2	6	3	1	3	–	…	
1947	205	17	113	3	14	6	3	7	–	…	
1948	421	21	175	6	15	6	3	10	–	…	
1949	599	42	280	12	30	13	7	13	13	–	
1950	676	154	130	6	37	14	8	14	26	–	
1951	2,482	975	326	44	229	77	45	75	65	27	
1952	5,942	2,713	423	178	592	171	63	132	144	98	
1953	10,550	2,595	4,385	263	821	307	113	282	253	144	
1954	26,178	4,927	10,042	717	1,791	541	249	514	359	335	
1955	46,238	7,960	18,958	857	3,044	1,018	317	955	509	717	409
1956	74,943	10,863	35,064	1,155	4,498	1,633	531	1,498	951	1,100	593
1957	80,805	11,485	41,977	1,418	4,850	1,427	697	1,437	661	750	536
1958	115,266	16,836	60,247	2,373	7,834	2,124	811	1,994	1,007	981	603
1959	136,955	15,925	75,477	2,515	7,982	2,431	1,060	2,287	1,299	1,480	688
1960	170,936	19,274	95,647	2,733	8,816	2,925	1,255	2,628	1,589	1,644	1,261

주: 1) 0: 단위 미만, -: 해당 숫자 없음, …: 해당 숫자 불상, 빈칸: 통계자료에 없음.
2) 1945년 이후: 전 은행 및 금융조합 합계액.
3) 1950년 이후: 전국은 한국은행을 제외한 전 은행과 금융조합분 합계액.
4) 1954년 이후: 한국산업은행분이 제외됨.

자료: 경제기획원(1962), p. 280; 경제기획원(1963), p. 321; 공보처 통계국(1953), pp. 173~174; 내무부 통계국(1955), pp. 94~95, 172~173; 내무부 통계국(1958), pp. 178~179; 내무부 통계국(1959), pp. 167~169; 조선은행(1948), p. III-93; 조선은행(1949), p. IV-102; 한국은행(1960), p. 67; 한국은행(1961), p. 79.

계에서 제외된다는 사실에 유의해야 한다. 따라서 〈표 5-1〉의 예금액이나 뒤에 나오는 〈표 5-4〉의 대출통계는 사실상 오늘날의 예금은행분에 해당하는 것이라 생각하면 된다.

경상가격기준으로 1945년 이후 1960년까지 전국 예금액은 500만 환에

표 5-2 전국의 주요 도시 예금(불변가격)

(단위: 억 원)

연도	전국	부산	서울	인천	대구	대전	목포	광주	전주	청주	춘천
1945	12,708	1,239	7,199	451	451			451	–	…	
1946	4,673	400	2,508	90	271	136	45	136	–	…	
1947	5,329	429	2,929	78	364	156	78	182	–	…	
1948	6,716	339	2,786	96	239	96	48	159	–	…	
1949	6,984	490	3,264	140	350	152	82	152	152	…	
1950	4,338	988	834	39	237	90	51	90	167	…	
1951	2,944	1,157	387	52	272	91	53	89	77	32	
1952	3,248	1,482	231	97	324	93	34	72	79	54	
1953	4,604	1,132	1,914	115	358	134	49	123	110	63	
1954	8,702	1,638	3,338	238	595	180	83	171	119	111	
1955	9,317	1,604	3,820	173	613	205	64	192	103	144	82
1956	11,230	1,628	5,254	173	674	245	80	224	143	165	89
1957	9,993	1,420	5,191	175	600	176	86	178	82	93	66
1958	14,477	2,114	7,567	298	984	267	102	250	126	123	76
1959	16,821	1,956	9,270	309	980	299	130	281	160	182	84
1960	18,878	2,129	10,563	302	974	323	139	290	175	182	139

주: 원은 일제하의 단위가 아닌 1962년 화폐개혁 이후의 단위임.
자료: 〈표 5-1〉과 동일.

서 1,709억 3,600만 환으로 6,105배로 증가하였고, 서울은 5,978배, 부산 6,425배, 대구 8,816배로 엄청나게 증가하였다.[24] 이러한 예금의 급증은 당시에 이루어진 대량의 화폐증발과 물자부족으로 촉발된 초인플레이션이란 요인을 고려하고 있지 않기 때문에 예금의 실질적 증가추이를 전혀 반영하지 못한다. 그래서 예금동향을 불변가격으로 환산해 보면 〈표 5-1〉의 경상

24) 경상가격으로 화폐단위를 환(圜)으로 나타낸 것은 1950년대의 화폐단위가 환이었기 때문이다. 통계집에는 1940년대 말까지는 원(圓: 일제하의 화폐단위)으로 나타나지만, 1950년대 통계집에는 1940년대 말까지도 환으로 환산하여 표시하고 있다. 환으로의 화폐개혁은 1953년 초에 이루어졌다.

그림 5-3 해방 후 예금의 추이(불변가격)

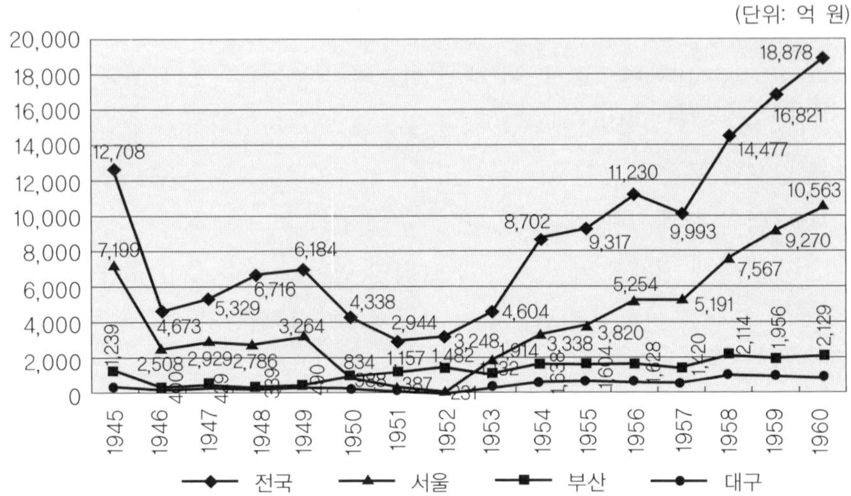

가격기준 통계값과 전혀 다른 양상을 보이고 있음을 알 수 있다. 〈표 5-2〉와 〈그림 5-3〉은 경상가격으로 표시된 〈표 5-1〉의 예금을 한국은행의 GDP 디플레이터를 이용하여 불변가격으로 변환하여 나타낸 것이다.[25)]

경상가격면에서 예금이 일방적으로 급증해 간 것과는 달리, 불변가격으로 환산해 보면 전국의 실질예금액은 1945년 말을 기준으로 1946년에 약 37% 수준으로 급감하였다. 이 같은 금융의 급격한 수축은 일본경제와의 단절로 생산과 소비 등 경제활동이 극도로 위축되었기 때문이다. 즉, 일본 금융시장과 단절된 것은 물론 소비수요의 폭발과 막대한 통화증발로 초인플

25) 한국은행에서 1945년 이후의 GDP디플레이터와 1910년 이후의 생산자물가지수를 입수할 수 있었다. 이 두 지수를 이용하여 불변가격을 산출해 보면, 그 추세가 거의 일치하는 것을 알 수 있다. 따라서 여기서는 GDP디플레이터를 기초로 산출한 불변액을 이용하여 추세를 파악해 가기로 한다.

레이션이 초래되어 국내의 자금조달원인 저축성예금이 격심하게 감소하였던 것이다. 더욱이 한국전쟁이 한창이던 1951년에는 1/4 수준에도 미치지 못하는 최저치인 23.1%로 급락하였다. 이후 전국 예금이 1945년의 수준을 회복한 것은 1958년으로서, 이 해에 이르러서야 1945년보다 조금 높게 되었다. 서울 또한 1958년에야 1945년 수준을 회복하였다. 대구는 1954년에 1945년보다 높은 예금액을 기록하였다. 그 밖에 인천과 광주는 1960년에도 1945년의 수준에 크게 미달하였다.

이에 비해 전쟁을 계기로 가장 극적인 변화를 보여 주는 곳은 단연 부산이다. 부산은 이미 1951년부터 1953년 동안에 1945년의 수준에 근접하고 있으며, 종전 이후 전국 예금에서 차지하는 비중이 점차 감소하던 1950년대에도 1945년의 예금액을 크게 상회하였다. 또한 부산은 1960년에 1945년의 1.7배에 달하였는데, 부산의 예금이 이같이 급증한 것은 전쟁을 계기로 부산경제의 중요성이 획기적으로 증대되었기 때문이다.

그렇지만 전쟁기와 한두 해만을 제외하면 예금증가율은 서울이 높았다. 이것은 전후의 경제부흥과 더불어 금융의 서울 집중현상이 재차 진행되기 시작하였음을 뜻하는 것이기도 하였다.[26] 경제재건 과정에서 서울의 비중이 회복되었기 때문에 전쟁을 계기로 극적으로 높아졌던 부산 예금의 비중이 하락하는 것은 당연한 결과였다. 그러나 부산 예금의 비중은 하락추세 속에서도 1960년까지 여전히 일제시대 또는 한국전쟁 직전 연도인 1949년보다 높은 수준을 유지하였다.[27] 〈그림 5-4〉는 대구도 한국전쟁을 계기로 전국에서 차지하는 예금의 비중이 크게 높아졌음을 보여 주고 있다. 이러한 사실들은 한국전쟁을 계기로 경부축이 강화되었으며, 그 결과 부산과 대구의 경제적 위상이 금융면에서도 높아졌음을 의미한다 하겠다.

26) 일제시대에도 금융면에서 서울의 비중증가가 상당히 진행된 것으로 나타난다.
27) 부산 예금의 비중은 대체로 1990년대에 접어들면서 해방 후~1949년의 수준으로 떨어진다. 그러나 이 수치는 일제하의 비중보다도 여전히 높은 수준이다.

그림 5-4 예금에서 차지하는 주요 도시의 비중

(단위: %)

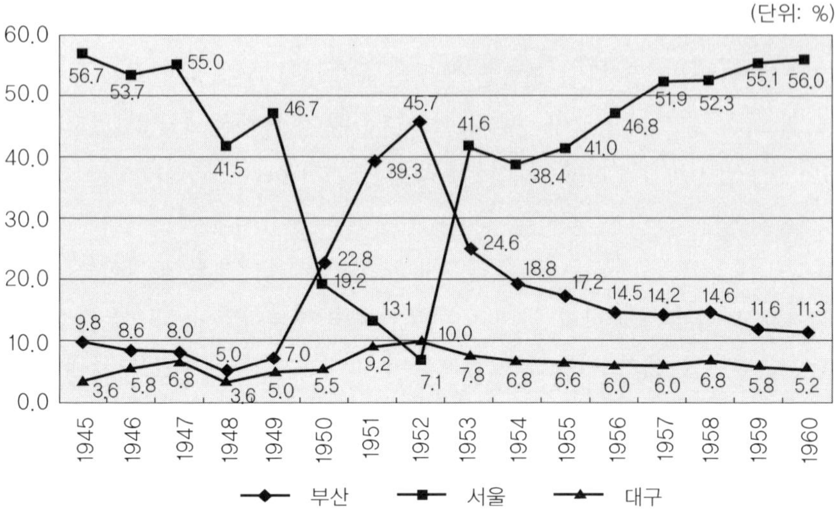

2. 부산의 동향

(1) 1945~1950년

해방 직후 부산에는 조선은행, 식산은행, 조흥은행, 조선상업은행, 조선저축은행의 각 부산지점과 이들 지점 6개 점포, 조선금융조합연합회 산하 경남지부 등 5개 금융조합, 조선상호은행 부산지점,[28] 조선신탁회사 지점, 일본 데이고쿠은행(帝國銀行), 야스다은행(安田銀行)의 지점 등 21개 점포가 있었다.[29] 이 중에서 조선은행 부산지점은 해방에 따른 금융기관의 재편과정

28) 조선상호은행 부산지점은 조선중앙무진주식회사(朝鮮中央無盡株式會社) 부산지점이 1946년 7월에 개칭된 것인데, 1950년 6월 13일에는 한국상공은행 부산지점에서 다시 한국조흥은행 부산남지점으로 합병되었다. 박원표(1969), p. 32.

29) 부산시사편찬위원회(1989), p. 1156.

에서 관할권이 변경되거나 여러 은행의 지점을 접수하는 우여곡절을 겪었다. 즉, 조선은행이 1945년 9월 30일부터 미군정의 관리하에 들어가게 됨에 따라 부산지점도 미군정의 관할에 들어가게 되었다. 미군정에 접수된 조선은행의 부산지점은 다시 조흥은행 부산지점(10월 30일), 무진회사 부산지점(11월 2일), 일본 데이고쿠은행과 야스다은행 부산지점(11월 8일), 조선저축은행 부산지점(11월 24일), 조선금융조합 경남지부(11월 25일)를 각각 접수하였던 것이다.[30]

부산 소재 은행들은 해방 직후에 식민지 금융체제가 붕괴하는 과정에서 불가피하게 발생하는 문제에 적극적으로 대응하였다. 그 중 가장 먼저 당면하였던 문제가 귀환하는 동포들이 소지한 일본은행권을 국내화폐로 교환해 주는 일이었다. 당시 부산은 귀환동포들의 귀국통로였기 때문에 이 일이 부산의 금융기관이 해결해야 할 가장 중요한 당면과제로 등장하였다. 교환업무는 조선은행 부산지점의 주관하에 부산 시내 각 은행 지점들이 이에 협력하는 형태를 취하였다. 부산에서의 교환은 1945년 10월 14일에 부두에서 시작되었는데 11월 21일부터는 조선은행 부산지점에서만 취급하였고 1946년 3월 10일에 종결되었다. 38이남 전역에서의 일본은행권 회수는 부산에서의 교환이 거의 종료되는 시점인 1946년 3월 6일부터 3월 16일 사이에 진행되었다. 이 문제는 1946년 4월 16일 일본에서 직접 교환하게 됨으로써 완전히 종료되었다. 그 동안 부산 부두와 구호연합회에서 취급한 교환금액은 7억 2,966만 7,000원, 인원은 약 80만 명이었고(원은 1953년 화폐개혁 이전의 단위), 1946년 3월 16일 현재 부산시내 각 금융기관에 동결된 일본은행권 총액은 무려 8,792억 5,111만 3,000원이었다.[31]

30) 부산은행(1977), p. 25. 미군정이 들어서면서 일본인의 수중에 있던 전기 · 통신시설을 비롯하여 주택, 식량, 석탄, 광공업 등 중요 시설 및 업체를 미군이 직접 장악하였다. 이 무렵 부산에서는 일본인이 소유하였던 동광동의 회사, 은행, 저택, 신창동의 양조장, 부평동의 시장, 대교동의 창고, 충무동의 어시장, 보수동의 저택, 영도의 상공업체, 서면 · 적기 · 대연동 일대의 공업지대가 한국인의 수중에 들어오게 되었다. 부산상공회의소(1982), p. 321.

31) 박원표(1969), pp. 29~30; 부산시사편찬위원회(1989), p. 1156.

다음으로 해방기 부산 예금의 동향에 대해서 보다 구체적으로 살펴보자. 중일전쟁이 발발한 1937년부터 1944년의 기간 동안 부산의 예금이 전국에서 차지하는 비중은 5.5~7.0%였지만, 해방된 지 겨우 3, 4개월 후인 1945년 말에는 9.8%로 크게 증가하였다. 해방 당시 부산 인구는 약 30만 명으로서 이 가운데 일본인은 6만 명으로 전체 인구의 20%를 차지하고 있었고, 관리 1,430명도 일본인이 대부분으로 한국인은 불과 10%에도 미치지 못하는 130여 명에 지나지 않았다.

그런데 상대적으로 소득수준이 높은 일본인들의 귀환과 다른 지역보다 지리적으로 밀접한 관련을 맺고 있던 일본경제와의 단절에도 불구하고 해방 직후에 부산의 예금비중이 증가하였던 것은, 앞에서 언급하였듯이 부산이 귀환동포들의 귀국통로였던 것과 밀접한 관계가 있었던 것 같다. 즉, 1945년 12월 현재 귀환한 14만 5,705명의 동포 중에서 69%에 해당하는 10만 465명의 압도적 다수가 부산을 통해 입국하였는데, 이 중에서도 62.4%(6만 2,717명)가 남동부지역인 경상남북도로 돌아갔다.[32] 그리고 1946년 말까지 귀환자 268만 3,478명 중에서 47만 명 이상(17.6%)이 경남에 잔류하였다.[33] 당시에 행정구역상 경남에 속하였던 부산의 인구가 1945년 28만여 명에서 1949년에는 무려 47만여 명으로 엄청나게 증가하였는데, 이 같은 인구증가가 부산 예금의 비중을 일시에 높인 주요인이었을 것이다.

그런데 해방 직후에는 일본인들이 돌아간 자리를 귀환동포들이 메워주는 그 이상의 인구증가에 힘입어 전국에서 차지하는 예금의 비중이 증가하였지만, 앞의 〈그림 5-4〉를 보면 알 수 있듯이, 그 이후(1945년 말 이후) 1949년까지 부산의 비중은 미세하게 감소추세에 있었다. 그 이유는 인구증가효과를 상쇄할 정도로 부산경제가 다른 지역보다 더 크게 타격을 입었기 때문이었다.

32) 최영호(1995), p. 127.
33) 배석만(1999), p. 276.

여러 자료에 따르면 해방 이후 부산의 생산은 실제로 타지역보다 크게 위축되었고 경제적 혼란도 심하였던 것으로 보인다. 부산은 옛날부터 일본과 지정학적으로 밀접한 관계에 놓여 있는 곳으로서 개항과 더불어 크게 성장 · 팽창한 도시였다. 따라서 패전으로 일본인과 일본 자본이 되돌아가게 되자 큰 혼란에 빠져들기 시작하였다. 먼저, 해방 직후 일본 재벌과 일본인들은 군수공장에 쌓아 두었던 전시통제물자를 방매하였고, 이 물건을 사들이기 위해서 전국에서 사람들이 몰려들어 극심한 경제적 혼란이 발생하였다. 현재의 국제시장인 세칭 '돗데기시장'에서는 일본 군수물자, 공장재고품, 일본인 귀속재산 등 각종 물자가 비정상적인 가격으로 투매되었다고 한다. 이처럼 해방 직후 부산에는 일본인 공장(기업)들의 물자가 일시에 대량으로 방매되어 버림으로써 원료난이 심화된 데다가 자금난과 낮은 기술수준까지 겹쳐 공장가동이 크게 타격을 입었다. 반면에 일제 말의 전시경제체제하에서 극도로 억제되었던 소비는 급팽창하였는데, 생필품의 공급부족, 8 · 15 이후 귀환하는 일본인들을 위한 조선총독부의 통화남발 등이 가중되어 부산의 물가동향은 전국에서 가장 높은 급등세를 보였다.[34]

이와 같은 경제혼란은 예금 동향에도 나타나는 것으로 보인다. 즉, 부산 예금의 비중은 해방 직후인 1945년에는 증가하였지만, 1945년부터 1949년까지 부산 예금의 증가율은 전국 수준보다 낮았다. 즉, 경상가격기준으로 전국 예금은 2,800만 환에서 5억 9,900만 환으로 20.3배, 서울은 1,600만 환에서 2억 8,000만 환으로 16.6배, 대구는 100만 환에서 3,000만 환으로 29배가 증가하였다. 이에 비해 부산지역의 예금은 경상가격기준으로 1945년 약 300만 환에서 1949년 4,200만 환으로 14.3배가 증가하였다. 그 결과 불변가격기준으로 1945년 대비 1949년의 예금액은 전국 55.0%, 서울 45.3%, 대구 77.6%였던 데 비해 부산은 39.5%로서 사실상 가장 크게 감소하였던 것

34) 부산상공회의소(1982), pp. 320~321.

이다. 즉, 1945년 말 이후 부산지역의 실질예금이 전국이나 서울·대구 지역보다 더 많이 감소하였던 것은 생산부문을 비롯해서 경제적 혼란이 타지역에 비해 더 심하였기 때문이었다.

(2) 1950~1953년(한국전쟁기)

전쟁이 발발하면서 부산은 사실상의 수도로서 모든 경제정책 수행의 중심지가 되었다. 전쟁기간 동안 금융기관들이 당면한 과제는 전투지역을 피해 본점을 이전시키고 영업체제를 정비하는 일이었다. 전쟁이 발발하자 서울 소재 금융기관들과 금융계 인사들이 부산으로 이주하기 시작하였다. 최초로 부산은행집회소를 방문한 인사는 1950년 6월 28일 전 조선은행 이사이며 당시 외자청장이던 백두진이었고, 이날 오후부터 금융계 인사들이 속속 내부(來釜)하기 시작하였다. 그렇지만 개전 초기에 금융기관 본부를 완전히 부산으로 이전한 것은 한국은행 본부뿐이었다. 한국은행은 전선이 남하함에 따라 1950년 7월 16일 본점을 대구로 옮겼다가 8월 22일에는 부산으로 다시 이전하였다. 한국은행은 총재실을 부산은행집회소에 두었고, 임시본부는 부산지점에 설치하였으며, 대구에는 분실을 두었다. 이에 비해 식산은행은 한 사람의 중역도 서울을 탈출하지 못하여 이사 한 사람만 부산지점에 잔류하였고, 한국상업은행 본부도 부산지점장이 피난행원을 통솔하였을 뿐이었다. 이와 같이 본점을 온전히 부산으로 이전한 것은 한국은행 정도에 지나지 않았고, 나머지 은행들은 급박한 전황 때문에 부산으로 본부를 이전하지 못하였다. 그 후 인천상륙작전으로 전선이 북상하자 한국은행은 1950년 9월 25일에 인천지점의 영업을 재개하였으며, 10월 1일에 서울 본부를 개점하였다.[35)]

환도하였던 은행들이 다시 부산으로 본점을 옮기지 않을 수 없었던 것

35) 한국은행(1975), p. 98.

은 1·4후퇴 때였다. 그런데 1951년 1·4후퇴 당시에는 개전 초기와 달리 한국은행을 비롯하여 모든 은행들이 본부와 전 진용을 부산으로 이전하였다. 은행들은 주로 본부를 부산은행집회소 건물에 두었고 대구에 분실을 두었다.[36] 이리하여 1953년 8월 10일 한국은행을 위시하여 각 은행이 환도하기 직전까지 부산 시내에는 한국은행 부산지점을 비롯한 산업은행, 금융조합연합회, 조흥은행, 상업은행, 제일은행, 한일은행의 7개 모점과 13개 자점을 합하여 총 20개 점포가 있었다.

전쟁기간 중 정책당국이 직면한 가장 중요한 과제는 극심한 인플레이션의 수습, 전비조달, 그리고 통화제도의 혼란을 방지하는 일이었다. 1950년 한국전쟁이 발발하자 극심한 인플레이션이 조장되었는데, 전비조달을 위해 통화량이 급격하게 증가하였던 것이 가장 큰 원인이었다. 정부는 전쟁수행을 목적으로 '사변수습비상경비예산'을 편성하여 1950년 7월부터 10월까지 월별로 집행하였다. 그러나 전쟁으로 세입원이 상실된데다 전비조달이 당면과제였기 때문에 정부가 필요로 하는 재정자금은 거의 전부 한국은행의 발권에 의존하였다.[37]

두번째로는 일반민간예금의 '뇌취현상'이 야기된 것이 통화량 급증의 원인으로 작용하였다. 이에 따라 정부에서는 예금지불제한조치를 실시하였다.

셋째, 북한 통화의 유통이 경제를 혼란시켰을 뿐만 아니라 북한군이 서울의 한국은행 본점에서 약탈한 미발행현찰을 유통시킨 것도 통화량 증가와 물가급등의 원인으로 작용하였다. 전쟁이 발발하자 한국은행은 국방부장관과 참모총장의 협조를 얻어서 보유하고 있던 지금은 89상자(순금

36) 박원표(1969), p. 37. 1951년 1월 4일 한국은행이 부산은행집회소 건물을 전부 사용함에 따라 부산은행집회소는 동광동으로 임시사무소를 이전하였다가 1952년 8월 10일 한국은행 본부가 환도함에 따라 복귀하였다. 부산은행집회소(1960), pp. 4~5.

37) 1950년도 정부예산은 일곱 차례나 추경예산을 편성하였는데, 재정적자분은 전부 한국은행의 차입금에 의하여 충당되었다. 한국은행(1975), p. 99.

4,012kg, 은 9,425kg)를 트럭에 적재하여 6월 27일 오후 2시부터 극비리에 진해 해군통제부로 이송하였다.[38] 그러나 미처 이송하지 못한 순금 1,869kg과 은 119,776kg, 미발행 한국은행권 등은 본점 건물이 6월 28일 북한군에 점령됨에 따라 약탈되었고, 북한은 이를 경제교란을 위해서 유통시켰다.[39] 이에 대해 한국은행은 금융기관에 대한 비상시 자금대출과 더불어 1950년 8월 28일 대통령긴급명령 제10호로써 조선은행권을 한국은행권으로 교환하는 통화교환조치를 단행하였다.[40] 이러한 조치는 당시 부산에 있던 한국은행 부산 본부에 의해 1950년 9월 15일부터 23일까지 8일간에 걸쳐서 실시되었는데, 제1회 교환은 전란의 피해를 입지 않고 있던 워커라인 내 지역에서만 이루어졌다.

한편, 대한금융단은 급격한 인플레이션을 완화하고 전시자금을 조달하기 위해서 저축증강운동을 전개하였다. 정부는 재정금융긴축과 전력증강을 위한 주요 산업자금 조달의 필요성이 커지자 1952년 3월 말 국무회의에서 「국민저축운동추진요강」을 의결하고, 중앙 및 지방에 국민저축추진위원회를 설치하여 지역별 · 직장별 · 업종별 국민저축조합에 가입하도록 하였다. 그 밖에도 '어린이저금'이 실시되었고, 금융조합연합회가 중심이 된 '농촌부흥현물저축'이 강력히 추진되었다. 정부는 특히 농촌현물저축을 농사자금 대여와 결부시킴으로써 큰 성과를 거두었다고 한다.[41]

그러나 한국전쟁기에 금융기관의 주요 업무인 여수신 업무는 비상시란 특징 때문에 매우 제한적 · 비정상적으로 운영되었다. 예를 들어, 공식

38) 해군통제부에 임시 보관되던 지금은 등은 한국은행 총재의 입회하에 확인, 재포장되어 1950년 8월 1일 부산을 경유, 샌프란시스코로 보내졌다. 이 지금은 등은 미국 뉴욕연방준비은행에 기탁되었다가 1955년 한국이 IMF 및 IBRD에 가입할 때 금지분 출자로 충당되었다. 한국은행(1975), p. 98.
39) 한국은행(1975), pp. 97~98.
40) 박원표(1969), pp. 35~36.
41) 1954년 12월에는 정부조직법의 개정으로 국무총리제가 폐지됨에 따라 '국민저축추진위원회'는 사실상 해체되고 한국은행 저축계가 이 운동을 관장하였다. 박원표(1969), pp. 38, 40.

적인 금융기관의 기능은 주로 미군표와 미국 지폐를 취급하는 비정규화폐시장(사금융)에 의해 보완되었고, 한국은행은 한국과 미국 정부에 대한 대출 및 전도금을 충당하기 위해 계속해서 한국은행권을 증발하였다.[42] 그 결과 금융기관들은 통화증발과 생산급감에 따른 초인플레이션에 직면하여 정상적 영업을 거의 기대할 수 없었다. 이러한 상황에 대처하기 위하여 정부에서는 1953년 2월 15일 대통령긴급명령 제13호로 제2차 긴급통화 및 금융조치를 단행하는 특단의 조치를 취하였다.

한편, 부산의 금융계는 금융기관 및 정책당국의 부산 이전이 이루어지기 전부터 적극적으로 전시체제에 대응하여 혼란을 수습하고자 하였다. 부산 시내 은행지점장 결합체인 금요회는 개전 바로 다음날인 6월 26일부터 매일 집회하였고, 7월부터는 대한금융단 주도로 매월 집회하여 전시금융에 대응하였다.[43] 1950년 6월 29일에는 부산을 지불지로 하는 송금수표의 대환결제를 7월 1일부터 당분간 중단하기로 하고, 재무부 장관 지시에 따른 예금지불 제한을 일반예금 1구좌당 1주간에 1만 원, 1개월 중에 3만 원으로 정하였으며, 단체예금은 노임지불에 국한하는 조치를 취하기도 하였다.[44] 그리고 1951년 3월에는 부산지역의 금융기관과 기업인이 중심이 되어 통화대책위원회를 조직하여 경제안정을 위한 물가 및 통화대책을 강구[45]하는 등 여러 면에서 비상시국에 적극 대처하였다.

이제 전쟁기의 예금동향을 구체적으로 살펴보자. GDP디플레이터를 사용한 불변가격으로 전국 예금은 1949년 말 대비 1950년 62.1%, 1951년 42.2%, 1952년 46.5%, 1953년 65.9%로서 1951, 1952년에 실질예금은 1949년 말의 절반 이하 수준으로 급감하였던 것으로 나타난다(〈표 5-2〉 참조). 이것은 해방 이후부터 한국전쟁기에 진행된 극심한 물가상승으로 인하여 저축

42) 부산은행(1997), p. 102.
43) 박원표(1969), p. 33.
44) 부산시사편찬위원회(1989), p. 1157.
45) 김일곤 · 허화(1979), p. 60; 부산시사편찬위원회(1990), p. 646.

주체인 기업과 개인이 금융자산의 보유를 극도로 기피하였기 때문이다. 그 결과 은행의 자금원은 극히 한정되지 않을 수 없었는데, 이것은 은행이 수행해야 할 기본적 역할을 제약하였다. 예를 들어, 일반은행의 대출과 예금은 통화량(M1)의 약 1/4, GNP에 대한 비중은 10% 미만에 불과하였다고 한다.[46)]

서울의 예금은 일제 말(1937~1944년)에 전국의 36.1~45.6%를 차지하였고, 1945~1949년에는 41.5~56.7%로 전체 예금의 절반을 차지하였다. 그러나 전쟁발발과 함께 급격하게 하락하여 1952년에는 최저치인 7.1%로 하락한 후 전쟁이 끝나는 1953년 말에는 41.6%로 다시 급상승하였다. 대구 역시 전쟁기에는 감소하였지만 감소비율은 상대적으로 적었다. 즉, 대구는 1952년 최저치였지만 1949년 대비 77.7%였고, 휴전되는 해인 1953년에는 오히려 102.3%로 전쟁 전의 수준을 빠르게 회복하였으며 전국에서 차지하는 비중도 1949년 5.0%에서 1953년에는 7.8%로 높아졌다. 그러나 극심한 물가상승에도 불구하고 가장 극적으로 실질예금이 증가한 곳은 부산이었다. 즉, 전국 및 서울과 대구 등 주요 도시의 실질예금액이 크게 감소하였던 것에 비해 부산 예금만은 1949년을 기준으로 1950년 2.0배, 1951년 2.4배, 1952년 3.0배, 1953년 2.3배로 증가하였던 것이다(〈표 5-2〉에서 계산). 그 결과 부산 예금이 전국에서 차지하는 비중은 1949년 7.0%에서 1950년 22.8%, 1951년 39.3%, 1952년에는 최고수준인 45.7%, 1953년 24.6%를 차지하였다(〈그림 5-4〉 참조).

부산 예금이 격증한 가장 큰 원인은 전쟁으로 인해 인구가 집중되었던 데 있었다. 부산의 상주인구는 1949년 12월 말 현재 47만여 명이었는데, 전쟁이 발발하자 40만~50만 명의 피난민이 유입되어 1951년 84만여 명, 1952년 85만여 명으로 2배로 증가하였던 것이다.[47)]

46) 부산은행(1997), p. 102.
47) 김호범 외(2004), p. 237.

특히, 부산을 중심으로 한 한국 동남부를 제외하고 북한군이 남한 전역을 점령하였던 1950년에 비해 1952, 1953년에 전국 대비 부산 예금의 비중이 훨씬 컸던 것은 전황의 전개와 정부의 대응책이 커다란 영향을 미쳤을 것으로 생각된다. 즉, 개전 초기에 한국은행을 제외한 각 은행들이 미처 부산으로 본점을 이전하지 못하고 크게 타격을 입었던 것과는 달리, 1951년 1·4후퇴시에는 각 금융기관들이 부산으로의 이전에 미리 대비하였고, 이후 1953년 8월 한국은행이 서울로 본점을 이전할 때까지 여타 은행들도 계속 부산에 소재하였던 것과 깊은 관계가 있는 것으로 보이는 것이다. 따라서 부산으로 대량의 인구유입과 은행본부의 이전, 임시수도로의 역할, 그리고 앞에서 언급한 국민저축운동 등으로 부산의 예금은 전쟁기간에 획기적으로 증가하였다. 여기에 수출입 물자의 집중 등도 예금증가의 주요한 요인이었다고 할 수 있다.[48)]

(3) 1953~1960년

휴전 직후 부산에는 20개의 은행 점포가 있었지만, 1953년 8월 10일에는 한국은행 본부가 서울로 재차 이전하였고 나머지 은행들도 본점을 서울로 이전하였다. 휴전 후 서울에서 금융체제가 정비되는 것과 더불어 부산에서도 은행 지점이 증가하면서 영업활동 영역이 점차 확장되어 갔다. 즉, 부산에서는 1955년 12월 21일에 조흥은행 대신동 예금취급소가 서지점으로 승격되었고, 1956년 3월에는 조흥은행 부산 남지섬, 한국저축은행 부산 서지점, 한국흥업은행 부산 북지점의 3개 지점이 개설되었다.[49)] 일반은행 5개 지점에서는 야간영업도 개시하였는데 1958년 6월 10일이 되어 모두 폐지되었다. 그리고 1959년 9월 1일 제일은행 부산 중부지점, 1960년 11월 조흥은행 부산진지점, 1960년 12월 15일에 한일은행 부산진지점이 각각 추가로 개설

48) 부산상공회의소(1982), p. 369; 부산시사편찬위원회(1989), p. 648.
49) 부산시사편찬위원회(1989), p. 1159.

되었다.[50] 1961년 말 부산에는 한국은행 1, 산업은행 1, 농업협동조합 2, 조흥은행 5, 상업은행 4, 제일은행 4, 한일은행 5, 중소기업은행 6개로서 총 8개 은행, 28개 점포에 1,067명의 직원이 종사하고 있었다.[51]

전국 예금은 경상기준으로 1953년 105억 5,000만 환에서 1960년 1,709억 3,600만 환으로 15배 이상 증가하였다. 그러나 예금급증은 실질생산이나 소득증가에 따른 실질증가의 측면보다는 통화증발에 따른 대출증가가 다시 금융기관에 일시적으로 환류되는 측면이 강하였다. 다시 말해, 경상가격으로 나타난 예금의 급속한 증가는 대체로 통화량의 증가추세와 궤를 같이 하고 있어서 증가된 대출금이 예금화되는 경향이 강하였던 것이다. 가령, 1956년의 경우 금융기관의 대출금이 증가하면 할수록 예금도 거의 같은 비례로 증가하고 있었던 점은 이러한 설명이 설득력이 있음을 보여준다.[52] 예금증가 추세에 대한 이 같은 지적은 불변가격으로 환산한 실질예금의 증가추세를 통해 살펴보면 확인된다. 〈표 5-1〉에서 경상가격으로 1953년 대비 1960년의 전국 예금은 15배나 증가한 것으로 나타나지만, 〈표 5-2〉의 불변가격기준에서는 경상증가폭의 1/5에 해당하는 3배 정도가 증가한 것으로 나타난다. 그리하여 실질적으로 예금이 1945년 말의 수준으로 회복되는 것은 1958년 말이 되어서였다.[53]

그런데 전국 및 지역금융의 전개과정을 보다 구체적으로 파악하기 위해서는 예금의 종류별 · 은행별 내역에 관한 자료가 필요하다. 그러나 이에 관한 도시별 · 도별 계정은 극히 한정되어 있어서 시계열로 파악되지 않는다. 다만, 몇몇 남아 있는 지역별 통계를 바탕으로 대강의 추세를 파악하면 다음과 같다.

50) 박원표(1969), pp. 40~41; 부산시사편찬위원회(1989), p. 1159.
51) 부산상공회의소(1989), p. 262.
52) 한국은행(1957년판), p. I-28.
53) 이를 다시 2000년을 기준으로 생산자물가지수를 이용한 불변가격으로 전환해 보더라도 비슷한 결과를 얻는다. 즉, 생산자물가지수로 변환한 불변가격으로 1953년 대비 1960년 전국 예금은 약 3.3배 증가하였으며, 1958년이 되어서야 1945년의 수준을 상회하는 것으로 나타난다.

먼저, 전국 예금의 종류별 내역을 살펴보면 해방 이후 약간씩 상황이 개선되었지만 1950년대까지도 자금의 안정적 확보가 용이하지 않았음이 드러난다. 해방 후와 전쟁기에는 저축성예금이 격감하고 자금순환이 단기화되는 방향으로 이동하였지만, 1953년 8월에서 1956년에 이르는 재건기에 금융기관들이 경제안정과 부흥자금을 마련하기 위하여 최대한의 노력을 기울인 끝에 저축성예금이 현저히 증가되기 시작하였다고 한다. 즉, 저축성예금은 1954년 38억 6,000만 환(전국 예금의 14.7%), 1955년 69억 9,000만 환(15.1%), 1956년 142억 2,200만 환(19.0%)으로 증가하였다. 그리고 상대적으로 안정진입기인 1957년 이후 1959년까지 전국 예금은 82.7%, 연평균 20.6%씩 증가하였다. 이에 따라 저축성예금도 증가하였는데, 1956년 142억 2,200만 환(19.0%)에서 1959년에는 590억 5,900만 환(43.1%)으로 약 4.2배로 증가하여 총예금증가의 주종을 이루었다.[54] 그러나 이 같은 저축성예금의 증가추세는 실제로는 크게 과장된 것으로서 거치기간이 1개월로 되어 있는 통지예금이 저축성예금에 포함되었다는 문제점을 안고 있었다.[55]

부산 예금의 동향을 서울, 대구와 비교하여 설명하면 다음과 같다. 서울 예금은 1953년 43억 8,500만 환에서 1960년 956억 4,700만 환으로 20.8배가 증가하였지만, GDP디플레이터 기준 불변가격으로는 4.5배가 증가하였다. 이에 따라 서울의 전국 비중은 1952년 7.1%에서 서울로의 인구 재진입과 금융기관의 환도가 이루어진 1953년에 41.6%로 회복되었고, 1957년에는 절반 이상인 51.9%, 1960년에는 56%를 차지하였다. 불변가격기준의 예금액으로는 1958년에 1945년의 수준을 회복하였다(〈표 5-2〉 참조).

부산의 예금은 1953년 25억 9,500만 환에서 1960년 192억 7,400만 환으로 전국 및 서울, 대구보다 크게 낮은 6.4배가 증가하였다. 1953년에는 전년도에 비해 약 1억 1,800만 환이 감소하여 전국 비중이 1952년의 45.7%에서

54) 박원표(1969), pp. 40~42.
55) 한국은행(1957년판), p. I-28.

24.6%로 크게 감소하였다. 1954년도에는 전년도의 무려 90%에 해당하는 23억 3,200만 환이 증가하였다. GDP디플레이터로 환산해 보면, 1953년에서 1960년까지 경상가격기준 증가율보다 훨씬 낮은 88.1%밖에 증가하지 않았다(〈표 5-2〉에서 계산). 이같이 서울을 비롯하여 전국, 대구 등 여타 지역 예금이 더 빠른 속도로 증가하였기 때문에 부산의 비중은 1953년의 24.6%에서 1954년에는 18.8%로 줄어들었다. 이후 정상화 과정에서 절대액의 증가에도 불구하고 부산의 비중은 꾸준히 감소하여 갔다. 부산의 비중감소는 정부 환도에 따르는 중상류계급의 피난민, 특히 상공업 및 무역업자 등 기업체의 중추적 기관 등이 본격적으로 서울로 복귀하는 과정에서 수반된 특징이었다.[56] 그러나 부산 예금은 1960년까지도 11.3%로 1950년대 후반에도 전국 예금의 10%를 크게 상회하는 비중을 차지하였다. 이러한 현상은 휴전 이후 서울 비중의 급속한 증가에도 불구하고 국제상사, 동양고무, 태화고무 등의 신발, 부산방직, 조선방직 등 섬유, 동명목재 등 목재업과 같은 2차 산업이 발달하였던 것과 관련이 있는 것으로 보인다. 이런 측면에서 해방 및 전쟁이란 외적 요인을 계기로 1950년대에는 부산의 경제비중이 증대하였고, 이를 바탕으로 경부성장축의 강화현상이 금융면에도 반영되고 있었다고 할 수 있을 것이다.

이제 부산의 종류별 예금구성을 살펴보자. 〈표 5-3〉은 전쟁이 끝난 지 3개월 후인 1953년 10월 종류별 예금을 금융기관별로 나타낸 것이다. 〈표 5-3〉에서 보면 전쟁 직후 부산지역 예금에서 상업은행이 21.3%로서 가장 높은 비중을 차지하고 있고, 다음으로 저축은행(18.2%)과 식산은행(15.4%)이 뒤를 잇고 있다. 예금의 종류별 구성을 보면 정기예금은 3.2%에 지나지 않고 거의 전부를 요구불예금이 차지하고 있다. 저축성예금은 1950년대 후반에 이르러 크게 증가하고 있는 것으로 나타난다. 즉, 정기예금의 비중이

56) 경남연감편찬위원회(1954), p. 81.

표 5-3 부산 금융기관의 종류별 예금(1953년 10월 말 현재)

(단위: 백만 환)

구분	정기(a)	당좌	특별당좌	통지	별단	잡예금	합계(b)	(a/b)(%)
식산은행	5	145	80	7	68	136	441	1.1
상업은행	7	247	131	2	119	101	608	1.2
조흥은행	21	149	91	2	85	69	419	5.0
저축은행	34	263	45	6	77	95	521	6.5
상공은행	19	139	63	0	70	41	331	5.7
신탁은행	5	159	85	0	77	69	395	1.3
부산 금융조합	1	58	47	0	0	38	144	0.7
합계	91	1,162	542	19	496	549	2,858	3.2
한은 부산지점	5	58	0			53	115	4.3

자료: 경남연감편찬위원회(1954), pp. 81~82.

1956년 11월 말 4.1%에서 1957년 말 7.1%, 1961년 말 10.7%로 증가해 간 반면, 당좌예금, 저축예금, 별단예금의 비중은 점차 떨어졌다. 저축성예금의 구성비는 1956년 11월 말 36.3%, 1961년 말에는 30.2%였다.[57)]

전체적으로 부산의 예금은 다른 지역보다 매우 빠른 시기에 1945년의 수준을 회복하였고, 1960년까지 전국에서 차지하는 비중도 일제 말기나 한국전쟁 이전보다 크게 높은 수준을 유지하였다. 이것은 한국전쟁을 계기로 전국에서 차지하는 부산경제의 중요도가 상대적으로 커진 것을 반영하는 것이라 해석할 수 있을 것이다.

57) 부산상공회의소(1989), p. 262.

Ⅳ. 대출의 동향

1. 전체적 추이

경상가격면에서 전국 대출은 1945년에서 1960년까지 3,425배, 서울 1,490배로 증가한 것에 비해 대구 9,504배, 부산은 10,585배로 엄청나게 증가하였다. 〈표 5-1〉의 주요 도시 예금과 비교할 때 전국과 서울의 대출증가는 예

표 5-4 전국 주요 도시 대출금(경상가격)

(단위: 백만 환)

연도	전국	부산	서울	인천	대구	대전	목포	광주	전주	청주	춘천
1945	71	1	63	1	1	0	0	0	–	…	
1946	131	12	64	1	15	7	1	8	–	…	
1947	349	41	123	3	42	17	3	40	–	…	
1948	388	37	179	5	30	13	3	21	–	…	
1949	783	50	511	12	39	23	6	50	23	…	
1950	877	66	376	16	24	10	9	19	10	…	
1951	2,248	716	458	38	146	48	20	62	50	40	
1952	6,492	3,467	189	123	412	168	98	155	148	96	–
1953	15,412	2,142	7,680	385	849	351	276	460	789	246	–
1954	22,627	2,459	9,424	645	1,052	455	574	384	369	337	–
1955	37,971	3,234	17,094	1,063	1,956	810	532	907	558	527	276
1956	72,411	4,879	36,184	1,445	3,672	1,410	720	1,301	796	688	524
1957	109,281	6,897	41,569	1,633	4,051	1,207	963	1,420	1,175	1,003	779
1958	158,856	8,568	52,645	2,537	6,114	2,298	1,086	2,830	2,215	1,797	796
1959	182,585	9,577	72,221	2,247	8,390	2,333	1,128	3,564	2,560	2,065	949
1960	243,147	10,585	93,878	2,028	9,504	2,478	1,255	3,513	3,385	2,377	976

자료: 〈표 5-1〉과 동일.

표 5-5 전국 주요 도시 대출금(불변가격)

(단위: 백만 환)

연도	전국	부산	서울	인천	대구	대전	목포	광주	전주	청주	춘천
1945	31,977	668	28,241	451	451						
1946	5,923	541	2,876	45	678	316	45	361			
1947	9,075	1,068	3,197	78	1,091	442	78	1,039			
1948	6,182	585	2,852	80	478	207	48	335			
1949	9,129	583	5,958	140	455	268	70	583	268		
1950	5,628	424	2,413	103	154	64	58	122	64		
1951	2,667	849	543	45	173	57	24	74	59	47	
1952	3,549	1,895	103	67	225	92	54	85	81	52	
1953	6,726	935	3,352	168	371	153	120	201	344	107	
1954	7,522	817	3,133	214	350	151	191	128	123	112	
1955	7,651	652	3,444	214	394	163	107	183	112	106	56
1956	10,851	731	5,422	217	550	211	108	195	119	103	79
1957	13,515	853	5,141	202	501	149	119	176	145	124	96
1958	19,951	1,076	6,612	319	768	289	136	335	278	226	100
1959	22,425	1,176	8,870	276	1,030	287	139	438	314	254	117
1960	26,853	1,169	10,368	224	1,050	274	139	388	374	263	108

자료: 〈표 5-1〉과 동일.

금증가율에 비해 크게 낮았지만, 부산과 대구는 반대로 대출증가율이 예금증가율을 크세 상회하였다. 예금과 마찬가지로 전쟁 중인 1952년에는 서울 대출이 크게 감소하고 부산 대출은 급증하였다. 1952년에 34억 6,700만 환으로 전체 대출의 53.4%를 차지하였던 부산은 1953, 1954년에는 크게 감소하였지만 이후 꾸준히 증가하여 1960년에는 약 106억 환에 이르렀다. 전체적으로 부산의 증가율이 높게 나타나는 것은 전쟁기에 예금과 대출 증가폭이 워낙 컸기 때문이었다.

경상가격기준으로 1945년 이후 대출은 격증하였지만 예금과 마찬가지

그림 5-5 해방 후 대출금의 추이(불변가격)

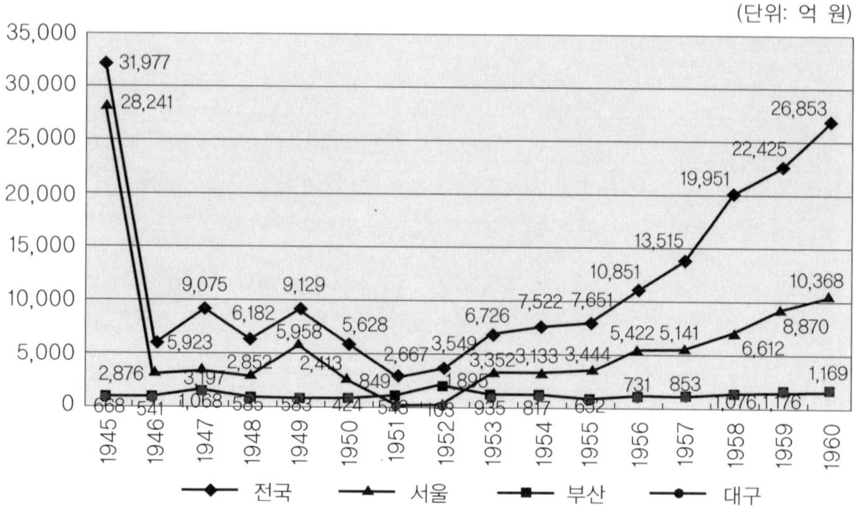

로 실질액의 동향은 전혀 다른 양상을 보여 준다. 〈표 5-4〉와 〈그림 5-5〉는 GDP디플레이터로 환산한 대출의 변동을 나타낸 것이다. 전국 대출은 1946년에 1945년의 1/5에도 미치지 않는 18.5% 수준으로 격감하였는데, 예금이 36.8% 수준으로 감소한 것보다 훨씬 크게 감소하였다. 이후 전쟁기를 제외하면 증가추세에 있었지만 1960년에도 1945년의 84.0%에 지나지 않았다. 불변가격으로 환산한 예금액이 1958년에 1945년 수준을 회복한 것과는 매우 대조적이다.

서울 역시 동일한 추세를 보이고 있지만 실질대출금액(즉, 불변가격기준)은 회복이 훨씬 느려서 1960년에도 1945년의 36.7%에 지나지 않았다. 반면에 부산은 해방 이후 1946년, 1948~1950년 동안만 1945년보다 적었을 뿐, 1951년에 이미 1945년의 수준을 크게 상회하고 1960년에는 1945년의 1.75

그림 5-6 대출금에서 주요 도시가 차지하는 비중

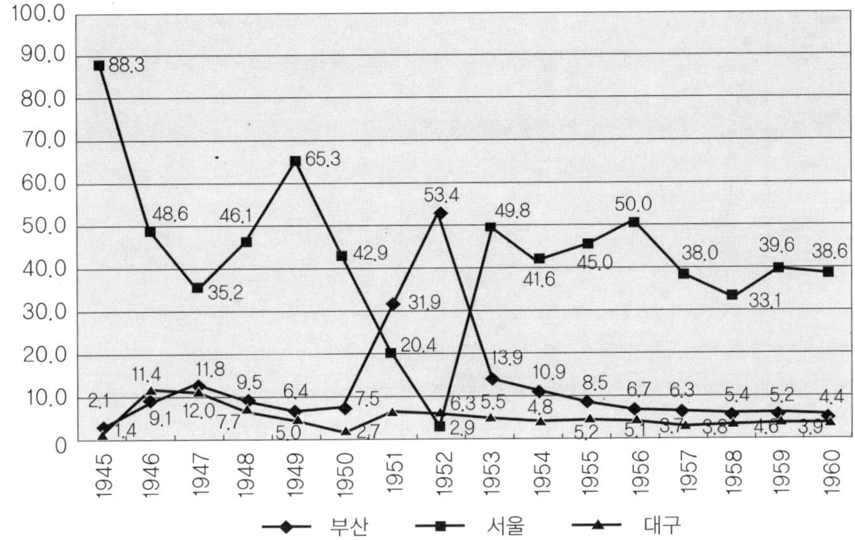

배에 이르고 있다. 대구 역시 부산과 유사한 추세를 보여 주었던 것으로 나타난다.

1945년부터 1960년까지는 서울보다 부산의 대출증가율(경상가격기준)이 높았지만, 절대액 면에서는 서울이 훨씬 컸다. 그렇기 때문에 〈그림 5-6〉에서 보듯이 1952년에 53.4%(예금은 45.7%)로서 전국 최고를 기록하였던 부산의 비중은 전쟁이 끝나자 빠른 속도로 하락해 갔다. 부산 예금의 비중이 1960년까지 전국의 11.3%를 차지하여 일제 및 해방 후의 비중보다 크게 높았던 것에 비해 부산 대출의 비중은 이보다 빨리 하락하여 1960년에는 4.4%에 지나지 않았다.

2. 부산의 동향

부산의 대출은 경상가격기준으로 1945년 말 약 150만 환[58]에서 1949년 5,000만 환으로 급증하였다. 이 기간 동안 부산의 대출은 대구와 함께 전국 및 서울보다 매우 높은 성장률을 보였다. 그렇지만 이러한 변동을 GDP디플레이터를 이용한 불변가격으로 환산하면 1949년은 1945년의 87.3%로서 오히려 감소하였다.[59] 이를 예금의 변동과 비교하면, 1945년 대비 전국 대출은 28.5%, 서울은 21.1%로서 각각의 예금감소율보다 컸던 반면, 부산은 인구의 상당 부분을 차지하였던 일본인의 귀환 등으로 인한 예금감소(1945년 대비 39.5%)에 비해 대출감소율이 상대적으로 작았던 것으로 나타난다.

한국전쟁기에 이르면 부산의 대출은 예금과 마찬가지로 극적으로 증가한다. 물론 이것은 전화를 피할 수 있었던 부산의 지리적 특징에 기인한 것으로 정부의 주요 기관과 피난민들이 부산으로 몰려들었기 때문이다. 대출액은 1950년 6,600만 환, 1951년 7억 1,600만 환, 1952년에는 34억 6,700만 환으로 전쟁 전인 1949년 5,000만 환의 68.3배가 증가하였다. 이리하여 부산 대출의 전국 비중은 1950년 7.5%에서 1951년과 1952년에 각각 31.9%, 53.4%를 차지하였다. 그런데 서울이 북한군의 수중에서 벗어났던 1951년과 1952년 말에 전국에서 차지하는 부산의 비중이 오히려 크게 증가한 것은 1951년 1·4후퇴로 정부의 각 부처와 함께 금융기관들도 미리 대피하여 휴전될 때까지 부산에 머물렀기 때문인 것으로 보인다.

그렇지만 전비지출과 물자부족으로 혹심한 물가상승이 지속되었기 때문에 불변기준 실질대출액은 전국 예금에서 부산의 비율이 정점에 달하였던 1952년(45.7%)에도 1949년 대비 약 2.3배 증가한 것에 지나지 않았다. 전

58) 조선은행(1948), p. Ⅲ-93.

59) 불변가격으로 계산하면 1945년의 통계가 잡히는 서울, 부산, 인천, 대구 중에서 대구는 오히려 증가하였다(〈표 5-5〉 참조).

쟁기간중 예금과 대출이 비슷한 비율로 증가하였지만(예금은 1952년에 1949년 대비 경상가격기준으로 63.6배 증가, 불변가격으로 2.0배 증가), 금융기관의 정상적 운영은 요원하였다. 전시인플레이션 때문에 일반민간은 화폐자산 보유를 극력 회피하였고, 화폐증발로 시중에는 돈이 넘쳐흘렀지만 실제 은행의 수신업무는 매우 제한될 수밖에 없었다. 따라서 금융기관 대출 또한 한정된 기업에만 공급될 수밖에 없을 정도로 은행의 존립 자체가 불투명한 상태였다. 더욱이 은행은 상환이 어려운 정부소유 기업에 대해서 대출해야 하였고 은행대출금리가 물가상승률 및 사채금리보다 훨씬 낮았기 때문에 대출금을 상환하지 않으려는 경향[60]이 노정되어 은행경영을 더욱 어렵게 만들었다.

휴전 이후 부산 대출금은 1953년 21억 4,200만 환에서 1960년 105억 8,500만 환으로 3.9배가 증가하였는데, 증가폭은 1950년대 전반기보다 후반기가 훨씬 컸다. 이처럼 절대액이 증가한 것은 역시 인플레이션으로 인한 통화량 증가와 이로 인한 건당 대출규모의 확대가 크게 작용하였고, 특히 경제안정과 부흥을 위한 자금수요도 크게 팽창된 결과로 보인다.[61]

그렇지만 같은 기간 동안 전국 대출이 154억 1,200만 환에서 2,431억 4,700만 환으로 14.8배, 서울이 11.2배, 대구 10.2배가 증가한 것에 비하면, 부산은 3.9배로 타지역에 비해 증가율이 낮았던 것으로 나타난다. 따라서 부산이 전국에서 차지하는 비중은 1952년의 53.4%를 정점으로 1953년 13.9%로 급감하고, 1955년 이후에는 10% 이하로, 1960년에는 4.4%에 지나지 않았다. 특히, 1960년의 4.4%는 일제 말의 수준과 거의 비슷한 수치였다. 이것은 휴전 이후 정부의 각 부처와 금융기관이 서울로 되돌아가고 경제가 회복되는 과정에서 나타난 현상이긴 하였지만, 휴전 후 전재복구 과정에서 전국 대비 부산의 대출비중이 예금비중보다 빠른 속도로 감소하였음을 의

60) 부산은행(1977), p. 102.
61) 부산상공회의소(1989), p. 263.

미하였다. 즉, 부산 예금이 전국에서 차지하는 비중이 감소경향 속에서도 1960년에 11.3%였던 것에 비해 대출비중은 이미 1956년 8.5%에 지나지 않게 되고 1960년에는 4.4%로 떨어졌던 것이다.[62] 〈그림 5-4〉와 〈그림 5-6〉을 비교하면, 부산지역 대출이 전국에서 차지하는 비중은 1946~1948년과 1952년을 제외하고 예금이 전국에서 차지하는 비중보다 항상 낮았고, 그 차이도 해방 전보다 해방 이후에 커졌다 할 수 있다. 이와 같이 1950년대 말과 1960년에 그 비중이 감소해 간 것은 1958년에 도래한 경기침체로 부산이 여타 지역에 비해 가장 심각한 불황을 겪었기 때문이었다.[63]

한편, GDP디플레이터를 이용한 불변가격으로 환산해 볼 때, 전국 대출이 1945년의 수준을 회복하는 것은 1961년이며, 서울은 1967년에 1945년 수준을 크게 상회하였다. 이에 비해 부산은 이미 1951년에 1945년의 수준을 크게 상회하기 시작하였다. 즉, 부산은 대출에서도 전쟁을 결정적 계기로 하여 해방 당시의 수준으로 재빠르게 회복하였던 것이다.[64]

또한 〈표 5-1〉과 〈표 5-4〉에서 경상가격으로 표시된 예대출액을 대조해 보면, 1950년대에 부산은 서울보다 예금초과 연도가 많을 뿐만 아니라 액수의 대부분을 차지하고 있다. 부산만큼은 아니지만 대구 역시 서울보다 예금초과 시기가 많았는데, 부산과 대구가 여유자금을 공급하는 주요 지역이었음을 보여 주는 것이라 생각된다.

62) 그러나 1961~1962년에는 6%대를 회복한 후, 1963~1973년까지 8~9%대, 1974~1977년에는 10.1~10.6%, 1978~1992년에는 8~9%대를 유지하였다. 그 후 1993년 7.8%로 시작하여 2000년에는 7.0%로 떨어졌다. 김호범 외(2004), pp. 365~366.

63) 이에 대해서는 박영구(2005), pp. 208~218의 자세한 분석을 참조.

64) 이 같은 추세는 생산자물가지수로서 전환해 볼 때도 비슷한 결론에 도달한다. 즉, 전국은 1961년에 1945년 대출금을 약간 상회하고 서울은 1967년에 크게 상회하기 시작하였다. 이에 비해 부산은 1951년에 1945년의 수준을 상회하였다.

V. 결론

한국에서 일제시대에 근대적 금융체제가 도입된 이래 해방 이후 1950년대는 아마도 부산이 금융적인 면에서 가장 중요한 역할을 수행한 시기로 평가할 수 있을 것이다. 먼저, 해방 직후에 부산 소재의 은행들은 귀환동포들이 소지한 일본은행권을 국내화폐로 교환하는 등 식민지 금융체제가 붕괴하는 과정에서 불가피하게 발생하는 문제에 가장 적극적으로 대응하였다. 그리고 한국전쟁기에는 전시자금 조달을 위한 저축증강운동을 전개하고 금융기관과 기업인이 중심이 되어 통화대책위원회를 조직하여 인플레이션 수습에 매진하는 등 여러 면에서 비상시국에 능동적으로 대처하였다. 휴전 이후에는 한국은행 및 여러 은행들이 환도하였기 때문에 정책적인 면에서 중심이 서울로 옮겨 갔지만, 한국전쟁을 계기로 산업 및 예대출의 금융면에서의 높아진 위상을 나름대로 유지하였던 것으로 볼 수 있다. 이러한 부산 금융의 위상은 다음과 같이 요약된다 하겠다.

해방 이후 1960년까지 은행과 금융조합(농업은행)의 예금과 대출금은 경상가격으로 수천 배씩 증가하였다. 그러나 이것은 해방 이후 일본과의 급격한 경제단절과 한국전쟁으로 인한 파괴로 물자부족, 통화량 증발 등 초인플레이션을 고려하지 않았기 때문에 실질적인 변동을 반영하였다고 보기는 어렵다. GDP디플레이터 기준 불변가격에 의하면, 전국과 서울의 예금이 1945년 말 수준을 회복하는 것은 1958년이었던 반면, 대출에서 전국은 1961년, 서울은 1967년에야 1945년 수준을 크게 상회하기 시작하였다.

이에 비해 가장 극적인 변화를 보여 준 곳은 부산이었다. 불변가격으로 부산 예금은 1951년에 1945년 수준에 근접하고, 대출은 1951년에 1945년의 수준을 크게 상회하였다. 생산자물가지수 기준으로도 부산 예금은 1951년

이후 지속적으로 1945년을 상회하기 시작하였고, 대출은 1951년부터 1945년의 수준을 넘어섰던 것으로 나타난다. 이와 같이 볼 때 전국적으로 예대출면에서 해방 직후의 수준을 회복하는 것은 1950년대 말이었지만, 부산은 이미 1951년에 1945년의 수준을 회복하였다. 즉, 부산은 여타 지역에 비하여 전쟁을 계기로 획기적으로 예금 및 대출을 증가시켜 간 것이다.

휴전 후 모든 금융기관의 본점이 환도하고 서울이 경제중심지로 재등장하면서 전국에서 차지하는 부산의 비중은 점차 감소하기 시작하여 예금은 1960년에 11.3%, 대출은 4.4%로 급감하였다. 그렇지만 1950년대 전체를 통해서 보면 부산의 예대출은 일제시대나 전쟁 이전과는 비교가 되지 않을 정도로 중요한 위치를 차지하고 있었다. 그 이후 1960년대에 부산 예금은 대체로 전국의 10~11%대를 유지하였고, 급감하였던 대출비중은 약 7~9%대를 유지하여 전체적으로는 한국전쟁 이전보다 높은 위치를 차지하였다. 부산 금융의 위상이 이와 같이 높아졌던 것은 고무, 섬유, 목재 등 2차산업이 발달하였던 것과 깊은 관계가 있었다.

한편, 예금과 대출을 비교해 보면 부산은 1945~1960년의 기간 동안 1946~1949년, 1952년의 5개년만 제외하고 예금초과를 기록하였다. 전국 및 서울과 비교할 때 부산은 예금초과일 때가 많았고, 전국이 예금초과일 경우에도 초과액의 대부분을 부산이 차지하였다. 부산보다 느리지만 대구 역시 여타 도시보다 빠른 시기에 1945년의 예대출수준을 회복하였으며, 전국에서 차지하는 비중도 한국전쟁을 계기로 높아졌고, 예금초과면에서도 부산 다음으로 많은 자금을 차지한 것으로 나타난다.

이와 같이 부산은 해방 이후 식민지 금융체제 붕괴에 따른 혼란의 수습, 전시금융에의 대응, 예대출수준의 회복속도, 전국에서 차지하는 비중, 예금초과를 통한 자금공급의 측면 등에서 매우 중요한 역할을 수행한 것을 평가할 수 있다. 결론적으로 부산 금융은 한국전쟁을 계기로 강화된 경부성장축의 한 단면을 반영하고 있었던 것이다.

참고문헌

경남연감편찬위원회, 『경남연감』(창간호), 국제신보사, 1954.

경남은행, 『경남은행십년사』, 1980.

경제기획원, 『한국통계연감』(제9회), 1962.

______, 『한국통계연감』(제10회), 1963.

공보처 통계국, 『대한민국통계연감』(1952), 1953.

김일곤 · 허화, 『부산지역의 금융에 관한 연구』, 태화출판사, 1979.

김정렴, 『한국경제정책삼십년사 –김정렴회고록–』, 중앙일보사, 1991.

김호범, 「해방 후 금융정책과 금융의 성격 –1945~1950」, 『경제학논집』 제7권 제1호, 1998.

김호범 외, 『20세기 부산지역 경제통계의 이해와 부산경제의 변동분석』, 부산광역시, 2004.

김호범 · 황규선, 「부산 예대출 통계정비와 통계분석에 나타난 특징(1945~2000): 예금은행을 중심으로」, 『지역사회연구』 제14권 제4호, 한국지역사회학회, 2006.

내무부 통계국, 『대한민국통계연감』 제2회(1953년판), 1955; 제3회(1954년판), 1955; 제5회(1958년판), 1958; 제6회(1959년판), 1959.

대한금융단, 『한국금융이십년사』, 1967.

박영구, 『현대 부산의 제조업, 1945-2000: 통계와 발전』, 부산발전연구원, 2005.

박원표, 「부산 금융사」, 『항도부산』 제7호, 1969.

배석만, 「미군정기 부산항과 도시민 생활」, 『지역과 역사』 제5호, 1999.

부산상공회의소, 『부산상의사』, 1982.

______, 『부산상공회의소백년사』, 1989.

부산시사편찬위원회, 『부산시사』 제1권, 1989.

______, 『부산시사』 제2권, 1990.

부산은행, 『부산은행십년사』, 1977.

부산은행집회소, 『부산은행집회소삼십년지』, 1960.

鈴木武雄, 『朝鮮金融論十講』, 帝國地方行政學會朝鮮支部, 1940.

조선은행, 『조선경제연보』 1948년판, 1948.

______, 『조선경제연감』 1949년판, 1949.

최영호, 「해방직후의 재일한국인의 본국 귀환, 그 과정과 통제구조」, 『한일관계사연구』 제4호, 1995.

한국산업은행, 『한국산업경제십년사』, 1955.

한국은행, 『경제연감』, 1955~1959년판.

______, 『경제통계연보』, 1960~1961년판.

______, 『한국은행이십오년사』, 1975.

______, 『한국의 금융 · 경제연표』, 2000.

姬野實 編, 『朝鮮經濟圖表』, 朝鮮統計協會, 1940.

CHAPTER 6

부산상공회의소와 1950년대의 경제회복

1950년대 부산상공회의소

CHAPTER 6

부산상공회의소와 1950년대의 경제회복

Ⅰ. 머리말

본장은 부산상공회의소(이하에서는 부산상의로 줄여 씀) 및 그 전신이었던 부산상공경제위원회를 소재로 하여 부산 기업가단체의 경제적 활동을 검토하는 것이다. 저자가 검토하는 기간은 한국전쟁을 전후한 1945~1960년이다. 머리말에서는 저자가 부산상의에 왜 관심을 가지는지, 그리고 어떤 측면에 관심을 가지는지 설명해 두고 싶다.

일본으로부터 정치적으로 독립하는 것은 반드시 필요한 과제였지만, 해방은 한국경제를 피폐하게 하는 부작용을 낳았다. 조선은행조사부에 의하면 1948년의 남한 공업총생산액은 1940년의 21.2%에 지나지 않았고,[1] 황병준에 의하면 1948년 남한의 가동공장수는 1941년의 40.3%였다.[2] 그런데 부산경제가 입은 피해는 그보다 더 컸다. 김의환에 의하면 1946년 부산의 가동공장수는 1941년의 29%였고,[3] 박영구에 의하면 부산의 1948년 생산액은 1939년 생산액의 11.1%였다.[4]

하지만 그 이후 부산경제는 비교적 순조롭게 회복되었다고 생각된다.

1) 조선은행조사부(1949), p. I-41.
2) 황병준(1971), p. 61.
3) 김의환(1972), p. 1066.
4) 박영구(2005a), p. 156.

박영구에 의하면 부산 제조업 생산액은 1948~1953년에 약 17배 증가하였다.[5] 이 기간의 증가에는 한국전쟁이 발발하여 전국의 많은 회사 및 공장이 부산으로 이동한 것과 한국의 수도가 부산으로 이전된 것이 큰 영향을 미쳤다. 그 때문에 한국전쟁이 끝나고 임시수도가 서울로 돌아간 그 다음 해인 1954년에는 1953년의 63%로 하락하였다. 1957년에는 1953년 수준을 회복하였는데, 이 회복에는 원조의 역할이 컸다. 미군정기에 조금씩 증가하여 미군정의 마지막 연도인 1948년에는 1억 7,960만 달러까지 증가하였던 원조가 1950년에는 5,870만 달러로 줄었으나, 한국전쟁이 발발하자 다시 증가하기 시작하여 1957년에는 3억 8,290만 달러에 이르렀던 것이다.[6] 당시에 원조물자의 약 80%가 부산항으로 들어왔기 때문에 원조의 증가가 부산경제에 미친 영향은 전국 평균보다 훨씬 컸다. 1958년부터 제조업 생산액이 다시 감소하였는데, 그것은 1957년을 정점으로 해서 그 이후 원조액이 감소하였기 때문이다. 부산에 원조물자 가공공장이 특히 많았기 때문에 원조가 줄어들자 제조업 생산이 감소한 것이었다.[7] 이러한 변동이 있기는 하였지만 1947~1960년을 평균하면 부산 공업은 연평균 21.6%씩 성장하였다.[8]

이 시기의 제조업 성장을 이상에서 언급한 한국전쟁과 원조라는 외부적 효과에 돌릴 수도 있을 것이다. 하지만 모든 변동은 외부 및 내부의 조건이 상호작용하여 일어난다. 그러므로 우리가 어떤 지역의 경제변동을 이해하고자 한다면 그 지역 경제주체의 활동을 반드시 검토해야 할 것이다. 본장이 부산상의를 검토하는 이유는 그것을 통해서 부산 기업가들의 활동을 살펴볼 수 있기 때문이다. 그렇지만 다른 경제주체들이 중요하지 않기 때문에 기업가를 검토하는 것은 아니다. 노동자, 소비자, 지방정부는 이 기간의 부산경제를 관찰할 수 있는 훌륭한 소재이다. 기업가에 대해 언급하

5) 박영구(2005b), p. 61.
6) 이대근(1981), p. 149.
7) 박영구(2005a), p. 210.
8) 박영구(2005b), p. 61.

는 것은 그렇게 할 수 있을 만큼의 자료를 입수하였기 때문이다.

그렇지만 저자가 기업가의 활동에 관심을 가지는 점에 대해서 의아해하는 독자도 있을 것이다. "해방 직후 자본가들은 매우 분산적으로 존재하고 있었다. 특히, 대부분의 대자본가들은 과거의 친일행위로 인하여 제대로 사회활동을 할 수 없는 상태에 있었고 식민지 시기부터 존재해 왔던 자본가단체도 지리멸렬한 상태였다"는 표현은, 비록 그것이 조금 오래된 논문이고 전국적인 상황에 대한 서술이기는 하지만 기업가의 역량을 부인하는 시각을 여전히 잘 대변하고 있다고 생각한다.[9] 하지만 해방 직후의 부산 기업가는 그렇지 않았다고 판단된다. 본장의 결론을 미리 제시하는 것이 될 수도 있지만, 기업가들이 지방정부의 경제활동 지원책의 부족함을 보완하였고 그 점에서는 지역사회의 선두에 나서 있었다.

앞에서 언급하였듯이, 저자는 기업가 개개인을 다루지는 않을 것이며 부산상의를 소재로 하여 기업가의 단체적인 활동을 보일 것이다. 그런데 많은 독자가 기업가의 단체적인 활동에 대해 거부감을 가지고 있을 수도 있을 것이다. 기업가가 단체를 만들고 담합하여 생산량을 줄이고 가격을 올리는 행위를 한다는 방식의 이해는 전 세계적으로 공통되어 있다고 생각한다.[10] 보통의 한국인이 대기업과 기업가에 대해 부정적인 인식을 가지고 있음을 고려하면 더더욱 그럴 것이다.[11]

저자는, 기업가가 단체를 만드는 하나의 중요한 이유가 그런 활동을 촉진하는 것임을 부인하지는 않는다. 하지만 박섭(2005)에 의하면 1947년에 설립된 대한방직협회(최초의 명칭은 조선방직협회)는 1950~1960년대에 회원사들에 대한 원조면화의 배분, 정부의 수출촉진전략에 대한 협조 등에서 회원사의 갈등을 조정하며 그 업무를 원활히 수행하였다. 즉, 대한방직협

9) 정근식(1985), p. 3.
10) 이재형(1999).
11) 곽태원 · 남준우 · 김홍균(2001. 2), p. 49.

회는 면방직업 발달에 긍정적인 역할을 수행하였던 것이다.[12)] 본장에서 부산상의가 이 기간의 부산경제 회복에 기여한 긍정적인 측면을 드러낼 것인데, 그것에는 대한방직협회에 대한 저자의 연구결과가 영향을 미쳤다.

남아 있는 다른 문제는 이 시기의 기업가단체가 자율성을 가지고 있었던가 하는 것이다. 만약 기업가단체의 활동이 정부 지시에 순응한 결과였다면 기업가단체의 역할을 과대평가하지 않도록 주의해야 할 것이기 때문이다. 실제로 1961년에 제정된 「중소기업협동조합법」, 같은 해의 「수출조합법」, 1986년의 「공업발전법」[13)] 등은 기업가단체의 설립을 조장함과 동시에 정부에 의한 기업가단체의 통제를 꾀하였다. 그런데 적어도 1948~1960년은 달리 보아야 할 듯하다. 앞에서 소개한 박섭의 연구에 의하면 한국 정부가 기업가단체를 경제정책에 활용하기 시작한 것은 한국 정부 내에서 개발을 중시하는 관료의 발언권이 커진 1950년대 말이었다. 그 이전에는 기업가단체에 대한 정부의 요청 또는 지시가 강하지 않았고, 정부에 대한 기업가단체의 협력은 소극적이었다. 조선총독부의 일본인 관료가 귀국하였던 것과 대통령 이승만, 상공부 장관 임영신, 재무부 장관 김도연이 모두 미국 출신이었던 것[14)] 등이 영향을 미쳤다고 할 수 있다. 기업가단체의 역할은 본장의 주제이므로 더 자세한 것은 본문으로 넘기고 머리말에서는 더 이상 언급하지 않는다.

부산상의에 대해서는 『부산상의사, 1889-1982』(1982)와 『부산상공회의소백년사』(1989)가 출판되어 있는데 1945~1960년의 시기에 대해서는 내용에 차이는 없고 전자가 후자보다 상세하다. 『부산상의사, 1889-1982』는 『상공회의소 90년사(상)』(1976)에 필적할 만큼 많은 정보를 제공하고 있다. 1889~1982년을 초창기(1889~1915), 일정기(日政期, 1915~1945), 혼란기

12) 박섭(2005).
13) 공업발전법 제23조가 사업자단체에 대해 규정하고 있음.
14) 정진아(1999), p. 243.

(1945~1953), 재건기(1954~1961), 발전기(1961~1976), 비약기(1976~1982)로 나누어 서술하고 있으며, 이 가운데 혼란기와 재건기가 366쪽을 차지하는데, 상의 조직의 성립과 발전, 상의 사업, 사무국, 예결산으로 나뉘어 있고 상의활동이 상세하게 밝혀져 있다. 부산상의의 화재와 이사로 말미암아 부산상의에 대한 1차 자료가 남아 있지 않으며, 부산광역시 시민도서관에 부산상의가 발행한 잡지, 『상의순보』(1961), 『상공』(1966), 『부산상공회의소월보』(1966), 『부산상의뉴스』(1968)가 보관되어 있기는 하지만(괄호 안은 제1호 발행연도), 본장과는 시기가 맞지 않아 이용할 수 없다. 본장이 많은 사실을 『부산상의사, 1889-1982』에 의존하는 것은 그 때문이다.

해방 이후의 상의에 대한 학술적 연구에는 정근식, 홍덕률, 최봉대, 박문정의 논문과 책을 들 수 있다.[15] 이 가운데 정근식, 홍덕률, 최봉대 논문은 대자본가들이 자본가계급의 이익을 높이는 수단으로 상공회의소를 조직하고 운영하였다고 주장하고 있다. 박문정 논문은 통영상의가 통영지역 발전에서 수행한 역할을 사실에 입각하여 서술하고 있다. 부산상의에 국한한 연구로는 木村健二와 강성석의 논문이 있으나, 전자는 태평양전쟁 중의 활동을 검토한 것이고 후자는 1961년 이후의 활동을 검토한 것이어서 내용 소개는 생략한다.[16]

마지막으로 본장은 부산상의의 긍정적인 역할을 강조하고 있다. 하지만 부산상의가 노동자 · 농민 등을 포함한 더 넓은 맥락에서 검토된다면 다른 측면이 부각될 수도 있을 것이다. 더 많은 연구가 이루어지고 그것들이 종합되면 부산상의의 전체상이 만들어질 것이다.

15) 정근식(1985); 홍덕률(1993); 최봉대(1995); 박문정(2001).
16) 강성석(1998); 木村健二(2005).

Ⅱ. 부산상공회의소의 설립과 유지

부산상공회의소의 1945년 이전 경과를 간단히 살펴보자. 1879년에 부산에 거주하였던 일본인 상공업자들이 부산상법회의소라는 단체를 설립하였고, 1889년에는 한국인 상공업자가 부산객주상법회사라는 단체를 설립하였다. 부산객주상법회사는 부산상법회의소에 자극받아 설립되었을 것이다. 조선총독부는 1915년에 「조선상업회의소령」을 제정하였으며, 한일 양국인이 따로 설립 · 운영하고 있던 단체들을 결합하게 하였다. 총독부는 한국인 상공업자만의 단체를 불온하게 보았고, 두 단체를 합하면 더 효과적으로 규제할 수 있을 것으로 생각하였던 것이다. 그 결과로 부산에서는 부산상업회의소가 설립되었다. 제1차 세계대전이 발발한 이후부터 한국에서 공장제 공업이 발달하기 시작하였고, 상업회의소의 회원 가운데 공업 기업가가 증가하자 1930년에는 부산상공회의소로 명칭이 변경되었다. 태평양전쟁이 발발한 이후 조선총독부는 전쟁에 대한 상공업자의 협력을 더 많이 얻어야 하였다. 1943년에 법률에 의해 부산상의가 해산되었고, 새로이 설립된 경남상공경제회에 흡수되었다. 전쟁물자의 원활한 공급이 상공경제회의 가장 큰 목적이었다.[17)]

태평양전쟁에서 일본이 패배하자 일본 기업들은 생산활동을 멈추었고, 자신의 부산 공장이 가지고 있던 시설, 기계, 부품, 원자재 등을 마구 매각하였다. 조선에 주둔하고 있던 일본군은 미군이 진주하기 전에 군수물자를 처리하려 하였고, 부산에 저장되어 있던 군수품을 일시에 방매하였다.[18)] 그들의 가장 중요한 목적은 일본으로 귀환한 이후 그 곳에서 필요한 자금을

17) 김대래(2010); 박섭(2010).
18) 부산직할시 시사편찬위원회(1990), p. 1100; 부산학연구센터(2003), p. 187.

마련하는 것이었다.

부산의 상공업자들은 일본인 공장의 설비와 재고가 팔려나가는 것을 막기 위해 단체활동을 계획하였고, 1945년 8월 29일 부산의 일부 상공업자들이 경남 상공경제협력회 준비위원회를 결성하였다. 여기에는 김칠성, 최석봉, 이춘옥, 이병희, 이영언, 김지태 등이 참가하였고,[19] 이춘옥을 위원장에 선출하였다. 1945년 9월 7일에는 경남상공경제위원회로 명칭을 변경하였고 위원을 다시 선정하였다.[20]

미군정은 부산 상공업자들의 그러한 활동을 도왔다. 미군정은 1945년 10월에 김지태를 부산상공회의소의 매니저에, 이병희와 이춘옥을 부(副)매니저에 임명하였다. 아울러 김지태를 부산시 적산관리처의 한국인 고문으로 임명하였다. 귀속재산을 잘 관리하여 부산경제를 회복시키는 것은 미군정의 중요한 목적이었으며, 그것을 위해서는 부산상의가 재건되어야 한다고 판단하였던 것이다. 김지태는 부산상의의 매니저에 임명된 직후에, 일본인 山下에게서 경남상공경제회의 사무를 모두 인수하였다. 山下는 1943년에 부산상의가 해산되었을 때 부산상의 회장을 맡고 있었다. 김지태는 1943~1944년에 경남상공경제회의 감사를 지냈기 때문에 기업가단체의 조직과 업무를 제대로 이해할 수 있었고, 그 덕택에 1946년 4월에 부산상의의 골격을 만들 수 있었다.[21]

전국적으로 보면 1945년 말부터 재계에서 상공업자단체를 결성하려는 움직임이 일어났다. 1945년 12월에 대한경제보국회, 1946년 2월에 조선실업협회, 1946년 3월에 조선경제협의회가 결성되었다. 그렇지만 그 단체들의 서울에서의 활동도 그다지 활발하지 못하였으며, 지방에 지부가 결성되지도 않았다.[22]

19) 김옥근 외(1989), p. 779.
20) 박원표(1965), p. 235.
21) 김지태사장창업35년사편찬위원회(1968), p. 72; 박원표(1967), p. 246.
22) 최봉대(1995), pp. 110~112.

위의 시도들이 있은 이후 1946년 4월 3일에 서울에서 조선상공회의소를 설립하기 위한 준비위원회가 결성되었다. 거기에는 민규식 외 21명이 참가하였다.[23)] 미군정도 준비위원회에 상의의 설립을 권유하였다.[24)] 당시에 미군정은 미소공동위원회를 앞두고 남한의 경제적 성과를 높여서 소련과의 교섭을 유리하게 해야 하였는데, 이것이 전국적 상의의 설립을 권유한 하나의 이유라고 생각된다.

1946년 5월 19일에 조선상공회의소가 설립되었다. 조선상의가 설립되기 전에 세워진 지방상의는 다섯 개에 지나지 않았는데,[25)] 지방상의의 설립을 기다리지 않고 중앙상의를 세운 것은 지방상의의 설립을 기다려 중앙본부를 세우기에는 시간이 지나치게 많이 걸릴 것 같았기 때문이다.[26)] 부산상의는 1946년 7월 10일에 설립되었는데 1952년 말까지 설립된 31개 상의 가운데 12번째였다. 대도시 가운데에서는 대구가 1946년 5월에 결성되어 부산보다 빨랐으나 인천은 1946년 8월에, 서울은 1946년 9월에 결성되어 부산보다 늦었다. 대도시일수록 상공업자의 규모와 역량에 격차가 크고, 또한 소수의 기업가가 리더십을 발휘하기는 어렵게 된다. 그런 만큼 의견을 통합하기 어렵게 되므로 상의의 설립이 늦어질 것이다. 이 점을 고려하면 부산 기업가단체의 조직역량은 높은 편이었다고 할 수 있다.

부산상의가 설립된 이후 조직운영상의 어려움도 있었지만 부산상의는 그것을 잘 이겨내었다. 상의 의원은 인기 있는 지위였기 때문에 항상 의원정수를 훨씬 넘는 상공업자가 의원이 되고 싶어하였나. 부산상의 지도부는 상의 회원들 사이에 갈등이 생기지 않도록, 또는 생겨도 표면화하지 않도록 의원후보 등록 이전 또는 직후에 입후보자를 사전조정하였다. 1954년의 부산상의(법정단체[27)]) 제1대 의원선거에서 정원이 50명인데 57명이 입후보

23) 대한 · 서울상공회의소(1976), p. 314.
24) 김용주(1984), pp. 89~91.
25) 부산상공회의소(1982), p. 428.
26) 부산상공회의소(1982), p. 420.

하였으나,[28] 지도부의 조정으로 7명이 사퇴하였다.[29] 1957년 제2대 의원선거에서는 70명이 입후보하였으나 지도부의 조정으로 20명이 사퇴하였다.[30] 1959년 제3대 의원선거에서는 108명이 후보 등록하였다.[31] 부산상의는 양성봉 선거위원장에게 전형을 의뢰하였고, 양 위원장이 50명을 선정하여 투표 없이 의원을 확정지었다. 양성봉은 건국준비위원회 경상남도지부 문화 · 외무위원장이었고 1946~1948년에 부산시장을 지냈다.[32]

회장선거에서도 비슷한 일이 있었다. 1959년에는 신덕균과 김지태가 동시에 출마하였다. 신덕균은 제2대 회장(법정단체)이었으며, 김지태는 제1, 2대 회장(임의단체[33])이었고 그 이후 국회의원으로 활동한 뒤 부산상의로 되돌아온 것이었다. 양성봉 선거위원장은 그 두 사람이 동시에 출마하면 상공업계가 양분될 위험이 있다고 판단하여 자유당 경상남도 당위원장이었던 김철수에게 조정을 의뢰하였다. 김철수의 조정에 따라 김지태가 양보하였고, 신덕균이 당선되었다.[34] 김철수는 1940년대 후반에 대한독립촉성국민회의 간부였고 부산에서 자유민보를 발간한 적도 있었다.[35]

이것이 전국적인 모습은 아니었다. 청주상공회의소에서는 1954년에 행해진 상의(법정단체) 제1대 의장과 의원선거에서 치열한 선거운동과 득표전략이 행해졌고, 그 후유증으로 제1대 의장의 재임 중에 불신임 동의안이 제출되기도 하였다. 청주상의는 제1대의 경험을 살려 제2대에서는 사전조정하여 경쟁에 따른 후유증을 해소하였다.[36] 부산상의의 설립과 유지는 순조

27) 법정단체는 상공회의소법이 제정(1952년)된 이후를 가리킴.
28) 조선일보(1954. 1. 4).
29) 조선일보(1954. 1. 21).
30) 조선일보(1957. 1. 6).
31) 조선일보(1959. 12. 25).
32) 박원표(1965), p. 240.
33) 상공회의소법이 제정되기 이전을 가리킴. 1946~1952년까지임.
34) 부산상공회의소(1982), pp. 633~635.
35) 박원표(1965), p. 242.
36) 청주상공회의소(1989), pp. 301~303.

로운 편이었으며, 이것이 부산상의의 활동을 원활하게 하였을 것이다.

서울상의와 부산상의의 회비수입을 비교하면 연도마다 등락은 있으나 1953~1973년을 평균해서 부산이 서울의 49%를 차지하였다.[37] 김호범의 연구에 의하면 1953~1960년에 부산의 대출금 총액은 서울의 약 16%였다.[38] 대출금 총액이 부산과 서울 경제규모의 대리변수로 반드시 적합하지는 않지만 경제규모에 비해 회비수입이 많았다고 할 수 있을 것이다. 이것도 부산상의의 활동이 원활하였음을 나타낸다고 생각한다.

이 시기에 부산상의는 전국적으로 유수한 지위에 있었다. 1946~1952년에 상공회의소가 임의단체였을 때에 부산상의의 제1대 회장이었던 김지태가 조선상공회의소의 제1대 부회장을 겸하였다. 제2대부터는 수석부회장 제도가 생겼는데 제2대에서는 김지태가, 제3대에서는 당시의 부산상의 회장이었던 이연재가 수석부회장이 되었다.[39] 이 지위는 상의가 법정단체가 된 이후에도 유지되었다. 1954년에는 대한상공회의소 정관에 의해 부산상의 회장이 대한상의 부회장직을 당연직으로서 맡게 되었다.[40] 같은 해에 대한상의에 파견할 수 있는 대의원수가 서울이 8명, 부산과 대구가 각 6명이었다.[41] 한국전쟁 중 부산이 임시수도였을 때, 부산 기업인들이 정부의 인적 · 물적 동원에 협력하였고, 이러한 활동이 대한상공회의소에서의 부산상의의 지위를 높였을 것이다. 1961년에 박정희정부가 전국 지방상의의 의원정수를 법으로 정하였는데, 그것에 의하면 서울과 부산은 33명이었고, 대구는 26명이었다.[42]

37) 부산상공회의소(1982), pp. 483, 669, 982; 대한 · 서울상공회의소(1976a), p. 931; 대한 · 서울상공회의소(1976b), p. 464.
38) 김호범 외(2006), p. 245.
39) 부산상공회의소(1982), pp. 424~426.
40) 부산상공회의소(1982), p. 622.
41) 부산상공회의소(1982), p. 586.
42) 부산상공회의소(1982), p. 775.

Ⅲ. 부산상공회의소의 활동

1. 일본인 재산 관리

식민지기에 부산경제에서 차지하는 일본인의 비중이 다른 지역보다 훨씬 컸다. 1942년에 부산 인구가 33만 4,318명이었는데, 그 중에 일본인이 6만 1,436명이었다.[43] 1940년 말에서 1941년 초에 제조업 사업체가 540~580개 있었고, 그 가운데 일본인 소유가 435~467개였다.[44] 또한 부산항을 통한 무역액의 90%가 일본을 오간 것이었다.[45] 같은 시기에 한국 인구에서 차지하는 일본인 비율은 2.9%였고, 한국 공장총수에서 차지하는 일본인 공장의 비율은 39.9%였으며, 한국 무역총액에 대한 일본 무역액의 비율은 수출이 78.3%, 수입이 88.1%였다.[46]

태평양전쟁에서 일본이 패배하자 일본 기업들은 자신의 부산 공장이 가지고 있었던 시설, 기계, 부품, 원자재 등을 마구 매각하였다. 남선(南鮮)수산 사장 松本耕一郎은 어선과 어구를 일본으로 밀반출하였다.[47] 삼화고무는 식민지기에 군수공장이었기 때문에 광목과 생고무 등 신발생산에 필요한 원자재, 신발 완제품, 비상용 의약품을 많이 비축하고 있었는데, 삼화고무의 사장이었던 米倉清三郎은 해방 직후 물자를 방매하였고 그것을 일본 화폐로 바꾸었다.[48] 한국 주둔 일본군도 미군이 진주하기 전에 군수물

43) 김대래 외(2005), p. 301.
44) 김대래 · 배석만(2002), p. 68.
45) 김호범 외(2004), p. 377에 의하면 1930년대 후반에 일본과의 무역액이 무역총액의 90%를 넘었는데, 이 경향이 1940년대 전반에도 지속되었을 것으로 판단한다.
46) 허수열(1993), p. 122; 김낙년(2001), p. 175.
47) 차철욱(1996), pp. 113~114.
48) 米倉清三郎은 미군이 부산에 진주하기 이전에 그 화폐를 가지고 일본으로 탈출하였다. 국제신문(1990. 11. 10).

자를 처리할 심산으로 부산에 저장되어 있었던 군수품을 일시에 방매하였다.[49]

태평양전쟁 중에 소비물자가 부족하였기 때문에 많은 부산시민이 방매되는 물자를 사려고 앞을 다투었다. 그러자 부산시민 사이에서 "일본인들의 투매를 막아야 한다", "건국이 되면 모두 우리 물건이 될텐데 일본인에게 돈을 주고 사는 자는 우리 동포가 아니다"라는 비판 여론이 들끓었다. 앞에서 언급하였듯이, 1945년 8월 29일에 부산의 상공업자들이 경남상공경제위원회를 결성하였는데 그 단체의 첫 사업은 공장의 설비와 재고품을 조사하고 공장주가 그것을 방매하지 못하도록 지키는 것이었다. 그리하여 일본인 공장의 재고품을 공정가격의 1.5배 가격으로 매수하고 위원장 또는 광공부장의 명의로 보관하기로 하였다.[50]

9월 7일에는 상공경제위원회가 부산을 세 구역으로 나누었고, 일본인 공장의 시설, 기계, 원재료, 완제품의 재고조사에 착수하였다.[51] 아울러 위원들은 삼화고무 사장 米倉淸三郎을 소환하여 고무제품의 투매를 중지하도록 경고하였고, 조선방직회사 사장 時岡昇平이 창고의 광목을 투매한다는 소식을 듣고는 치안대[52]의 협조를 얻어 그 투매를 중지시키기도 하였다.[53] 삼화고무와 조선방직만이 아니라 흥아타이어와 일본경질도기에도 동일한 일을 행하였다.

미군이 9월 8일에 인천에 상륙하였지만 9월 14일에야 미군정이 조선총

49) 부산직할시 시사편찬위원회(1990), p. 1100; 부산학연구센터(2003), p. 187.
50) 이것과 관련해서는 매수자금의 원천, 이후에 누구에게 판매되었는지 등이 검토되어야 이 대책의 가치를 정확히 평가할 수 있지만 저자는 아직 그러한 자료를 입수하지 못하여 추후의 과제로 남겨 둔다. 본론에서도 언급되듯이 회원의 일부는 소속단체의 결정에 따르지 않고 사적으로 매입했을 것이다. 국제신문(1990. 11. 1); 김지태사장창업35년사편찬위원회(1968), pp. 70~71; 차철욱(1996), p. 115.
51) 김지태(1976), p. 63.
52) 해방 직후에 부산의 치안을 유지하기 위해서 자발적으로 설립된 단체임. 건국준비위원회 부산지부와는 다름. 장인달, 한석범, 김자장이 중심이었음.
53) 박원표(1967), p. 245.

독부의 관리들을 해임하였으며, 부산에 도착한 것은 9월 17일이었다. 그리하여 상공경제위원회가 활동을 시작한 직후에는 조선총독부가 아직 활동하고 있었고 일본인 기업이 일본인 관리를 움직여 저항하였다.[54] 하지만 상공경제위원회의 조사가 멈추지 않자 일본인 관리들도 저항하지 못하였고, 그 조사활동을 방임하였다.

같은 해 9월 25일에 미군정이 일본 정부와 일본인의 모든 재산을 접수하였다. 이어서 9월 27일에 경남상공경제위원회는 미군정에 귀속된 일본인 공장의 생산시설과 원재료 재고를 조사할 위원 22명을 선발하였다.[55] 아울러 상공경제위원회의 재정부장이었던 김지태는 경상남도 지사와 적산관리청장의 요청을 받아 귀속재산의 관리인을 망라한 부산재산관리인회를 조직하였다.[56] 재산관리인회는 귀속사업체에 대한 행정지도에 협조하였으며, 분쟁조정 등의 임무를 맡았고 귀속공장의 경영에 적당한 책임자를 선발하여 미군정에 추천하기도 하였다.[57]

그런데 이 시기의 부산 상공업자 가운데에는 일본인 재산을 염가로 구매하거나 탈취하려는 사람도 다수 있었다. 공장을 조사하는 도중에 그 곳의 한국인 종업원과 비밀리에 의논하고 약속하여 재고를 빼돌리기도 하였고, 일본군이 두고 간 군마를 값싸게 사려고 서로 다투기도 하였다.[58] 이 때문에 자신들의 이익을 추구하지 않겠다는 각서를 쓰기도 하였지만 그 일을 근절하기는 어려웠다.[59]

어려움 속에서도 상공경제위원회는 귀속재산의 처리와 관련해서 여러 가지 일을 행하였다. 앞에서 언급하였듯이, 1946년에는 부산재산관리인회를 조직하여 귀속재산을 관리하였다. 재산관리인회의 사무소는 부산상공

54) 성해기 엮음(1989), p. 214; 차철욱(1996), p. 116.
55) 부산상공회의소(1982), p. 430.
56) 박원표(1967), p. 248; 최봉대(1995), p. 114.
57) 부산상공회의소(1982), p. 457.
58) 박원표(1967), pp. 245~246.
59) 김지태사장창업35년사편찬위원회(1968), pp. 70~71.

회의소 내부에 두어졌으며, 귀속재산의 관리인이 행정지도에 협력하게 하는 일, 귀속재산을 둘러싼 분쟁을 조정하게 하는 일을 행하였다.[60] 1948년 7월에는 어떤 국회의원이 귀속재산을 연합국에 대한 배상물로 사용할 수도 있다고 발언하자 그것에 반대하는 성명을 내었다. 한국을 재건할 재원을 잃어버린다는 것이 이유였다.[61] 1948년 12월에는 해방 전의 三中井백화점 건물이 해군병원으로 사용될 수 있다는 첩보를 입수하자 그것이 상의회관으로 사용되어야 한다고 경상남도 관재청에 요청하였다.[62] 당시에 한국의 거의 모든 단체가 귀속재산의 민간불하에 반대하였지만 대한상의는 한민당과 보조를 맞추어 귀속재산의 민간불하를 극력 요청하였는데,[63] 三中井백화점 건물에 대한 부산상의의 요청은 귀속재산의 민간불하를 주장한 대한상의의 행동과 일맥상통한다고 보여진다.

부산상의는 해방 직후부터 미군정이 행정에 착수하기 전까지 귀속재산을 스스로 관리하여 부산경제 재건에 사용될 수 있도록 노력하였고, 미군정이 행정에 착수한 이후에는 미군정의 귀속재산 관리에 협조함과 아울러 가능한 한 많은 귀속재산이 민간에 의해 사용되도록 활동하였던 것이다.

2. 부산경제의 재건과 성장을 위한 활동

이 질에서는 『부신상의시, 1889 1982』에 실린 부산경제아 관련된 부산상의 활동을 6개 소주제로 분류하여 소개한다.

첫째로, 경제신문을 발행하여 경제정보를 널리 보급하였다. 해방 직후 부산에서 '민주중보', '신한일보', '인민해방보', '부산매일신문', '항도일보',

60) 부산상공회의소(1982), p. 457.
61) 부산상공회의소(1982), p. 460.
62) 부산상공회의소(1982), p. 461.
63) 김기원(1990), p. 168.

'부산신문', '대중신문', '부산일보', '자유민보', '수산신문', '동아산업시보' 등 매우 많은 신문이 발간되었는데, 이들은 1946년 중에 거의 없어졌고 '부산일보'와 '자유민보'만이 남았다.[64] 신문을 발행하고 유지하는 일이 쉽지 않았음을 알 수 있다. 그럼에도 불구하고 같은 해에 부산상공회의소가 '수산신문'을 인수하였고 '산업신문'으로 개칭하여 발간하였다. 그 목적은 부산 상공계와 부산상의의 활동을 알리는 것이었다.[65] '산업신문'은 비교적 순조롭게 발행되었는데, 1950년에 '동아산업시보'와 합병하여 '국제신보'가 되었고, 1977년에 '국제신문'으로 개칭되었다.[66]

둘째로, 부산 상공업 인프라를 구축하였다. 1948년 5월에 북한이 송전을 중단하자 부산은 전기가 항상 부족하게 되었다. 부산상공회의소가 경남도청에 부산지방 배전량을 늘려 줄 것을 요청하였고 교섭 끝에 5,000kw의 증량에 성공하였다.[67] 1950년 3월에는 시내 중심가의 조흥은행 현금취급소를 대신동지점으로 승격시켜 부산의 상공업 성장을 촉진할 것을 재무부 장관에게 요청하였다.[68] 1956년 8월에 부산상의 주도로 경상남도 상공장려관이 개관되었다. 경남보다 먼저 개관된 곳은 충청남도(1952년)와 전라남도(1954년)에 지나지 않았고, 서울의 중앙상공장려관보다 4개월 앞섰다.[69] 1957년 6월에 도심 상가의 중심에 있는 육군병원을 교외로 이전하고 그 건물이 백화점 또는 국산품 도매시장으로 사용되게 해달라고 중앙정부에 건의하였다.[70] 1960년에 부산상공회의소 내에 상공상담소를 두어 과세, 특허, 상표등록, 무역상사 알선, 외국어 서비스, 창업, 법인설립, 기업회계, 직업알선 등을 행하였다.[71] 1960년 7월에는 시모노세키 상공회의소, 9월에는 후

64) 박원표(1965), p. 242.
65) 부산상공회의소(1982), p. 457.
66) 박원표(1965), p. 242.
67) 부산상공회의소(1982), p. 458.
68) 부산상공회의소(1982), p. 463.
69) 대한 · 서울상공회의소(1976), p. 907.
70) 부산상공회의소(1982), p. 646.
71) 부산상공회의소(1982), pp. 638~639.

쿠오카 상공회의소와 서한 및 선물을 주고받았고, 상호 협력을 위한 기틀을 쌓았다.[72] 1954년에는 부산에 대한 전력공급을 늘려 줄 것을 요청하였으며,[73] 1960년 9월에는 한국의 전력공급이 수요의 2/3에 지나지 않으니 발전선을 도입할 것과 그 발전선을 항만시설이 가장 우수한 부산항에 둘 것을 요청하였다.[74]

셋째로, 부산의 무역을 촉진하고 공정무역을 하기 위한 제도를 구축하였다. 1947년에 부산상공회의소의 주도하에 부산무역상조합이 설립되었다.[75] 1953년 6월에는 부산상공회의소가 주최하여 밀수입되는 사치품을 근절하기 위한 대책회의를 열었다. 이 회의에는 중앙정부 · 경상남도 · 부산시 관료와 부산상공회의소 의원, 부산 상공업자 등 39명이 참석하여 밀무역을 막고 사치품 소비를 줄일 방안에 대해 토의하였다. 1960년 9월 부산에 상공부 주재관실을 설치하고, 중앙정부 각 부서의 추천업무를 지방장관에게 이전하고, 부산에서도 국제협조처(International Cooperation Administration: ICA) 달러와 정부보유 달러의 공매(公賣)에 참가할 수 있게 하여 지방의 무역을 발달하게 해 줄 것을 요청하였다.[76]

넷째로, 정부의 물가안정정책에 협력하였다. 1946년에 미군정이 물자배급을 위해 각 지역에 물자운영조합을 두었다. 부산상의는 부산물자운영조합을 부산상공회의소의 별관에 두었고 그 조합을 관리하였다.[77] 독립 이후에도 1970년대 말까지 한국경제는 공급이 수요를 줄곧 하회하였고 초과수요에 의한 인플레이션에 시달렸다. 한국 정부는 재계에 물가안정에 협력할 것을 빈번하게 요청하였다. 그 내용은 생산을 늘릴 것, 이윤을 줄일 것, 소비자와 직거래할 것 등이었다.[78] 부산상의는 정부시책에 호응하였고 수

72) 부산상공회의소(1982), pp. 655~656.
73) 조선일보(1954. 11. 26).
74) 부산상공회의소(1982), p. 646.
75) 부산상공회의소(1982), p. 458.
76) 부산상공회의소(1982), p. 646.
77) 부산상공회의소(1982), p. 457.

시로 물가안정 국민운동을 행하였다. 대표적으로 1955년 9~12월에 강연회와 좌담회 개최, 선전탑과 플래카드 설치, 표어와 포스터 부착, 홍보방송, 웅변대회 개최 등을 행하였다.[79)]

다섯째로, 1947, 1949, 1952, 1954년에 상공도덕을 높이기 위한 사업을 시행하였다. 1954년의 사업이 가장 활발하였는데, 부산상의가 4월 8~14일을 상공도덕 앙양주간으로 정하였고, 우수상품 생산, 정찰제 실시, 명랑 상거래 등을 홍보하였다. 방법으로는 플래카드 · 표어 · 포스터 부착, 영화상영, 도심 소재 국제시장에서의 방송, 좌담회 개최, 쇼윈도 장식 경연대회 등이었다.[80)]

여섯째로, 부산 재계의 구심점을 만들려 하였다. 그것을 위해 1947년에 부산상의가 주도하여 부산공업구락부를 설립하였다.[81)] 상세한 내용을 알 수는 없으나 식민지기의 공업구락부가 대기업가 모임이었던 것을 참조하면 부산공업구락부는 부산 대기업가의 모임이었을 것이다.[82)]

〈표 6-1〉은 대한상공회의소와 부산상공회의소의 활동을 비교한 것이다. 대한상의의 활동은 『상공회의소 90년사(상 · 하)』에서 발췌하였다. 발췌기준은 활동의 내용을 알 수 있는 어느 정도의 설명이 부가되어 있어야 한다는 것이다. 부산상의의 활동은 『부산상의사, 1889-1982』에서 발췌하였다. 발췌기준의 첫째는 대한상의와 동일하며, 둘째는 부산상의의 독자적인 활동이어야 한다는 것이다. 즉, 부산상의가 대한상의에 협력하여 함께 행한 일들은 여기에 포함되어 있지 않다. 전자는 길이 30cm, 두께 2,600페이지이며, 후자는 26cm, 1,596페이지이므로 대한상의에 대한 기록이 부산상의에 대한 기록보다 1.8배 더 자세하다고 할 수 있다. 그런데 부산상의에 대

78) 박섭(2005).
79) 부산상공회의소(1982), p. 655.
80) 부산상공회의소(1982), pp. 465~466, 656~658.
81) 부산상공회의소(1982), p. 458.
82) 부산상공회의소(1982), p. 458.

표 6-1 대한상공회의소와 부산상공회의소의 활동 비교, 1946~1960

대한상의	부산상의
임시정부 수립대강을 작성	부산직할시 승격운동
상공회의소 건물 확보	三中井백화점 건물의 상공회의소 회관 사용을 허가받음
대일배상 및 귀속재산 운영	해방 직후에 일본인 재산을 자율적으로 관리
북한 단전	단전 이후에 부산에 대한 전력배정량 증가
한국무역협회 설립	부산무역상조합을 설립
조선물자운영조합연합회	부산상의가 부산물자운영조합을 지도 · 감독
남한 전력개발대책위원회	발전선을 부산에 둘 것을 요청
조선능률공회	부산공업구락부 발족
상공회의소법 제정	상공회의소법 제정
조사 및 발간사업	1952년 부산 대화재 실태조사
정기간행물	산업신문 설립
국산품 장려	사치품 소비절약 대책
물가안정	물가안정 국민운동
상공도의 앙양	상도덕 앙양 행사
중앙상공장려관 개관	경남상공장려관 개관
기능검정시험 및 경연대회	쇼윈도 장식 경연대회
강좌 강연회	최광 공학박사 대강연회
산업시찰단 파견	일본 상공회의소와 친선교류
군경원호 위문	7835부대 위문
통상과 교역	정부보유 달러를 부산에서도 구매할 수 있게 할 것을 요청
재정과 세정	대구사세청을 부산으로 이전
절량농가 구호사업	
남북한 물자교역	
도상공국 설치	
헌법 초안	
토지개혁	
식량정책	
북한 화폐개혁	
생필품 배급기구 설치 제안	
중소기업 육성정책 건의	
재일동포 자산반입	
박람회 참가	

주 및 자료: 본문의 설명을 참조.

한 기록이 상대적으로 소략함을 감안하고 발췌한 내용을 비교해 보면 부산상의가 매우 활발하였음을 알 수 있다.

〈표 6-1〉에 따르면 절량농가 구호사업, 남북한 물자교역, 도청에 상공국 설치, 헌법 초안, 토지개혁, 식량정책, 북한 화폐개혁, 생필품 배급기구 설치 제안, 중소기업 육성정책 건의, 재일동포 자산반입, 박람회 참가 등과 관련해서는 부산상의의 독자적인 사업이 없었다. 헌법 초안처럼 부산상의의 한계를 넘기 때문일 수도 있고, 역량이 대한상의보다 부족하였기 때문일 수도 있고, 절량농가 구호사업처럼 부산에는 긴급하지 않은 사업일 수도 있으며, 박람회 참가처럼 대한상의에 협력하여 행하였기 때문이기도 할 것이다.

부산상공회의소의 활동은 대한상의에 미치지는 못하였지만 지방의 다른 상의보다는 훨씬 활발하였던 듯하다. 1945~1954년에 인천상의의 활동은 건의와 진정이 8건, 좌담회가 10건, 기타가 6건이었다. 그리고 공산품 전시회와 각종 추천서의 발급을 제외하면 실적을 거둔 사업이 없었다.[83] 청주상의는 인천상의보다 적었다. 통영상의는 한국전쟁이 끝난 이후 통영읍의 충무시로의 승격을 추진하는 위원회를 설치하였고, 중앙정부에 충무에 대한 배전량의 증가를 요청하였다.[84] 그보다 조금 앞선 시기에 부산상의가 부산을 독립시로 승격시키기 위해 그리고 부산에 대한 배전량을 증가시키기 위해 노력했는데, 명확한 근거를 대기는 어렵지만 부산상의의 활동이 통영상의에 영향을 주었을 가능성도 있을 것이다.

3. 대한상공회의소법 제정

1943년에는 전국 상공회의소 회원이 24만 명에 달하였으나 1946년에는 3만

83) 인천상공회의소(1995), pp. 222~229.
84) 박문정(2001), p. 68.

명에 지나지 않았다.[85] 부산상의 회원수는 1930년에 1만 2,000명이었으나 1946년에는 2,300명, 1949년에도 3,517명에 지나지 않았다.[86] 가장 큰 이유는 상공업이 위축된 것이겠지만, 전국의 지방상의들은 해방 이전에는 상의가 법정단체였으나 해방 이후에 법의 보호를 받지 못하는 임의단체로 된 것이 회원이 줄어든 가장 큰 이유라고 주장하였다. 임의단체이기 때문에 회원이 적게 가입하고, 회원이 적기 때문에 상의의 힘이 약하고, 힘이 약하기 때문에 회원의 이익을 보호하지 못하고, 그것이 되먹임하여 상의 가입자가 줄어든다는 것이었다.

조선상공회의소는 법정단체를 만들고, 지방상의에 그 지역 내의 모든 상공업자가 가입하게 하여 그 악순환을 끊고 싶었지만 미군정은 그것에 반대하였다.[87] 미국 정부는 사업자들이 단체를 만들고 그 단체가 시장지배력을 발휘하는 일이 일어나지 않도록 주의를 기울였는데,[88] 이 방침이 한국상공회의소에도 적용되었던 것이다. 한국 농협의 재건에서도 미군정은 이 방침을 고수하였다.[89]

한국 정부가 수립된 이후에 대한상공회의소는, 이승만정부에게 상공회의소법을 제정하고 지방 상공업자가 지방상의에 의무적으로 가입하게 할 것과 상의에 회비징수권을 줄 것을 요청하였다. 그 내용을 담은 「대한상공회의소법」이 1949년에 국무회의를 통과하였으나 한국전쟁으로 상정되지 못하였는데, 1951년부터 대한상의와 부산상의는 상공회의소법의 제정을 위해 다시 노력하였나. 이때 부산상의가 핵심적인 역할을 했던 하나의 요인은, 한국전쟁 때문에 대한상의가 부산에 본부를 두었으며 그로 인해 부산상의가 서울상의의 지위를 대신하였던 것이다.

85) 부산상공회의소(1982), p. 568.
86) 부산상공회의소(1982), pp. 479, 1566.
87) 대한 · 서울상공회의소(1976), p. 1138.
88) 이재형(1999), pp. 106~119.
89) 박섭(2004).

대한상의와 부산상의의 공동노력의 결과로 1952년에 「대한상공회의소법」이 공포되었다. 그에 의하면 상의의 목적은 상공업의 개선발달이었고, 상의의 권리는 정부에 주요 시책을 건의하는 것, 모든 상공업자를 상의에 의무가입시키는 것, 영업세의 15% 또는 광세의 10%에 해당하는 회비를 부과하는 것이었다. 상의의 의무는 정부의 자문에 답신하는 것, 상공부 장관의 감독과 제재를 받는 것이었다.[90]

4. 부산시 승격운동

서울이 경기도에서 분리된 것은 1946년 9월이었지만 해방 직후부터 서울은 경기도의 한 지역이라기보다는 독자적인 행정구역으로 취급 받았다. 그것에 자극받아 부산상공회의소는 1946년 말부터 부산시를 독자적인 광역행정구역으로 승격시킬 것을 계획하였다. 부산상의 회장이었던 김지태는 부산시의 승격안을 상의 회의에 제출하였고 만장일치의 찬성을 얻었다. 그 직후에 당시의 부산시장 양성봉을 만났고, 양 시장의 협조를 약속 받았다. 아울러 민정장관이었던 안재홍, 입법원의장이었던 김규식 등에게 부산시의 승격을 부탁하였다.[91] 부산상의는 1947년에 대구에 있던 지방국세청[92]과 고등법원을 부산으로 이전하도록 중앙정부에 요청하였고, 그것이 실현되자[93] 용기를 더 얻었고, 부산시의 독립시 승격안을 더 적극적으로 추진하였다.

1948년 무렵부터 부산경제가 회복되기 시작하였다. 중요한 하나의 이유는 해방 이후 원조물자가 부산항으로 수입된 것이었다. 1948년에 94만 3,212톤의 원조물자가 한국에 들어왔는데, 그 가운데 76만 794톤이 부산항

90) 대한 · 서울상공회의소(1976), pp. 643~647.
91) 김지태사장창업35년사편찬위원회(1968), p. 80.
92) 당시 명칭은 司稅聽임.
93) 부경역사연구소(2004), p. 151.

으로 들어왔다.[94] 그 물자에 힘입어 부산에 원조물자 가공공업이 발달하였고, 1940년대 말에 이르러 전국적으로 이름난 기업이 다수 탄생하였다. '흥아타이어', '동명목재', '대동산업', '국제화학', '조개표석유', '동아석유', '조선선재'('동국제강'의 모태), '송월타월' 등이 속속 설립되었다.[95] 부산 기업가의 실력이 높아지면서 부산의 발언권도 더 커졌다.

1949년 봄에 한국 정부가 지방자치법 초안을 만들었는데, 그것에 "서울을 특별시로 한다"는 조항이 포함되어 있었다. 부산상의와 부산동회연합회는 부산의 유력자를 망라하여 부산특별시승격기성회를 결성하였고, 지방자치법 초안에 서울특별시 설치만이 아니라 부산특별시 설치도 포함시켰다. 하지만 본회 심사에서 근소한 차이로 부산특별시 설치가 부결되었다. 그것에는 서울시의 경쟁심과 경상남도의 위기의식이 작용하였다.[96] 하지만 이 요청이 약간의 성과를 낳았는데, 1956년에 부산에 구제(區制)가 실시되어 다른 지방도시와는 달리 취급되었던 것이다.[97] 이어서 1957년에 부산상의가 「부산은 정부 직할시가 되어야 한다」는 장문의 의견서를 제출하였고, 1958년에 부산직할시승격기성회를 조직하였다.[98] 그때부터 부산직할시승격기성회와 부산상의가 공동노력하였고, 그것이 결실을 거두어 1963년에 부산이 직할시로 승격되었다.

94) 박영구(2005), p. 171.
95) 박영구(2005), pp. 173~175.
96) 김지태사장창업35년사편찬위원회(1968), p. 80.
97) 부산상공회의소(1982), p. 456.
98) 부경역사연구소(2004), p. 189.

Ⅳ. 부산상공회의소와 정부

앞에서 언급하였듯이, 1946년 7월에 부산상공회의소가 설립되었다. 창립총회에서 낭독된 설립취지문에 의하면 부산상의는 일본적 상의의 인상을 청산하는 일, 경제부흥과 국민의 편안한 경제생활을 도모하는 일, 경제계의 지도적 기관이 되는 일, 당국의 시정협력기관으로 활동하는 일을 주요 목표로 하였다.[99] 제1대 회장 김지태는 1947년의 신년사에서 "경제인은 이윤추구라는 구태관념에서 벗어나 애국적 도의심에 입각하여 적극적으로 산업재건에 매진해야 한다"고 언급하였다.[100]

정부에 대한 협력 및 국민경제의 성장을 강조하고 있는데, 중요한 이유의 하나는 그것들을 강조하여 조선총독부를 지지하였던 과거를 불식해야 하는 것이었을 것이다. 식민지기에 부산상의에서의 한국인의 활동은 활발하지 못하였다. 상의 회원 가운데 안희제나 최준과 같이 항일운동에 참가한 사람도 있었고, 한국 및 한국인 상공업의 발달을 위해 힘쓴 사람도 있었지만 상의 한국인 회원의 다수는 친일파이거나 자신의 명예만을 위하였다.[101] 이 점이 부산상의만의 특징은 아니었을 것이다. 1932년에 일본이 만주국을 건국하자 조선총독부는 만주로 진출할 계획을 세웠다. 1933년에는 조선무역협회를 세우는 등 적극적인 정책을 폈는데, 한국인 기업가들은 만주특수를 기대하며 조선총독부에 더 협력하였다. 중일전쟁 발발 이후에 설립된 공업조합도 마찬가지였다. 조선방적공업조합의 사례에 의하면, 수출용 면직물 검사, 배급 원재료의 조합원 할당, 군부와 조선총독부가 부과한

99) 부산상공회의소(1982), p. 432.
100) 부산상공회의소(1982), p. 439.
101) 부산상공회의소(1982), pp. 253~254.

생산책임량의 조합원 할당, 조합원 과잉생산량의 구매, 총독부 허가하의 과잉생산량 판매 등을 행하였다.[102] 태평양전쟁 중에는 조선총독부에 대한 협력이 더 진행되었다. 태평양전쟁 중에 설립된 상공경제회의 목적은 정부와 산업 사이의 원활한 연락을 도모하는 것이었다.[103]

긴 시간 동안 기업가가 총독부에 협력하였기 때문에 새로이 설립된 부산상공회의소가 1945년 이전의 모습에서 벗어나지 않으면 부산 시민의 지지를 얻을 수 없었다. 이 점은 전국적으로도 마찬가지였다. 1946년 조선상공회의소의 설립취지서에 의하면 상의가 과거에 일본인의 이익과 조선총독부의 이익을 위했으나 지금은 그것에서 벗어나야 하였다.

1952년에 「대한상공회의소법」이 제정되었고 그에 따라 상공회의소의 임원진이 다시 구성되었다. 그리하여 1954년에 부산상의가 다시 출범하였다. 부산상의의 목적은 민족자본의 수호, 상공업계의 여론수렴 및 상반된 이해관계의 조정, 한국 상공업계에 대한 외국으로부터의 질문에 답변, 한국전쟁으로 피폐해진 한국경제의 재건, 정책 기초자료의 제공이었고,[104] 정관에 의하면 부산상의의 사업은, 첫째가 상공업에 관하여 정부에 건의하는 일, 둘째가 상공업에 관하여 정부의 자문에 답신하는 일이었다.[105] 제3대 회장 신덕균은 1960년 1월의 취임사에서 부산상공회의소가 정부에 건설적인 건의를 하여 업계의 의사를 반영시켜야 한다고 주장하였다. 특히, 중소기업의 발달에 기여해야 한다고 주장하였다.[106]

1946~1960년의 부산상의의 태도를 다음과 같이 요약할 수 있다. 첫째로 상의가 과거 모습을 버리고 정부에 협조하여 국민경제의 발달을 도모한다. 둘째로 그 위에서 상의가 정부에 상공업계의 이익을 옹호하는 제안을

102) 박섭(2005).
103) 지수걸(2001). 「상공경제회법」은 http://www.hokkaido.cci.or.jp/cci/reki/rekisi4.htm 참조.
104) 부산상공회의소(1982), p. 497.
105) 부산상공회의소(1982), p. 593.
106) 부산상공회의소(1982), p. 637.

하고 받아들이게 하여 상공업자의 이익을 높인다. 즉, 재계이익의 옹호와 정부에 대한 협력이었다.

이번에는 상의에 대한 정부의 태도를 살펴보자. 1952년에 제정된 「대한상공회의소법」에 따르면 상공업자는 상의에 의무가입해야 하였다. 그 대신에 상의 해산을 제외한 나머지에서 상공부 장관이 지도 · 감독권을 가졌다. 한편, 상의에 회비 강제징수권을 주지는 않았다. 즉, 상의가 정부에 대해 너무 커다란 교섭력을 가지지는 못하게 하였다.

그런데 그 시기의 한국 정부는 정부의 통제력은 확보하면서도, 상공회의소를 경제운용에 적극적으로 이용한다는 발상을 내지는 않았다. 1952년에 대한상공회의소[107](임의단체) 제3대 회장이 취임하였고, 그 취임식에서 이교선 상공부 장관이 축사를 하였는데, 이 장관은 산업발달에 대해 언급하였고, 기업가의 노력도 요청하였지만 정부정책에 대한 기업가의 협력을 요청하지는 않았다. "정부시책과 병행되는 여러분의 다각적인 맹활동을 기대한다"고 언급하였을 뿐이었다.[108] 1954년쯤까지 상공회의소에 대한 한국 정부의 자세는 경제적이었다기보다는 정치적이었다고 생각된다.

1953년에 「대한상공회의소법」의 시행령이 공포되었으며 1954년에 대한상공회의소가 법정단체로서 재출발하였는데, 이 무렵부터 정부관료의 발언에 변화가 보인다. 법정단체로 바뀐 이후의 대한상의 제1대 의원총회에 참석한 안동혁 상공부 장관은 정부가 경제부흥을 위해 애쓰고 있는데 상공업자들의 건투와 협조가 없이는 목적을 달성하기 어렵다는 취지로 연설하였다.[109]

1954년의 변화에 대해서는 다음과 같이 설명할 수 있다. 이승만 대통령은 자유주의자였으며, 앞에서 언급하였듯이 이승만정부의 경제관료에는

107) 1948년에 조선상공회의소가 대한상공회의소로 개칭되었다.
108) 대한 · 서울상공회의소(1976), p. 512.
109) 대한 · 서울상공회의소(1976), p. 679.

미국에서 돌아온 자유주의자가 많았다. 그리하여 기업가단체의 협력을 이용하여 경제를 운영한다는 생각은 그들에게는 생소하였다. 그런데 한국전쟁으로 많은 시설이 파괴되고 전쟁 후에 그것을 복구해야 하자 그러한 방식으로는 경제를 운영하기 어려웠다. 전쟁은 미국 정부가 중심이 되어 치렀지만 복구는 한국 정부가 중심이 되어야 하였고, 정책에 대한 기업가의 협력을 얻지 못하고는 복구할 수 없었던 것이다. 정부의 그러한 변화가 상공회의소를 법정단체로 발전시켜 달라는 상의의 요청을 받아들이게 하였으며, 상의가 법정단체로 바뀌자 한국 정부도 상의에 대해 예전보다는 강한 요청을 할 수 있게 되었고 상의에게 협력을 요청하는 발언을 하게 된 것으로 판단할 수 있다.

1957년의 대한상의 제2대 의원총회에 참석한 김일환 상공부 장관은, 정부가 물가안정과 수출증대를 목표로 하고 있으니 기업도 정부의 기대를 참작하여 공급량과 수출량의 증가에 노력해 줄 것, 상공자료 수집에 협력해 줄 것, 정부의 자문에 진지하게 답신해 줄 것을 요청하였고, 정부가 상공회의소 강화에 노력하고 있다고 발언하였다.[110)]

같은 사실이 부산에서도 관찰된다. 1957년에 부산상의의 신축건물이 준공되었는데, 준공식에 참가한 김일환 상공부 장관은 "산업부흥과 경제자립을 위하여 (중략) 많은 중요 국가시책의 일단을 담당하여 정부에 대한 건의와 일반에 대한 계몽실천으로 착착 그 결실을 보게 됨은 본회의소에 부하된 사명을 충실히 수행한 증좌라 아니할 수 없다"고 연설하였다.[111)]

5·16군사정변 이후에 상공회의소법이 개정되었고 상의에 대한 경제적 규제와 동원이 강화되었다. 1961년에 「상공회의소 및 대한상공회의소 운영에 관한 임시조치법」과 그 시행세칙이 제정되었는데, 상의 의원 정수가 종래의 2/3로 줄었고, 의원선거를 하지 않고 업종별 대표로서 의원총회를 구

110) 대한 · 서울상공회의소(1976), p. 679.
111) 부산상공회의소(1982), p. 663.

성하게 되었으며, 회장 · 부회장 · 사무국장의 임면에 상공부 장관의 승인이 필요하게 되었다. 아울러 시 · 읍 · 면장에게 회비 강제징수권이 주어졌다. 또한 상의가 사무소에 회원 실태대장을 비치해야 하였다. 실태대장은 6개월에 한 번씩 갱신하게 되어 있었는데, 회원이름, 기업명칭, 기업소재지, 업종, 최근의 사업실적, 주거래 은행, 납세실적 등을 포함해야 하였다.[112] 이 자료는 정부가 경제정책을 세울 때 이용되었다.

5 · 16군사정변 이후의 여러 변화를 거쳐 1967년 4월에 부산상공회의소 정관이 개정되었다. 그 이전에는 상의의 목적이 상공업의 개선발달이었으나, 개정된 정관에서는 상공업의 개선발달에 덧붙여 국민경제의 성장과 국제경제의 진전에 대한 기여가 명기되었다.[113] 같은 해에 강석진이 제6대 회장에 취임하였는데, 그 취임사에서 우리 상공인이 협력하지 않으면 제2차 경제개발 5개년계획을 달성하기 어려우므로 적극 협력해야 한다고 발언하였다.[114]

1954년 무렵을 경계로 해서 상의와 정부의 관계에 커다란 변화가 일어났다. 겉으로 보이는 계기는 「대한상공회의소법」이 제정되고 대한상의가 법정단체로 바뀐 것이지만, 그 내면에는 한국전쟁 이후에 국민경제를 재건해야 한다는 필요가 있었다고 할 것이다. 그리하여 1946~1954년과 비교하면 그 이후에는 정부에 대한 상의의 협력이 두드러졌다.

112) 부산상공회의소(1982), pp. 761~767.
113) 부산상공회의소(1982), p. 812.
114) 부산상공회의소(1982), p. 812.

V. 맺음말

1945~1960년에 부산 상공업자는 부산상공회의소를 중심으로 결집하였고, 부산경제의 어려움을 타개하고 부산 산업을 발달시키기 위해 노력하였다. 부산상의는 일본인이 남긴 물적 재산이 황폐하게 되는 것을 막았고, 부산경제의 재건과 성장을 위해 여러 가지 사업을 행하였으며, 부산시의 직할시 승격(처음에는 특별시 승격)운동에서 주도적인 역할을 수행하였다. 또 대한상의와 협력하여 「대한상공회의소법」이 제정되게 하여 상의의 발달을 촉진하였다. 상공회의소법이 상의의 자율성을 저해한 측면도 있지만 당시의 사정에서는 상의의 발달을 촉진하였다고 할 수 있을 것이다.

1945~1960년에 지방정부의 경제개발 기능이 미약하였는데, 부산상의는 여러 가지 경제적인 사업으로 지방정부의 약한 부분을 보완하며 지방경제를 지원하였다. 먼저 1953년 이전을 살펴보면 지방정부의 예산이 매우 적었다. 1950년 이전의 정확한 수치는 알 수 없으나, 1951~1953년의 국가예산에서 차지하는 지방정부 예산의 비율이 14~20%에 지나지 않았으며,[115] 지방정부는 재정자금의 부족에 시달렸다. 1945~1948년에 경남도청과 부산시청은 치안에 필요한 경비도 마련하지 못하였다. 그리하여 기업들에게 치안경비의 일부를 부담해 줄 것을 요구하였다. 이때에 부산상공회의소는 경남경찰후원회를 만들었고, 후원회가 기업에서 돈을 염출받아 경찰을 지원하였다. 아울러 상의가 사법보호회를 두어 형을 치르고 나온 사람들의 갱생을 지원하였고, 선도사업도 행하였다.[116] 이 시기에 부산상의는 지방정부의 일반행정의 일부도 보완하였다고 할 수 있다. 1953~1960년은 지방정

115) 한국개발연구원(1991), pp. 626, 666.
116) 부산상공회의소(1982), pp. 441~442.

부 예산이 이전보다 꽤 많아졌고 국가예산의 27~37%를 차지하게 되었다. 하지만 그 예산에서 차지하는 산업경제비의 비율은 4~12%에 지나지 않았다.[117] 지방정부의 예산은 증가하였지만 경제적 기능은 여전히 미약하였다고 할 수 있다.

머리말에서 언급하였듯이, 1945~1960년의 부산경제에는 한국전쟁과 원조의 증감이라고 하는 커다란 외생적 요소가 있었지만 그 외생적 요소는 내부의 경제주체를 경유할 때만 부산경제의 성과에 영향을 미칠 수 있는 것이었다. 〈표 6-1〉에서 알 수 있듯이 부산상공회의소는 당시에 부산의 경제발달을 위해서 여러 가지 사업을 행하였는데, 부산시 정부의 경제적 기능이 약하였을 당시에 부산시 정부를 보완하며 부산경제를 이끌었다고 할 수 있다.

117) 한국개발연구원(1991), p. 628.

참고문헌

강성석, 「부산상공회의소 건의 · 진정사업에 관한 연구」, 부산대학교 석사 학위논문, 1998.

곽태원 · 남준우 · 김홍균, 「기업에 대한 국민의식 조사 결과 및 해석: 우리는 기업을 어떻게 보는가? 국민의식조사 결과를 토대로」, 2001년도 제2회 토론회, 한국경제학회, 2001. 2. 14.

국제신문.

김경일, 「1929년 원산총파업에 대하여: 60주년에 즈음한 역사적 성격의 재평가」, 『창작과비평』 제63호, 1989.

김기원, 『미군정기의 경제구조』, 푸른산, 1990.

김낙년, 「조선무역의 장기동향」, 안병직 편, 『한국경제성장사』, 서울대학교 출판부, 2001.

김대래, 「통합 상업회의소 출범 이전의 경제단체」, 『부산의 기업과 기업가 단체, 1900~1945』, 도서출판 해남, 2010.

김대래 · 배석만, 「귀속사업체의 연속과 단절(1945-1960): 부산지역을 중심으로」, 『경제사학』 제33호, 경제사학회, 2002.

김대래 외, 「일제강점기 부산지역 인구통계의 정비와 분석」, 『한국민족문화』 제26호, 부산대학교 한국민족문화연구소, 2005.

김옥근 외, 『부산경제사』, 부산상공회의소 · 부산경제연구원, 1989.

김용주, 『풍설시대 팔십년: 나의 회고록』, 신기원사, 1984.

김의환, 『한국근대사연구논집』, 성진문화사, 1972.

김재승, 「해사실록5: 관부연락선 40년」, 『월간해양한국』, 한국해사문제연구소, 1982. 11.

김지태, 『나의 이력서』, 한국능률협회, 1976.

김지태사장창업35년사편찬위원회, 『김지태사장 창업35년사』, 천풍인쇄, 1968.

김호범 외, 「한국전쟁과 부산금융의 변화」, 『경제연구』 24(2), 한국경제통상학회, 2006.

대한 · 서울상공회의소, 『상공회의소 90년사(상)』, 대한 · 서울상공회의소, 1976a.

______, 『상공회의소 90년사(하)』, 대한 · 서울상공회의소, 1976b.

木村健二, 「戰時下朝鮮における取引照會データの分析: 釜山商工會議所の事例」, 『社會文化研究所紀要』 57호, 九州國際大學社會文化研究所, 2005.

박문정, 「통영상공회의소 65년의 평가와 과제: 지역발전과정에서 수행한 역할을 중심으로」, 『산업경영』 제29호, 2001.

박 섭, 「系統組織化と農村開發: 20世紀の日本 · 臺灣 · 韓國」, 堀和生 · 中村哲 編著, 『日本資本主義と朝鮮臺灣』, 京都大學學術出版會, 2004(박섭 · 장지용 옮김, 『일본자본주의와 한국 대만: 제국주의하의 경제변동』, 전통과 현대, 2007).

______, 「한국경제에서의 정부와 동업자단체: 면방직업의 경우」, 中村哲 · 박섭 편저, 『동아시아 근대경제의 형성과 발전』, 신서원, 2005.

______, 「한국과 대만의 경제성장에서의 동업자단체의 역할, 1950-1980」, 한국경제학회 제12차 국제학술대회, 2006.

______, 「부산상공회의소」, 『부산의 기업과 기업가단체, 1900~1945』, 도서출판 해남, 2010.

박영구, 『현대 부산의 제조업, 1945-2000: 통계와 발전』, 부산발전연구원, 2005a.

______, 「지역 장기 제조업 통계의 작성 방법과 추계: 부산, 1945-2000」, 『경제학연구』 53(2), 한국경제학회, 2005b.

박원표,『부산의 고금』, 현대출판사, 1965.

______,『향토부산: 부산의 고금시리즈 제3부』, 태화출판사, 1967.

부경역사연구소,『시민을 위한 부산인물사, 근현대편』, 선인, 2004.

부산상공회의소,『부산상의사, 1889-1982』, 부산상공회의소, 1982.

부산직할시 시사편찬위원회,『부산시사』 제2권, 1990.

부산학연구센터,『부산항변천사』, 부산발전연구원, 2003.

성해기 엮음,『부산상공회의소 백년사』, 부산상공회의소, 1989.

송규진,「만주사변이 조선경제에 미친 영향: 대만주국 무역을 중심으로」,『아세아연구』 제105호, 고려대학교 아세아문제연구소, 2001.

安秉直 · 中村哲 엮음,『近代朝鮮工業化의 硏究』, 一潮閣, 1993.

이대근,『한국전쟁과 1950년대의 자본축적』, 까치, 1981.

이재형,『사업자단체와 경쟁정책』, 한국개발연구원, 1999.

인천상공회의소,『인천상공회의소 100년사』, 인천상공회의소, 1995.

정근식,「미군정기 자본가집단의 사회인식: 상공회의소의 담화분석을 중심으로」,『전남대학교 논문집, 사회과학편』, 1985.

정이근,「무역」, 김호범 외,『20세기 부산경제통계의 이해와 부산경제의 변동분석』, 부산광역시, 2004.

정진아,「제1공화국 초기(1948-1950)의 경제정책 연구」,『한국사연구』 제106호, 한국사연구회, 1999.

소선은행조사부,『조선경제연감』, 조선은행, 1949.

조선일보.

지수걸,「1930년대 전반기 부르주아 민족주의자의 민족경제 건설전략: 조선 공업화와 엔블럭 재편정책에 대한 인식을 중심으로」,『국사관논총』 제51호, 국사편찬위원회, 1994.

차철욱,「해방직후 부산 · 경남지역 사업체 관리위원회의 운영과 성격」,『지역과 역사』, 부산경남역사연구소, 1996.

청주상공회의소,『청주상의 70년사』, 청주상공회의소, 1989.
최봉대,「초기 상공회의소 활동을 통해 본 해방 후 자산가 집단의 정치 세력화 문제」,『한국사회사학회논문집』 제45집, 한국사회사학회, 1995.
한국재정 40년사 편찬위원회,『한국재정 40년사』 제4권, 한국개발연구원, 1991.
허수열,「일제하 조선인 공장의 동향」, 安秉直 · 中村哲 엮음,『近代朝鮮工業化의 研究』, 一潮閣, 1993.
홍덕률,「한국 대자본가의 조직화와 계급실천에 대한 연구」, 서울대학교 박사학위논문, 1993.
황병준,『한국의 공업경제』, 고려대학교 출판부, 1971.

CHAPTER 7

자원배분과 중앙집중

1960년 부산광복동

CHAPTER 7

자원배분과 중앙집중

I. 서론

1. 문제의 제기

본장에서는 한국전쟁 전후시기의 재정동향을 통해 경부성장축에 어떠한 변화가 있었는가를 파악해 보려 한다. 주지하다시피 해방, 정부수립, 한국전쟁, 전후복구 그리고 물가안정을 위한 긴축정책으로 이어지는 일련의 과정 속에서 재정은 격심한 변동을 겪었다. 1950년에 발발한 한국전쟁은 1953년 7월에 휴전이 되었고, 같은 해 8월부터 한국경제 재건과 재정안정을 위한 한미회담이 개시되어 12월 「경제재건과 재정안정계획에 관한 합동경제위원회 협정」이 조인되어 경제부흥에 본격 착수하였다. 원조에 입각한 부흥계획을 효율적으로 수행하기 위하여 대충자금특별회계가 1953년에 설치되었고, 이에 따라 1954년부터 경제부흥 및 산업육성에 필요한 모든 사업비는 일반회계와 별도로 대충자금을 재원으로 하는 경제부흥예산을 편성하여 집행하기에 이르렀다.

이후 1957년부터 한국 정부는 인플레이션을 해소하고 경제안정을 이룩하기 위하여 재정안정계획을 시행하였다.[1] 이 안정계획은 1957~1960년간

1) 휴전 이후 재정의 과제는 전후부흥과 이에 소요되는 재정의 확보가 핵심이었다. 그 결과 경제부흥과 국방을 두 축으로 재정은 미국의 막대한 원조재원에 의지하면서 1954~1957년간 급속히 팽

에 걸쳐 시행되었다. 재정투융자의 대폭 감소가 수반되었던 안정정책으로 경제성장률은 1957년의 7.2%를 기점으로 1960년에는 1.8%로 급격히 하락하는 대가를 치러야 하였다. 이러한 과정에서 집행된 재정이 경부성장축에 미친 영향을 살펴보는 것이 이 장의 목적이다.

2. 분석의 대상

이 시기 재정의 분석에서는 한국전쟁기 비상세제의 구축과정에서 정부 간 세원의 배분에 어떠한 변화가 있었는가, 또 중앙정부 재정과 지방정부 재정은 어떠한 비중변화가 있었으며 그 의미는 무엇인가, 그리고 이러한 변화들이 부산경제 나아가 경부성장축에 어떠한 영향을 미쳤는가를 중점적으로 파악할 것이다.

그런데 이와 같은 연구 과제를 달성하는 데에는 적지 않은 문제가 있다. 뒤에서 보듯이 한국전쟁을 전후한 시기를 포함하여 1950년대를 통하여 전체 지방재정에서 부산재정이 차지하는 비중은 지속적으로 하락하는 것으로 나타난다. 부산의 경제적 위상과 전시 임시수도로서의 역할 등을 감안한다면 예상[2] 밖의 동향이다. 이러한 빗나감은 재정에서의 부산의 중요성이 실제로 적었기 때문이라기보다는 지방자치의 미진과 당시 부산이 속해 있었던 경남 안에 부산의 통계들이 묻혀 있기 때문이다.[3]

창하였다. 국방비와 부흥비의 급증에 기인한 재정의 팽창은 재정적자를 수반하였고, 이것은 통화증발을 수반하는 산업부흥국채와 차입금에 의해 보전되었다. 그 결과 1957년 이후 인플레이션을 수습하기 위한 강력한 재정안정계획이 입안되고 추진되었다.

2) 한국전쟁기간 동안 임시수도로서 역할을 하고 한국의 유일한 대외 관문으로서 매우 중요한 기능을 담당하였던 부산의 역할과 위상에 비추어 볼 때 재정에서도 부산의 비중은 매우 컸을 뿐만 아니라 전쟁기간 동안 증가하여 갔으리라 전망할 수 있다.

3) 1963년 1월 1일에 부산이 직할시로 승격되기까지 부산은 경상남도에 속해 있던 기초단체였다. 부산에 도청을 두고 있었던 경상남도의 재정 가운데 많은 부분이 실제로 부산에서 지출되었을 것이지만 통계상으로는 경상남도에 반영되었다. 더구나 당시의 도별 재정자료를 구하는 것도 쉽지가 않다.

따라서 부산의 재정을 통해 한국전쟁과 경부성장축이 갖는 관계를 밝히려는 본장의 목적은 부산의 재정을 통해 바로 파악할 수는 없다. 그리하여 본장에서는 부산의 재정 그 자체보다 중앙정부 재정과 지방재정 전체의 추이를 통해 간접적으로 접근하고자 한다.

Ⅱ. 전시세제와 세원의 재배분

1. 국세의 개편

전쟁으로 인한 재정수요의 급증은 정부 간 세원배분을 동반한 세제의 변화를 불가피하게 하였다. 재원확보를 위한 전시세제 개편은 크게 세 가지 방향에서 이루어졌다. 첫째는 세율의 인상과 부과방법의 조정이었다. 둘째는 과세대상의 확대였고, 셋째는 지방세원을 중앙정부 세원으로 흡수하는 것이었다.

세율인상을 핵심으로 하는 세제의 손질은 1950년 11월 30일의 조세임시증징법에서 이루어졌다. 소득세 등 10개 세목을 대상으로 5%에서 100%로까지 세율을 올렸는데, 특히 영업세와 물품세 그리고 유흥음식세의 세율은 2배나 인상되었다. 1950년 12월 1일 등록세법의 제정과 각종 세법의 개정이 있었는데, 이를 통해서는 과세대상의 확대가 이루어졌다. 과세대상의 확대에서 획기적인 조치는 1951년 9월에 도입된 임시토지수득세[4]였다.

이와 같은 일련의 전시세제 구축은 중앙정부의 세입구조에 상당한 변화를 가져왔다. 〈표 7-1〉에서 보듯이 종래 세입구조에서 높은 비중을 차지

4) 이 임시토지수득세는 이후 세율 및 환부율 등에서의 미조정이 있긴 하였지만, 1960년에 금납제로 바뀌고 이듬해 폐지되기까지 10년 동안 농촌지역에 막대한 영향을 미쳤다.

표 7-1 국세의 세목별 구성추이

(단위: %)

구 분		1948	1949	1950	1951	1952	1953	1954	1955	1957	1958	1959	1960
내국세		93.9	90.1	92.1	88.6	85.0	83.2	80.8	79.7	79.7	79.7	83.9	79.4
	직접세	47.9	41.4	60.1	57.8	59.8	56.8	46.1	44.7	48.9	50.5	29.6	25.6
	소득세	28.4	25.1	11.2	14.2	11.6	13.9	14.5	14.6	11.9	12.3	10.0	8.6
	법인세		2.5	8.5	5.0	0.3	4.0	4.1	5.1	4.5	3.5	3.3	3.7
	영업세		4.6	9.7	12.4	13.1	14.7	9.9	10.1	6.2	5.9		
	임시토지수득세				21.4	30.1	22.4	14.6	11.9	23.6	13.8	8.7	6.1
	기타	19.5	9.3	38.7	4.7	1.4	1.8	3.0	3.1	2.7	14.7	7.7	7.1
	간접세	38.2	42.3	22.5	30.1	23.2	23.9	33.0	33.6	28.8	26.5	51.5	51.9
	주세	14.6	19.2	7.3	10.8	9.7	8.3	9.1	9.0	3.6	5.8	4.6	4.6
	물품세	12.4	10.8	6.8	10.2	7.8	9.1	19.0	20.3	17.7	16.7	14.9	17.3
	기타	11.2	10.4	8.2	9.0	5.7	6.6	4.9	4.3	4.3	4.0	31.9	29.8
과년도수입						0.8	0.7	0.7	0.4	0.7	0.6	0.5	0.5
인지수입		7.9	6.3	1.5	0.7	1.2	1.9	1.1	1.1	1.2	2.1	2.2	1.4
관세		6.2	9.9	7.9	11.4	15.0	16.7	19.2	20.3	20.3	20.3	16.1	20.6
합계		100	100	100	100	100	100	100	100	100	100	100	100

주: 1) 1948년은 6개월분임.
2) 결산기준.
자료: 한국개발연구원(1991), pp. 374~380.

하였던 소득세, 주세, 물품세 등의 기간세제가 토지수득세, 영업세, 관세로 대폭 교체되었나. 특히, 토지수득세의 경우 정부가격으로 계산된 것이기 때문에 실제의 비중은 훨씬 더 높은 것이었다.

이러한 개편과 이후 서술할 지방세제의 개편으로 인해 정부 간 세원의 배분에서 큰 변화가 수반되었다. 세원에서 지방세가 차지하는 비중은 1949년에는 27.3%에 달하였는데,[5] 한국전쟁기에는 5%대로 급격히 떨어졌다.

5) 일제 강점기의 경우 3 · 1독립운동 이후 지방세 비중이 급격히 증가하였는데, 이러한 증가추세가 역전되었던 것은 중일전쟁부터였다. 그럼에도 불구하고 1940년도에도 지방세의 비중은 전체 세

표 7-2 지방세의 비중추이

(단위: %)

연 도	1951	1952	1953	1954	1955
비 중	4.8	5.7	6.8	10.5	11.4
연 도	1957	1958	1959	1960	1961
비 중	8.2	8.1	7.5	6.8	7.9

자료: 한국개발연구원(1991), p. 655.

〈표 7-2〉에서 보듯이 지방세의 비중은 전쟁이 끝나는 1953년에 다소 회복되긴 하였지만 그 비중은 6.8%에 불과하였다. 이후 복구기에 잠시 10%대로 진입하였다가, 1957년 이후 평시세제로의 전환에도 불구하고 지방세의 비중은 오히려 낮아졌다. 한마디로 한국전쟁이 정부 간 세원배분에 미친 영향은 극도의 중앙집중화였다.

한편, 휴전이 되자 전시세제를 평시세제로 환원시키기 위한 세제개혁이 논의되었다. 전후 세제개혁의 방향에 큰 영향을 미친 것은 1953년 8월 25일의 이른바 월드(H. P. Wald)가 제출한 「한국세제에 관한 보고와 건의」였다.[6] 월드 건의의 골자는 경제부흥을 염두에 둔 법인세 및 소득세 등 직접세 부담의 경감과 전매익금 및 물품세 등의 간접세 강화였다. 월드 권고의 목표는 세수증가와 자본축적의 촉진에 있었는데, 이러한 권고에 따라 1954년 4월 1차 세제개혁이 이루어진 이래 수차례 세제개혁이 이루어졌다. 그 결과 원조수입의 증가로 조세수입의 비중은 낮아졌지만 조세수입 자체는 크게 늘어났다. 그와 함께 정부수입에서 직접세보다 간접세의 비중이 높아지는 방향으로 세수의 변화가 있었다.

원의 26.3%를 차지하였다. 남황우(1996. 2), pp. 183, 187.

6) 이 권고는 전시세제를 분석한 후 세제개혁에 관한 기본목표를 다음과 같이 제시하였다. ① 조세총액을 GNP의 약 20%까지 증가시킬 것, ② 기업소득에 대하여 우대할 것, ③ 전시세제의 차별적이고 불공평한 점을 시정할 것, ④ 세제체계를 간소화하고 객관적이고 공평한 과세방법의 발전을 위한 기초를 확립할 것 등이었다. 이재은(2004), p. 228.

간접세의 비중이 높아지는 것은 〈표 7-1〉에서 확인할 수 있다. 전쟁이 끝나고 복구기로 들어서면서 기복은 있었지만 간접세의 비중은 꾸준히 증가하고 있다. 특히, 1950년에 92.1%를 차지한 내국세 가운데 60.1%가 직접세였고 간접세는 22.5%였는데, 이것이 1959년에는 83.9%의 비중을 보인 내국세 가운데 29.6%가 직접세이고 51.5%가 간접세로 되는 역전을 보이고 있다. 결국 한국전쟁을 겪으면서 조세에서 나타난 중요한 변화는 세원의 중앙집중화와 국세에서 간접세 비중의 증대였다.

2. 지방세제의 개편

전시세제의 구축은 지방세에도 영향을 미쳤다. 우선 비상세제 구축과정에서 지세 및 영업세의 부가세부과가 금지되었다. 이 두 개의 부가세 폐지로 인해 지방세 징수는 큰 영향을 받았다. 〈표 7-3〉에서 보듯이 두 부가세는 서울특별시 및 도 재정의 절반을 차지하고 있는 지방의 기간세원이었다.

그런데 두 부가세의 폐지로 인한 피해는 지역별로 상당한 차이가 있었다. 가장 피해가 큰 지역은 전북으로 그 비율이 82%에 달하고 있다. 다음으로 전남이 77.5%, 경북 68.4%의 비율을 보이고 있다. 농업지대에서의 세수감수율이 더 높다는 것을 알 수 있다. 자료는 도별로 전체의 감소예상액을 보여 주고 있지만, 도 내부에서도 시 · 읍 · 면의 감수율이 도보다 더 높았다. 이것은 시 · 읍 · 면에서의 부가세율이 도보다 더 높았기 때문이다.

두 개의 부가세 폐지에 더하여 임시토지수득세의 도입으로 지세법이 정지되고 또 농가소득세와 농가호별세계통 그리고 농지의 취득세가 금지되었다. 이러한 세제개편으로 지방재정은 또 다시 타격을 입게 되었다.[7)]

지방에서 거두고 있었던 세원의 폐지를 포함한 이러한 지방세의 개편

7) 남황우(1996), p. 189.

표 7-3 부가세 폐지의 영향

(단위: 천 환, %)

지역	시도세수입 예산액	지세 영업세 부가세액	감수율	지역	시도세수입 예산액	지세 영업세 부가세액	감수율
서울	696,248	189,171	27.17	전남	200,857	155,622	77.48
경기	469,797	219,766	46.78	경북	306,173	209,264	68.35
충북	149,330	53,022	35.51	경남	417,512	242,558	58.10
충남	241,610	156,020	64.58	강원	145,725	32,148	22.06
전북	186,312	152,400	81.80	제주	45,030	4,873	10.82
계					2,831,594	1,414,883	49.97

자료: 남황우(1996.2), p. 188에서 인용.

은 특히 임시토지수득세와 함께 재정의 중앙집권화를 가져온 중요한 계기가 되었다.

물론 지방세원의 대폭 감축을 동반한 세제는 그로 인해 올 수밖에 없는 지방재정의 결손을 메울 방안을 찾지 않으면 안 되었다. 이것은 두 가지 형태로 나타났는데, 하나는 지방세를 확충하는 것이고, 또 하나는 국고지출금을 증액하는 방안이었다.[8)]

실제로 두 차례에 걸친 지방세법 개정을 통해 많은 새로운 지방세목이 신설되었다. 그러나 대부분 영세하고 지역적으로 편재되어 있어 궁여지책의 성격을 벗어나지 못하였다. 때문에 세원의 상실로 인한 지방재정의 부족을 보충하기 위해 국고에서 지방으로 재원을 이전하는 임시지방분여세 제도가 도입되었다. 임시분여세라는 이름은 원래 1951년도에 한해 도입된 것이었기 때문이다. 그렇지만 1952년부터는 지방분여세로 지속적인 제도로 정착되었다.[9)]

8) 남황우(1996), p. 189.

9) 임시지방분여세는 국회에서의 절충과정에서 지세 및 영업세부가세의 원래의 지방 몫 중에서 60% 이상은 전비에 충당하고 나머지는 지방으로 환원하는 것으로 결정되었다. 결국 당초 지방세로 징수되어야 하였던 금액의 40% 정도만이 지방으로 환원되게 되었다. 게다가 그것의 확보과정

한국전쟁이 끝나고 1954년 4월 지방세법이 다시 개정되어 평시세제로의 부분적 전환이 이루어졌다. 우선 전시세제로의 개편과정에서 폐지되었던 영업세부가세가 부활되어 도와 시 · 읍 · 면에 각각 본세의 25% 부과를 인정하였다. 또 시 · 읍 · 면세로 벌목세가 신설되었고, 국세였던 면허세가 지방세로 이양되어 시 · 읍 · 면은 도 본세의 20% 부가세 부과를 하게 되었다. 그리고 호별세, 임야세, 도축세 및 차량세의 세율을 인상하였다.

면허세의 이양과 영업세의 부활과 같은 조치로 지방세수는 어느 정도 개선되었다. 그러나 이와 같은 개편도 도시 단체에 유리하였고, 아직 농업이 지배적이었던 현실에서, 가장 큰 세원이었고 또 농촌재정의 기간세원이었던 토지수득세는 여전히 중앙정부에 남아 있었다. 대신 환부금이 수득세의 35.3%에서 50%로 인상되는 반대급부가 제시되는 데 그쳤다.[10)]

전쟁과 전후복구 및 안정기를 통해 지방세에서 나타난 주된 흐름은 세원의 국세로의 이양과 몇몇 중요 세원의 폐지였고, 그 과정에서 특히 농촌자치단체가 세수감소의 폐해를 입어야 하였다. 종합적으로 볼 때, 전시세제의 구축과 이후 부흥세제의 운용을 통해 세원은 중앙정부에 더욱 집중되었고, 세수의 감소와 세부담은 농촌지역이 더 무겁게 감당해야 하였다.

Ⅲ. 원조의존적 국방재정의 전개

지방세원을 흡수하고 또 임시토지수득세와 같은 세목을 신설하였던 중앙

또한 내무부를 통해서 받아야 하는 의존재원으로 바뀌게 되었다. 남황우(1996), p. 193. 지방분여세제도는 1959년 지방재정조정교부금제도로 변화된다. 지방재정조정교부금은 이후 중앙재정과 지방재정을 연결하는 주요한 제도로 자리잡게 된다.

10) 남황우(1996), p. 196.

정부 재정이 한국전쟁 전후시기에 어떻게 전개되었는가를 살펴보자.

1. 총재정의 추이

〈표 7-4〉는 1948~1960년간의 중앙정부의 재정규모 추이를 나타낸 것이다. 실질재정규모로 파악할 때 우선 확인되는 것은 재정규모 변동의 불규칙성이다. 총실질재정규모로 볼 때 전년도에 비해 재정규모가 작아진 해가 3개년이나 되고, 증감률의 진폭이 크게 나타나고 있다. 이것은 이 시기 재정이 매우 불안정했고, 또 외적 조건에 의해 많이 좌우되었다는 것을 시사한다.

실질총재정에서 감소가 나타나는 것은 일차적으로 경기변동 때문이다.

표 7-4 중앙재정 실질규모의 추이

(단위: 백만 원, %)

연도	실질재정규모			증감률		
	일반회계	특별회계	합계	일반회계	특별회계	합계
1948	478,247	15,942	494,189			
1949	909,388	1,154,223	2,063,611	90.15	7,140.34	317.58
1950	1,507,993	1,469,491	2,977,483	65.83	27.31	44.29
1951	419,907	1,291,747	1,711,653	−72.15	−12.10	−42.51
1952	710,140	2,073,020	2,783,160	69.12	60.48	62.60
1953	583,467	4,601,838	5,185,305	−17.84	121.99	86.31
1954	1,130,603	6,066,895	7,197,499	93.77	31.84	38.81
1955	1,854,949	7,289,029	9,143,978	64.07	20.14	27.04
1957	1,198,604	5,514,545	6,713,025	−35.38	−24.34	−26.59
1958	3,482,214	4,040,856	7,522,944	190.52	−26.72	12.06
1959	3,800,527	3,377,905	7,178,432	9.14	−16.41	−4.58
1960	3,851,950	4,041,240	7,893,190	1.35	19.64	9.96

주: 1) 세출순계규모.
2) 실질변수로의 환산은 2000년 기준 환산 GDP디플레이터를 사용함.
자료: 한국개발연구원(1991), p. 19.

한국전쟁이 일어난 다음 해인 1951년에는 1950년보다 무려 43%의 총재정 감소가 있었는데, 1950년도에는 전쟁의 영향으로 이전 연도에 비해 실질생산[11]이 감소하였다. 1957년의 실질총재정 감소는 회계연도[12]의 변경이 중요한 요인으로 작용하였다. 일제 강점기의 회계연도를 바꾸면서 1955년에는 18개월분이 계상되었는데, 그러한 영향이 1957년의 증감률을 마이너스로 만들었다. 또한 1956년도에도 실질생산이 감소하였는데, 이것도 1957년도 실질재정의 감소에 기여하였다.[13]

그러나 1950년대 재정변동에 더 큰 영향을 미친 것은 외적인 요인이었다. 즉, 1953년 휴전 이후 한국 정부는 미국의 원조를 받아 전후복구에 돌입함으로써 재정에 엄청난 규모의 팽창이 가능하도록 영향을 주었다. 1956년까지 매년 높은 증가율을 보인 재정규모는 그 결과라고 할 수 있다.

이후 1957년부터 재정규모는 실질규모에서 감소하거나 낮은 증가율을 보이게 되는데, 이것은 1957년 이후 긴축재정으로 선회한 결과이다. 특히, 1959년의 실질총재정규모의 감소는 특별회계의 감소 때문에 초래되었는데,[14] 특별회계의 경우 뒤에서 검토할 원조에 의해 좌우되었다.

2. 일반회계(일반재정)

중앙정부의 재정을 일반회계(일반재정[15])와 특별회계로 나누어 세입과 세

11) 해방 직후에서 1960년까지 실질생산의 추이는 표학길(2000)의 〈표 14〉를 참조하였다.
12) 회계연도의 변경으로 1954년에는 15개월분 그리고 1955년에는 18개월분이 계상되어 있다. 그 반면 1956년 재정은 누락되어 있다. 1956년도의 재정규모를 이전 연도의 자료를 통해 보정하는 것이 불가능한 것은 아니지만 이 시기 중앙 및 지방재정의 모든 통계가 1956년도 재정통계를 누락시키고 있어 그대로 두었다.
13) 이것은 일반회계의 실질규모가 작아진 1951, 1953 그리고 1957년도를 보면 알 수 있다. 1950, 1952 그리고 1956년도는 모두 이전 연도보다 실질생산이 줄어들었던 해로서, 이것의 영향으로 이듬해 일반회계의 실질규모는 줄어드는 것으로 반영되고 있다.
14) 1959년의 경우 일반회계는 큰 증가를 보였으나 특별회계에서의 감소가 컸기 때문에 전체적으로 감소를 기록하였다.

출면에서 검토해 보기로 한다.

(1) 세입

1948년에서 1960년까지 일반회계(일반재정)의 세입을 보면 세입구성의 변동이 매우 극심하다는 것을 알 수 있다. 1948년에서 1950년까지 정부의 일반회계 세입에서 가장 큰 비중을 차지하였던 것은 차입금이었다. 1949년과 1950년은 차입금이 세입의 50%가 넘었다. 조세의 경우 20%에 미치지 못하고 있었다. 1948년의 경우 전매수입이 조세를 능가하고 있었다. 한국 정부 수립에서 한국전쟁이 일어나는 1950년까지 한국 정부의 세입기반은 매우 취약하였고, 거액의 차입금을 통해 재정을 꾸려가는 현실이었다.

1951년부터 세입에서 주목되는 현상은 조세의 비중이 급격히 높아지고 상당한 안정성을 가지기 시작하였다는 점이다. 1951년에 조세는 전체 세입의 60%를 넘어서는 파격적인 증가를 보이고 있는데, 이것은 임시토지수득세 신설의 영향이다. 이후 조세수입은 30%선으로 안정되는 추이를 보이다 1959년 이후 40%대를 넘어서고 있다.

조세비중의 증가와 함께 또 하나 주목되는 것은 세입에서 외국원조가 차지하는 중요성이다. 외국원조는 1952년부터 세입에서 중요한 구성요소로 등장하기 시작하였다. 1952년에 세입의 13.9%를 차지하기 시작한 외국원조는 1957년 52.9%에 이르러 전체 세입의 절반 이상을 차지하기에 이르게 되었다. 이후 1960년에는 34.6%로 낮아졌지만 여전히 정부의 세입에서 외국원조는 중요한 역할을 하였다. 외국원조가 세입의 주요 기반을 이루면서 차입금의 비중은 크게 낮아졌다.

15) 1970년대 초까지 중앙재정 통계에는 일반회계와 함께 일반재정이 동시에 사용되었다. 통상적으로 일반재정은 일반회계보다 다소 넓은 것으로서 일반회계에 몇 개의 특별회계를 포함시키는 것이었다. 특별회계 가운데에서 일반회계의 성격이 강한 것을 일반재정으로 넓게 부른 것이 일반재정이었다. 이 일반재정은 포함시키는 특별회계의 범위에 따라 약간씩 차이가 있다.

표 7-5 중앙정부 일반회계 · 일반재정 세입결산 구성

(단위: %)

연도			1948	1949	1950	1951	1952	1953
세입 규모			100	100	100	100	100	100
	조세		19.3	15.9	17.4	60.6	44.2	31.4
		내국세	18.1	14.3	16.1	53.7	37.6	26.1
		관세	1.2	1.6	1.2	6.9	6.6	5.3
	전매익금		24.4	16.2	6.2	13.5	13.2	6.0
	관재수입		16.4	0.7	1.8	3.1	1.6	1.1
	기타특별회계수입		1.9	4.3	5.8	8.7	15.9	4.9
	잡수입		6.0	3.3	2.0	8.1	5.8	4.0
	국채			10		6.1	5.4	3.0
	산업부흥국채							7.5
	차입금		32	49.5	61.4			30.2
	소계		100	99.8	94.7	100	86.1	88.1
	외국원조			0.1	5.3		13.9	11.9
연도			1954	1955	1957	1958	1959	1960
세입 규모			100	100	100	100	100	100
	조세		34.8	34.1	27.6	30.7	48.5	51.5
		내국세	28.2	27.2	22	24.5	40.7	40.9
		관세	6.7	6.9	5.6	6.2	7.8	10.6
	전매익금		3.9	3.1	3.8	4.4	5	4.7
	관재수입		1.5	0.2				
	잡수입		3.3	5.7	2.8	3.1	2.0	5.0
	국채		2.2	4.2	3.6	3.8	1.1	2.1
	산업부흥국채		8.7	6.1	7.0	1.8	0.5	0.4
	차입금		15.6		2.2	4.7	1.4	1.7
	소계		70	53.5	47.1	48.5	58.5	65.4
	외국원조		30	46.5	52.9	51.5	41.5	34.6

주: 1) 1948~1950년은 일반회계, 1951년 이후는 일반재정기준.
2) 1948~1955년도의 관재(官財)수입은 전매사업특별회계전입금을 제외한 관업 및 관유재산수입.
3) 일반재정은 일반회계+대충자금특별회계+경제부흥특별회계를 합한 것임.

자료: 한국개발연구원(1991), pp. 63~64.

(2) 세출

세출구성은 한국전쟁을 전후하여 큰 대조를 보인다. 〈표 7-6〉에서 보듯이 1948~1949년의 경우 세출에서 군사비는 일반회계 전체의 1/5~1/4 범위에 있었다. 그러던 것이 1950년 한국전쟁 발발에서 휴전이 되는 1953년까지

표 7-6 중앙정부 일반회계 · 일반재정 세출결산 구성

(단위: %)

연도			1948	1949	1950	1951	1952	1953
세출 규모			100	100	100	100	100	100
	군사비		20.0	26.4	54.3	53.4	44.0	53.7
	비군사비		80.0	73.6	45.7	46.6	56.0	46.3
		경찰 및 군경원호비		8.8	16.5	9.7	6.4	9.4
		산업 및 공공사업비		19.8	7.8	8.9	2.2	
		기타		45.1	21.4	28	47.3	36.9
연도			1954	1955	1957	1958	1959	1960
세출 규모			100	100	100	100	100	100
	군사비		42.2	37.8				
	비군사비		57.8	62.2				
		경찰 및 군경원호비	9.2	7.8				
		산업 및 공공사업비	19.5	20.9				
		기타	29.1	33.5				
	일반행정비				12.3	12.4	11.5	14.5
	국방비				32.1	31.0	33.8	35.0
	공익사업비				3	1.9	2.6	2.4
	사회적 경비				13.1	12.9	19.2	20.5
	경제적 경비				31.4	34.0	23.3	19.9
	지방재정교부금				3.9	4.4	6.1	5.2
	채무상환 및 기타				4.3	3.3	2.6	2.5

주: 1) 1948~1950년은 일반회계, 1951년 이후는 일반재정기준.
2) 일반재정은 일반회계+대충자금특별회계+경제부흥특별회계를 합한 것임.
3) 1948~1955년간의 군사비는 국방부 소관 세출액을 말함.
자료: 한국개발연구원(1991), pp. 63~64.

50%를 넘어서게 된다. 비군사비로 분류된 경찰 및 군경원호비까지를 포함하면 1954년까지도 군사관련 지출은 절반을 넘었다고 할 수 있다.

국방비가 일반재정 세출에서 1/3 정도로 떨어지는 것은 1957년부터이다. 이에 따라 경제적 경비의 지출이 1957~1958년 사이에 크게 늘어나고 지방재정조정교부금도 조금씩 높아지기 시작하였다.

(3) 원조와 국방비

이상에서 보듯이 1950년대 한국의 재정에서 세입은 외국원조 그리고 세출은 국방비가 주도하였다. 그리고 이 원조와 국방비는 대충자금을 통하여 서로 연결되어 있었다. 대충자금을 중심으로 1950년대 주요 지표를 1972년까지 정리한 것이 〈표 7-7〉이다.

주지하다시피 대충자금은 제2차 세계대전 후 미국이 다른 나라에 원조한 물자를 그 나라에서 판매하여 얻은 대금(代金)을 적립한 것을 일컫는다.[16] 그런데 〈표 7-7〉에서 보면 한국에서 대충자금은 1950년부터 1972년[17]까지 지속되었는데, 경상가격기준으로 보면 1966년에 최고치에 이르렀다가 1969년부터 급격히 감소하고 있다.

이 대충자금의 규모는 1954년에는 국세와 비슷한 규모가 된 이래 1960년대 초까지도 거의 국세규모와 맞먹는 거대한 규모를 지속하였다. 대충자금의 규모와 국방비를 비교해 보면 1955년에서 1965년까지 대충자금규모가 더 컸다. 결국 한국전쟁 이후 한국의 재정은 대충자금을 매개로 높은 비

16) 대충자금의 기원은 1948년 마셜 플랜에 의거하여 실시된 대외원조법(Foreign Assistance Act of 1948)이다. 원조를 제공하면서 미국은 원조물자를 받은 나라는 그 물자를 판매하여 얻은 수입을 해당 국가의 통화로 중앙은행에 예치하고, 그 예치금의 인출은 미국과 협의하여 하도록 하였다. 대체로 대충자금은 원조를 받는 나라의 통화안정이나 생산증강 등에 충당하도록 규정되었다. 이 예치금이 이른바 대충자금이다.

17) 한국에서 대충자금의 주종을 이룬 것은 미국의 농산물교역 발전 및 원조법(Agricultural Trade Development and Assistance Act, 1954), 즉 PL 480에 의한 잉여농산물의 무상도입이었는데, 1968년 이후 장기저리차관(長期低利借款)으로, 다시 1972년에는 유상원조(有償援助)인 현금구매에 의한 양곡도입의 형태로 이행됨에 따라 대충자금의 의의는 실질적으로 종결되었다.

표 7-7 국방비와 대충자금

(단위: 백만 원, %)

연도	국세/일반 재정 세출 (B/A)	국방비/일반 재정 세출 (C/A)	대충자금/ 국방비 (D/C)	국방비에 전입된 대충자금/대충자금 (E/D)	국방비에 전입된 대충자금/국방비 (E/C)	국방비/ 국세 (C/B)	대충자금/ 국세 (D/B)
1948	16.7	20.0	0.0			120.0	
1949	15.4	26.4	0.0			171.4	
1950	17.7	54.3	9.8			307.0	30.2
1951	63.4	53.4	0.0			84.2	0.0
1952	44.9	44.0	32.5			97.9	31.8
1953	33.9	53.7	24.4	20.9	5.1	158.5	38.7
1954	36.1	42.1	74.6	46.3	34.5	116.5	86.9
1955	38.9	37.8	141.5	34.0	48.1	97.3	137.6
1957	33.1	32.1	199.6	21.5	43.0	97.0	193.7
1958	34.9	31.0	193.1	19.7	37.9	88.7	171.3
1959	54.0	34.8	135.9	28.0	38.1	64.4	87.6
1960	59.4	35.0	114.0	31.9	36.4	58.9	67.1
1961	40.6	29.0	144.9	66.3	96.1	71.6	103.7
1962	32.0	23.2	140.3	52.2	73.3	72.5	101.7
1963	42.7	28.1	128.5	57.0	73.2	65.9	84.7
1964	49.8	33.2	112.4	53.5	60.2	66.6	74.9
1965	58.4	31.9	120.8			54.7	66.1
1966	62.2	28.8	94.8			46.3	43.8
1967	71.4	27.4	71.1			38.3	27.3
1968	74.1	24.7	47.4			33.3	15.8
1969	70.9	22.8	25.9			32.1	8.3
1970	75.8	23.2	17.3			30.6	5.3
1971	74.6	25.7	8.7			34.5	3.0
1972	61.8	25.6	2.4			41.5	1.0

주: 1) 1954년은 15개월분, 1955년은 18개월분.
2) 영어 대문자는 다음을 표시한 것임. 일반재정 세출(A), 국세(B), 국방비(C), 대충자금(D), 국방비에 전입된 대충자금(E).

자료: 한국개발연구원(1991), pp. 132~133; 김명윤(1971), p. 136에서 작성.

율의 국방비를 지출하는 구조였다고 할 수 있다. 실제로 1953~1960년 동안 재정투자 융자 총액의 69%가 대충자금 재원이었으며, 휴전 후 1950년대를 통하여 대충자금의 35%가 국방비로 전입되었다.[18)]

3. 특별회계

특별회계는 달성하고자 하는 목표에 따라 매우 변동이 심한 것이 일반적이다. 1949년에서 1969년까지 한국에는 20개가 넘는 특별회계가 있었다. 그 가운데 주요한 특별회계를 1960년까지 비교해 본 것이 〈표 7-8〉이다.

세입결산액을 기준으로 볼 때 한국전쟁 이전에는 외자와 양곡관리특별회계 그리고 전매사업이 큰 비중을 차지하고 있었다. 그러다 전쟁 직후에서 휴전까지는 전쟁수습비와 경제조정비가 전체 특별회계의 절반을 차지하는 새로운 특별회계로 등장하고 있다. 이후 전후복구기에 해당하는 1954년부터 대충자금특별회계가 커지면서 대충자금특별회계만으로 1960년까지 절반을 넘는 비중을 차지하고 있다.

세입에서의 추이는 세출에서도 동일하게 나타난다. 이 시기 특별회계는 <표 7-9>에서 보듯이 크게 기업특별회계와 기타특별회계로 구분되었는데, 한국전쟁 전에는 기업특별회계의 비중이 더 높았다. 그러던 것이 1951년부터 기타특별회계가 기업특별회계보다 커지기 시작하여 1958년까지 70%가 넘는 구성을 보였다. 1954년에 가장 높은 비율을 보인 이래 이후 조금씩 기타특별회계의 비중이 낮아지긴 하였지만 1960년까지 기타특별회계의 비중은 60%가 넘었다.

이처럼 기타특별회계의 비중이 크게 높아진 것도 전쟁과 관련된 지출의 증가 때문이었다. 1951년부터 전쟁수습비가 특별회계로 설치되었는데,

18) 강만길(2000).

표 7-8 특별회계별 세입결산액 구성비 추이

(단위: %)

연도	1949	1950	1951	1952	1953	1954	1955	1957	1958	1959	1960
임시관재총국(귀속재산)	0.9	2.0	1.9	0.8	0.7	0.9	0.9	1.3	1.1	0.9	1.2
임시외자총국(외자)	32.5	17.4	23.7	3.5	2.1	1.7	1.6	1.4	1.6	1.6	1.3
경제조정	0.0	0.0	0.0	36.5	30.2	4.1	1.4	0.7	0.6	1.8	2.8
6 · 25사변수습비	0.0	0.0	19.1	15.2	27.3	24.0	0.0	0.0	0.0	0.0	0.0
전매사업	27.2	11.5	14.9	12.6	7.1	6.0	6.0	5.2	6.6	9.4	9.8
대충자금	0.0	0.0	0.3	0.0	4.7	35.9	52.3	49.8	60.9	54.0	54.2
경제부흥	0.0	0.0	0.0	0.0	0.0	2.5	5.5	9.1	10.2	9.9	8.1
국방비	0.0	0.0	0.0	0.0	0.0	0.0	12.5	11.5	0.0	0.0	0.0
산업부흥국채금	0.0	0.0	0.0	0.0	3.5	4.1	2.3	3.0	0.0	0.0	0.0
농지개혁사업	0.0	0.0	0.0	4.2	2.5	3.0	1.1	0.9	1.5	0.9	0.3
양곡관리	0.0	42.4	23.4	18.8	16.1	10.9	9.2	10.2	9.1	9.0	7.9
소계	60.6	73.3	83.3	91.6	94.1	93.2	92.7	93.0	91.5	87.5	85.5
총계	100	100	100	100	100	100	100	100	100	100	100

주: 1) 임시관재총국특별회계는 1950년에 관재청특별회계로 개편된 후에 1951년부터 귀속재산처리특별회계로 개편됨.
2) 임시외자총국특별회계는 1950년도에 외자관리특별회계로 개편됨.
자료: 한국개발연구원(1991), pp. 184~185에서 작성.

이 비용은 1954년에는 전체 특별회계 지출의 1/4에 이르렀다. 이와 함께 1954년부터 대충자금이 특별회계에 본격적으로 들어오면서 대충자금은 전체 특별회계 세출의 최저 1/3에서 절반에 이르는 높은 비중을 차지하였다.

한편, 특별회계 가운데 주요한 비중을 보였던 3개 특별회계, 전쟁수습비와 국방비 그리고 대충자금을 합하면 1953년 이후 압도적인 비중을 차지하고 있는 것을 알 수 있다.

표 7-9 중앙정부 특별회계 세출총계 주요 회계비중

(단위: %)

연도	1951	1952	1953	1954	1955	1957	1958	1959	1960
기업특별회계	46.71	38.75	27.54	23.24	23.38	24.38	29.52	34.10	38.11
기타특별회계	53.29	61.25	72.46	76.76	76.62	75.62	70.48	65.90	61.89
주요 특별회계별									
전쟁수습비	19.6	15.8	27.9	25.7	0.0	0.0	0.0	0.0	0.0
국방비	0.0	0.0	0.0	0	14.6	14.5	0.0	0.0	0.0
대충자금	0.0	0.0	3.7	33.6	46.5	39.0	53.8	50.6	45.5
주요 특별회계	19.6	15.8	31.6	59.3	61.1	53.5	53.8	50.6	45.5

주: 1) 세출총계기준.
2) 1948년도는 6개월분.
3) 외자는 1948~1949년도에 임시외자총국특별회계.
4) 관재청은 1948~1949년에 임시관재총국특별회계.
자료: 한국개발연구원(1991), pp. 175~176.

Ⅳ. 지방재정의 양면성: 역할과 권한의 괴리

여기에서는 전체 재정에서 지방재정이 차지하는 비중의 추이를 통해 한국전쟁기 재정단체 간 재정구조의 특징을 파악해 본다.

1. 지방재정의 비중추이

〈표 7-10〉은 경상가격기준으로 각 재정별 규모의 추이를 정리한 것이다.[19] 그리고 〈표 7-10〉의 자료를 기초로 1980년대 후반까지 자료를 연장하여 중앙재정 대비 지방재정의 비중의 추이를 나타낸 것이 〈그림 7-1〉이다.

19) 한국전쟁 전후기의 특징 파악을 위해 1969년까지 시계열 자료를 연장하여 제시하였다.

표 7-10 전국 및 지방재정의 규모와 비중

(단위: 억 원, %)

연도	중앙재정	지방재정	중앙+지방	지방/중앙	지방/(중앙+지방)
1951	6	1.1	7.1	18.33	15.49
1952	22	3.44	25.44	15.64	13.52
1953	32	8	40	25.00	20.00
1954	67	29	96	43.28	30.21
1955	140	79	219	56.43	36.07
1957	146	85	231	58.22	36.80
1958	280	106	386	37.86	27.46
1959	319	127	446	39.81	28.48
1960	370	137	507	37.03	27.02
1961	520	161	681	30.96	23.64
1962	756	118	874	15.61	13.50
1963	608	160	768	26.32	20.83
1964	632	180	812	28.48	22.17
1965	844	233	1,077	27.61	21.63
1966	1,314	347	1,661	26.41	20.89
1967	1,789	464	2,253	25.94	20.59
1968	2,513	663	3,176	26.38	20.88
1969	3,289	1,027	4,316	31.23	23.80

주: 1) 일반회계 세입결산기준.
2) 1962년 이후는 순계규모.
3) 억 원으로 단위를 통일함.

자료: 한국개발연구원(1991), pp. 626, 666에서 작성.

일반회계기준으로 중앙재정 대비 지방재정의 비율을 보면 전후부흥기 및 안정기의 돌출이 두드러진다. 전쟁기만해도 지방재정의 비율은 매우 낮았는데 1953년부터 급속히 증가하고 있다. 이후 1957년부터 다시 낮아지기 시작하여 1962년에 저점에 이르고 있다.[20)]

20) 한국전쟁 이후 복구기에 지방재정 비중은 증가하다가 1958년 이후 불황기에 감소세로 돌아선 이후 제1차 경제개발계획이 시작되는 1962년에 저점에 이르고 있다. 1962년의 지방재정 비중은

그림 7-1 지방재정 비중추이

(단위: %)

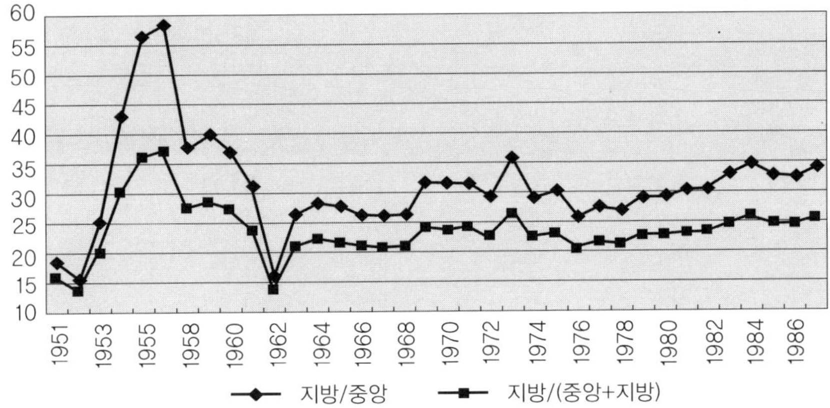

전후복구기와 안정기에 나타나는 지방재정 비중은 이후 1980년대 중반기까지의 비중추이에 비추어 볼 때 이례적으로 높다. 일반적으로 재정구조는 정치적 지배구조와 밀접한 연관을 맺고 있다. 지방이 정치적으로 독자적인 단위로 성숙되는 정도에 따라 지방재정의 비중과 위상도 함께 높아진다. 그런데 정부수립 이후 지방자치가 부활되었지만 지방의 권한 신장을 수반한 것은 아니었다.[21)]

전후복구기 및 인정기의 높은 지방재정 비중은 전쟁과 수습과정의 필

중앙재정의 15.6%에 불과하다. 이후 1963년부터 26%선으로 올라서고 있지만, 30%를 넘어서는 것은 1969년에 이르러서이다.

21) 일제 강점기에 타율적으로 만들어졌던 지방자치법은 한국 정부수립 이듬해인 1949년 8월 15일에 제정되어 공포되었다. 그러나 한국전쟁으로 인해 지방의회의 구성이 지연되다가, 실질적으로 지방자치행정이 시작된 것은 처음으로 지방총선거를 치른 1952년이었다. 지방자치법의 공포 이후 1950년대에는 4차에 걸쳐 지방자치법이 개정되었다. 개정의 주요 흐름은 행정능률의 확보에 있었다. 그 결과 실질적으로 지방정부의 기능은 확대되어 가면서도 정치권력의 중앙집중화와 행정부의 절대적 우위성 확립이 동시에 진행되었다. 차병권(1984), p. 104.

요에 의한 것이었다. 사실 한국전쟁이 지방정치와 행정에 미친 영향은 양면적이었다. 한편에서는 전쟁수행과 전후복구를 위한 지방정부 역할의 증대를 요구함과 동시에, 다른 한편에서는 효율적인 행정을 위한 중앙집중화를 추구하였기 때문이다.

〈그림 7-1〉에 나타난 지방재정의 추이는 이러한 양면성의 표현이라 할 수 있다. 우선 재정기능면에서 지방정부부문은 1950년대를 통해 큰 성장을 이루었다. 한국전쟁으로 지방정부의 일반활동은 전면적으로 제약을 받았지만, 병무, 징용, 양정, 징세, 농촌대책, 구호 등 전력증강에 관련되는 지방정부의 책임은 오히려 증대되었다.

휴전 이후에도 난민정착사업을 비롯하여 공공구호 대상자에 대한 항구적인 구호사업, 전상자 및 전몰유가족에 대한 원호사업, 주택 및 공공시설의 복구사업 등 전재구호와 복구에 대한 책임을 중앙정부와 분담하게 되었다. 동시에 경제부흥사업의 진척에 따라 지방정부는 도로, 치수, 도시토목, 교육, 보건시설에 대한 투자를 증대시키게 되었고, 주민복지 향상을 위한 지방자치단체의 기능도 증가하였다.

그 결과 1951년과 1952년에는 20%에도 미치지 못하는 매우 낮은 상태에 있었던 지방재정 비중은 이후 1953년부터 증가하기 시작하여 1957년에는 58%에까지 이르고 있다. 그러다 1958년부터 다시 지방재정 비중은 떨어져 1960년에는 37%선으로 하락하고 있다. 1950년대 지방재정의 이러한 추이의 특성을 좀더 분명히 하기 위하여 시야를 1960년대 이후로 연장하여 보면 1950년대 지방재정의 돌출은 더욱 두드러진다.

결국 1950년대 지방재정은 전쟁과 전후복구라는 특별한 사정하에서 크게 신장되었다가 긴축기 이후 서서히 낮아지면서 원래의 수준으로 회귀하는 추세에 있었다. 그러다 경제개발과 함께 조금씩 비중이 증가하였지만, 1980년대 말까지는 1950년대 후반기의 비중에 미치지 못함을 알 수 있다.[22] 전후복구기의 지방재정 신장은 비정상으로 높은 것이었다.

2. 지방재정의 특징

(1) 미미한 지방세 비중

한국전쟁과 전후복구기를 통해 지방재정의 비중은 이례적으로 높아졌다. 전쟁수행을 위한 지방정부의 도움과 역할이 커지면서 나타난 현상이었다. 그렇지만 지방재정 가운데에서 지방세의 비중은 더욱 낮아졌고 매우 미미한 수준에 있었다.

〈표 7-11〉은 지방재정에서 지방세가 차지하는 비중을 보기 위해 만든 것이다. 1951년 지방재정의 20%를 충당하였던 지방세의 비중은 전쟁과 전후복구기를 통해 지속적으로 떨어지고 있다. 전시세제에서 평시세제로의 부분적 전환이 이루어졌음에도 불구하고 전체 지방재정에서 지방세가 차지하는 비중은 전후복구기와 안정기를 통해 향상되지 못하였다. 1958년의 경우 그 비중은 14%대까지 떨어지고 있다. 물론 지방세 비중의 하락은 교부세와 같은 의존재원의 증가에 의해 메워졌는데, 이것에 대해서는 후술한다.

이처럼 지방세의 비중이 낮았던 것은 앞에서 살펴본 바와 같이 주요 지방세원의 중앙세원으로의 전환과 일부 지방세목의 정지 때문이었다. 〈표 7-11〉은 자료를 1969년까지 제시하고 있는데, 1962년부터 지방재정에서 지방세가 차지하는 비중은 44.1%로 증가하고 있다.

(2) 국고의존의 심화

지방세 수입이 지방재정에서 미미한 비중밖에 차지하지 못함으로 인해 결국 지방재정은 의존수입에 의해 지탱될 수밖에 없었다. 〈표 7-12〉는 지방

22) 일반회계 세입기준으로 국가재정과 지방재정을 비교해 보면, 1960년 이후 지방재정의 비중은 아주 완만하게 증가하였다. 지방자치제가 실시되기 직전인 1987년까지 지방재정은 중앙재정의 33.8%에 지나지 않았다. 그런 점에서 1950년대는 지방재정의 비중이 이례적으로 높았던 시기였다.

표 7-11 내국세 · 지방세 비중추이

(단위: 억 원, %)

연도	중앙재정		지방재정		B/A	D/C
	총규모(A)	내국세(B)	총규모(C)	지방세(D)		
1951	6.53	3.50	1.10	0.22	53.60	20.00
1952	22.00	8.31	3.44	0.61	37.77	17.73
1953	67.00	17.00	8.00	1.56	25.37	19.50
1954	149.00	42.00	29.00	5.97	28.19	20.59
1955	324.00	88.00	79.00	14.00	27.16	17.72
1957	455.00	94.00	85.00	12.00	20.66	14.12
1958	477.00	117.00	106.00	15.00	24.53	14.15
1959	455.00	185.00	127.00	21.00	40.66	16.54
1960	485.00	198.00	137.00	21.00	40.82	15.33
1961	614.00	179.00	161.00	24.00	29.15	14.91
1962	932.00	215.00	118.00	52.00	23.07	44.07
1963	759.00	247.00	168.00	74.00	32.54	44.05
1964	794.00	292.00	180.00	88.00	36.78	48.89
1965	1,055.00	421.00	233.00	114.00	39.91	48.93
1966	1,538.00	700.00	347.00	162.00	45.51	46.69
1967	1,990.00	1,038.00	464.00	141.00	52.16	30.39
1968	2,758.00	1,564.00	663.00	194.00	56.71	29.26
1969	3,760.00	2,181.00	1,027.00	266.00	58.01	25.90

주: 1) 국가재정규모는 일반재정 세입결산액.
2) 지방재정 총규모는 일반회계 세입결산 총계.
자료: 한국개발연구원(1991), p. 638.

자치단체 일반재정의 의존수입 구성을 보인 것이다. 국고에서 지방자치단체에 주는 국고지출금은 1950년대를 통해 지방자치단체 세출의 약 70%를 차지하고 있다. 일반재정 전체 세출의 약 70%를 국고에 의존하고 있다는 것은 지방재정이 극도로 취약하였다는 것을 말해 준다.

한편, 지방자치단체별 재정의 비중을 보면 자치단체[23)]에 따라 많은 차

표 7-12 지방자치단체의 항목별 국고의존 비중추이

(단위: 백만 원, %)

연도	지방자치단체 일반회계 세출	국고의존수입 항목별 비중				
		환부금	교부금	분여세	국고보조금	합계
1951	88.3	22.8	7.2	6.7	34.2	70.9
1952	296.9	23.9	3.1	8.9	33.5	69.3
1953	653.1	11.0	3.1	8.2	42.5	64.8
1954	2,197.4	9.0	1.7	5.1	53.4	69.3
1955	6,461.8	5.4	1.0	2.4	60.4	69.2
1957	6,943.1	8.6	0.9	3.2	56.8	69.5
1958	8,560.0	7.8	0.7	3.9	60.2	72.7
1959	10,354.8	6.1	0.8	14.0	49.0	69.8
1960	11,133.8	3.6	0.8	15.3	51.2	70.9

주: 1) 지방재정규모는 지방자치단체 일반회계 세출결산.
2) 지방자치단체 일반회계 세출액 및 국고의존수입은 단체 간 중복분을 제외한 것임.
3) 국고의존수입의 각 비중은 지자체 일반회계 세출에서 차지하는 비중을 구한 것임. 따라서 국고의존수입 비중 합계는 지자체의 의존수입 비율을 의미함.
자료: 차병권(1984), p. 248.

이가 있었다. 〈표 7-13〉에서 보듯이, 전체 지방자치단체의 일반회계 세입에서 광역자치단체인 특별시와 도가 차지하는 비중은 1950년대를 통해 60%를 상회하였으며, 그 비중은 계속 높아지는 추세에 있다. 1951년에 57.3%였던 특별시 · 도의 비중은 1955년부터 70%를 넘어서고 있다. 그에 반해 시의 비중은 지속적으로 감소를 보여 특별시와 도의 1/10 정도에 머물고 있다. 읍과 면의 비중도 줄어들었는데, 1950년대를 통해 거의 절반으로 줄어들었다.

이러한 차이는 각 자치단체가 중앙정부로부터 받는 국고지출금과 연

23) 1950년대의 지방자치단체는 특별시 · 도로 구성되는 광역자치단체와 시 · 읍 · 면으로 구성된 기초자치단체로 구성되어 있었다. 그 밖에 교육구 자치단체가 별도로 형성되어 있었다. 1949년 1특별시 9도, 14시, 73읍, 1,456면이었던 자치단체는 1960년에는 1특별시 9도, 26시, 85읍, 1,407면으로 변화되었다.

표 7-13 지방자치단체 일반회계 세입단체별 결산액

(단위: 억 원, %)

연도	합계	특별시·도		시		읍		면	
		금액	구성비	금액	구성비	금액	구성비	금액	구성비
1951	1.1	0.63	57.3	0.12	10.9	0.05	4.5	0.3	27.3
1952	3.44	2.07	60.2	0.37	10.8	0.15	4.4	0.86	25
1953	8	5.07	63.4	0.84	10.5	0.33	4.1	1.75	21.9
1954	29	19	66	3	9	1	3.6	6	21.4
1955	79	57	72.2	7	8.9	2	2.7	13	16.2
1957	85	62	73.3	7	8.4	2	2.8	13	15.5
1958	106	80	75.1	8	7.4	3	2.5	16	15
1959	127	95	75.1	10	7.5	3	2.4	19	15
1960	137	104	75.8	10	7.5	3	2.3	20	14.4

주: 1) 총계기준.
2) 읍·면은 1961년부터는 군으로 통합됨.
자료: 한국개발연구원(1991), p. 630.

관이 있다. 특별시와 도가 가장 많은 국고지출금을 받았고, 그 다음으로 면[24]에서의 국고의존도가 높았다. 그에 비해 시와 읍에서의 의존재원 비중은 많이 낮았다. 그리고 광역자치단체에 의존재원 비율이 높은 것은 광역자치단체의 기능이 기초자치단체와는 다른 역할을 부여받고 있었기 때문이다. 즉, 이 시기 광역자치단체는 국고지출금을 기초자치단체에 이전시키는 중간 매개고리의 역할을 하고 있었다.

이러한 지방재정지출의 구조는 중앙정부가 광역자치단체를 통해 기초자치단체를 통제하는 기능과 일치하는 것으로서, 기초단체에 대한 중앙의 영향력 증대를 반영하는 것이었다. 이처럼 1950년대를 통해 지방재정은 특별시와 도를 중심으로 운영되었으며, 특별시와 도를 통하여 시·읍·면에

24) 시와 읍에 비해 면이 낮은 재정자립도를 보였던 것은 토지수익에 관한 과세권을 중앙정부가 가지고 있었기 때문이기도 하다.

대한 재정통제가 이루어지는 구조였다고 할 수 있다.[25)] 이상과 같은 사실이 시사하는 것은 비록 전쟁과 복구기를 통해 지방재정의 비중은 높아졌지만 사실 그 이면에서 진행된 것은 중앙집중화였음을 말해 주고 있다.

(3) 보조금 중심의 지원

〈표 7-12〉에서 살펴보았듯이 지방재정에 대한 중앙정부의 지원은 주로 보조금을 통해 이루어졌다. 그런데 국고의존수입의 항목별 비중을 보면, 경비사용에서 제한을 받지 않는 포괄적 보조금인 환부금이나 분여세가 지방세출에서 차지하는 비중은 1950년대를 통해 계속 저하되었다. 즉, 환부금 수입은 1951년도에는 지방자치단체 일반회계 세출의 22.8%를 충당하였으나, 1950년대 말에는 6%대로, 그리고 1960년에는 그 비중이 3.6%로 저하되었다.

그리고 분여세 수입의 상대적 비중은 1951년도의 6.7%에서 1958년도에는 3.9%로 하락하였다. 그 반면에 교육비보조를 포함한 국고보조금의 상대적 비중은 1951년도의 34.2%에서 1958년도에는 60.2%로 급등하였고, 그 후에도 지방세출의 약 50%를 충당하였다. 지방재정을 뒷받침할 수 있는 세제개혁이 이루어지지 않은 상태에서 증가하는 재정수요를 결국 보조금으로 지원하는 구조였던 것이다.

이러한 경향은 〈표 7-14〉에서도 확인할 수 있다. 〈표 7-14〉는 중앙정부가 지방자치단체에 교부한 국고지출금의 합계를 100으로 하여 구성추이를 살펴본 것이다. 여기서 보면 구성비는 보조금, 환부금, 분여세 그리고 교부금의 순으로 나타나고 있다. 특히, 보조금의 비중은 압도적인데, 최저 48%

25) 지방재정의 중앙집권화 경향은 전쟁의 결과와 일정한 연관이 있다. 전시에는 일반적으로 중앙정부의 활동이 증대되는 반면에 지방자치단체의 활동은 축소되는 경향이 있는데, 이러한 경향은 기초단체일수록 더욱 심하다. 관점을 달리하여 보면 광역단체의 상대적 지위가 강화된 것은 지방자치단체의 경제 및 사회활동분야에서 기준의 통일이 더욱 강조되고 또 요망되었던 것의 반영이라 할 수 있다. 차병권(1984), p. 120.

표 7-14 지방자치단체 교부 국고지출금의 규모와 내역별 구성

(단위: 백만 원, %)

연도	계(A)	환부금		교부금		분여세		보조금		중앙정부	A/B
	규모	규모	구성비	규모	구성비	규모	구성비	규모	구성비	일반재정(B)	
1951	62.6	20.1	32.11	6.4	10.22	5.9	9.42	30.2	48.24	618	10.1
1952	205.9	71.0	34.48	9.1	4.42	26.4	12.82	99.4	48.28	2,151	9.6
1953	422.9	72.0	17.03	20.3	4.80	53.3	12.60	277.3	65.57	6,068	7.0
1954	1,522.8	197.6	12.98	38.0	2.50	112.6	7.39	1,174.6	77.13	14,239	10.7
1955	4,470.1	346.6	7.75	65.8	1.47	157.3	3.52	3,900.4	87.26	28,144	15.9
1957	4,825.1	598.0	12.39	65.7	1.36	219.7	4.55	3,942.1	81.70	35,003	13.8
1958	6,222.7	671.0	10.78	65.0	1.04	332.2	5.34	5,154.5	82.83	41,079	15.1
1959	7,230.1	627.5	8.68	82.6	1.14	1,450.5	20.06	5,069.5	70.12	40,022	18.1
1960	7,890.9	397.9	5.04	92.3	1.17	1,699.5	21.54	5,701.2	72.25	41,996	18.8

주: 1) 중앙재정은 일반재정부문 세출.
2) 지방자치단체교부 국고지출금은 단체 간 중복을 제외한 것임.
3) A는 환부금, 교부금, 분여세, 보조금을 합한 것임.
4) 환부금, 교부금, 분여세, 보조금의 비중을 합하면 100이 되도록 구성비를 구한 것임.
자료: 차병권(1984), p. 246에서 작성.

에서 최대 87%까지 이르고 있다.[26)]

지방재정의 전개에서 지방재정조정제도[27)]에 대한 새로운 인식과 제도적 개혁이 이루어진 것은 1959년이었는데,[28)] 그 이전에는 국고지출금 총액

26) 보조금의 비중이 이처럼 높은 데에는 국고보조금 속에 의무교육부담금이 포함되어 있었기 때문이기도 하다. 1952년부터 교육자치제가 실시되었으나 의무교육관계보조금은 도일반회계를 통하여 교육비특별회계에 전출되는 형식을 취하였다.

27) 중앙정부는 국세나 기타 방법으로 확보한 재정 가운데 일정 부분을 지방정부에 여러 가지 방법으로 이전한다. 중앙정부가 지방재정에 이양하는 방법을 총칭하여 지방재정조정제도라고 한다. 이 지방재정조정제도는 세수기반이 취약한 지방재정을 보완하고, 또 지방자치단체 간 재정능력의 형평성을 제고하기 위한 수단으로 사용된다. 일반적으로 오늘날의 대표적인 지방재정조정제도에는 지방교부세, 지방양여금, 국고보조금이 있다.

28) 한국에서 지방교부세제도는 1951년 임시지방분여세법에서 출발하였는데, 1952년에 지방분여세법이 제정되었다. 그 후 1958년에 지방재정교부금법이 제정되어 1959년부터 시행되면서 종래의 지방분여세제도는 폐지되었다. 그러다 5 · 16 이후 지방재정교부금법이 폐지되고 1961년 12월 31일 지방교부세법이 제정되어 1962년부터 시행되었다. 손희준 외(2002), pp. 251~261.

에서 차지하는 국고보조금의 비중은 계속 상승된 반면, 환부금이나 분여세의 상대적 비중은 계속 저하되었다. 1951~1958년 기간 중 국고지출금에서 보조금의 비중은 48%에서 83% 수준으로 높아졌고, 환부금의 비중은 32%에서 11%로, 분여세는 9%에서 5%대로 각각 저하되었다.

이와 같이 1950년대를 통해 국고지출금은 주로 보조금의 형태로 이루어졌고, 이것은 중앙정부가 지방정부에 대해 재정적으로 통제력을 높이는 것이었다.[29] 국고보조금에 비하여 국가사무 위임에 따른 부담금인 교부금의 비중이 낮아지고 이에 더하여 재정조정의 목적보다 재정보전의 기능을 수행하였던 환부금의 상대적 비중이 높았던 것도, 1950년대 지방자치단체 교부 국고지출금은 지방자치단체의 세입결함을 보전하는 한편 지방자치단체로 하여금 중앙의 시책방향에 따른 획일적인 행정수준을 확보하려는 데 중점을 두었던 것을 알 수 있다.[30]

그러다 지방재정조정제도 개편이 있었던 1959년도에 들어와 비로소 국고보조금의 상대적 비중이 70%대로 저하되고, 분여세는 20%를 차지하게 되었다. 지방재정조정제도 가운데 대표적인 것이 지방교부세[31]인데, 이 지방교부세가 내국세에서 차지하는 비중의 추이를 보면 1950년대에는 3% 미

29) 1950년대 지방자치단체에 교부된 국고지출금은 환부금, 교부금, 지방분여세(재정조정교부금), 재정보조금, 국고보조금으로 구성된다. 환부금과 지방분여세 및 재정보조금은 그 사용도가 지정되어 있지 않은 일반 또는 포괄적 보조금이었으며, 국고보조금은 그 사용도가 특정 사업과 결부되어 있는 특정보조금이었다.

30) 차병권(1984), pp. 246~247 참조.

31) 국고보조금제는 국가적 이해관계를 지니는 사업을 중심으로 재정의 자원배분기능과 부분적인 분배기능을 하는 반면, 지방교부세는 재정의 수직적 · 수평적 불균등을 시정하는 형평화 기능을 주로 담당한다. 국고보조금은 사업목적이나 보조금의 사용용도에 대하여 분명한 정의와 각종 수행조건이 부수되는 데 비해 지방교부세는 사용용도 및 과정에 조건이 붙지 않아 지방자치단체의 자율성을 증진시키는 장점이 있다. 지방양여금은 국고보조금과 지방교부세의 중간적 성격을 지닌다. 일정한 양여요건을 지니는 지방자치단체에 대하여 일정 공식에 따라 양여금이 배분되는 것과 또한 지방자치단체의 자율성이 어느 정도 보장된다는 측면에서 지방교부세와 유사하지만, 포괄적인 범위에서 양여금의 사용용도가 지정되는 것과 양여금 대상사업의 범위, 조건 등이 규정되는 측면에서는 국고보조금적 특성을 지닌다. 그리고 조정교부금은 서울특별시 · 직할시의 본청과 자치구 간의 재정형평화 기능을 주로 담당하고 있다. 한국지방재정공제회(1992), p. 81.

만의 미미한 비중을 차지하다가 1959년부터 8%선을 넘어서고 있음을 알 수 있다. 즉, 1950년대 후반이 되어서야 비로소 지방교부세가 큰 비중으로 등장하고 있는 것이다. 이러한 교부금이 지방재정 전체에서 차지하는 비중이 10%선을 넘어서게 되는 것도 1959년부터이다.[32]

3. 세입 및 세출

(1) 세입

지방재정 전체의 세입을 재원별로 정리한 것이 〈표 7-15〉이다. 지방세와 세외수입은 자체수입이며, 지방교부세와 보조금은 의존수입이다. 1951년에 40%였던 의존수입 비중은 1953년에 50%를 넘어서고 1955년부터는 60%를 상회하기에 이른다. 1950년대를 통해 지속적으로 증가한 의존수입 비중은 1960년에는 66.7%까지 이르고 있다.

지방재정의 중앙재정 의존에 관해서는 앞에서도 살펴본 바 있는데, 특히 지방세의 비중이 계속 감소한 것은 지방재정 수요의 증가에도 불구하고 지방세원의 확충이 따라 주지 못하였음을 보여 준다. 지방세의 비중은 1950년대를 통해 세외수입보다도 항상 적었다.

(2) 세출

일반회계 세출결산액을 주요 항목별로 정리한 것이 〈표 7-16〉이다. 압도적인 비중을 차지하였던 지출항목은 일반행정비와 제 지출금이었다. 일반행정비의 경우 1951년의 41.7%에서 이후 감소되어 1959년에는 세출액의 1/4

32) 특히, 1966년에 24%에 이른 교부금은 1969년에는 36%까지 급증하고 있다. 지방교부세의 비중이 증가한다는 것은 지방재정의 자율성과 안정성이 크게 신장되었다는 것을 의미한다. 그런 점에서 1960년대 중반까지도 지방재정의 자율성과 안정성은 매우 취약하였다고 할 수 있다. 이 보조금, 지방교부세 그리고 양여금은 지방채와 함께 의존수입으로 분류되었는데, 지방 자체에서 마련한 것이 아니라 외부에서 들어온 자금이라는 의미에서였다. 지방채가 의존수입으로 분류되기 시작한 것은 1996년부터이다. 그 이전에는 자체수입으로 분류되었다.

표 7-15 지방자치단체 일반회계 세입성질별 결산액

(단위: 억 원, %)

연도	합계	지방세		세외수입		지방교부세		보조금	
		금액	구성비	금액	구성비	금액	구성비	금액	구성비
1951	1.1	0.22	20	0.44	40.0	0.11	10.0	0.33	30
1952	3.44	0.61	17.7	1.32	38.4	0.41	11.9	1.1	32
1953	8	1.57	19.6	2.19	27.4	1.03	12.9	3.21	40.1
1954	29	6	20.5	6	22.1	2	7.7	15	49.8
1955	79	14	17.4	15	19	3	3.7	47	59.8
1957	85	12	14.2	22	26.1	4	4.8	47	54.8
1958	106	15	14.3	26	24.3	6	5.8	59	55.6
1959	127	21	16.4	26	20.7	26	20.3	54	42.6
1960	137	21	15.5	24	17.8	31	22.5	61	44.2

자료: 한국개발연구원(1991), p. 626.

정도를 차지하였다. 그에 반해 제 지출금은 지속적으로 증가하였는데, 1950년대 후반에는 절반을 상회하기에 이르렀다. 다음으로 높은 비중을 차지하였던 것은 공익사업비였다. 이에 비해 산업경제비와 사회복지비는 구성에서 큰 비중을 차지하지 못하였다. 특히, 산업경제비의 경우 1951년 20.8%에서 1959년에는 4.1%로 급감하기에 이르렀다.

결국 1950년대를 통해 지방재정 팽창을 주도하였던 것은, 주로 의무교육관계보조금을 주축으로 한 전충용제비의 증가와 지방자치행정 및 국가위임사무의 증가를 반영하고 있는 일반행정비 그리고 사회간접자본의 확대를 의미하는 건설(공익)사업비의 증가였다.

그러나 이와 같은 경향도 시기별로 나누어 보면 차이가 있다. 전쟁기와 전후복구기 그리고 긴축기로 구분하여 본다면, 전쟁기인 1951~1953년에는 일반행정비의 팽창이 가장 큰 것으로 나타난다. 전란기의 일반행정비 팽창은 전쟁수행을 위한 병사, 징용, 징세, 구호 등 각종 행정사무의 격증과 그

표 7-16 지방자치단체 일반회계 세출기능별 결산액

(단위: 억 원, %)

연도	합계	일반행정비		공익사업비		산업경제비		사회복지비		제 지출금	
		금액	구성비	금액	구성비	금액	구성비	금액	구성비	금액	구성비
1951	0.96	0.4	41.7	0.05	5.1	0.2	20.8	0.03	3.1	0.32	33.3
1952	3.21	1.4	43.6	0.3	9.3	0.2	6.2	0.1	3.1	1.2	37.4
1953	7.46	2.6	34.9	0.6	8	0.9	12.1	0.3	4	3.1	41.6
1954	25.31	7.46	29.5	2.51	9.9	2.84	11.2	0.93	3.7	11.57	45.7
1955	74	22	28.9	9	12.5	5	6.2	2	3	37	49.4
1957	83	26	31.7	10	12.2	6	7.3	2	2.4	38	46.4
1958	100	27	27	13	13	8	8	3	3	49	49.0
1959	121	30	24.8	12	9.9	5	4.1	4	3.3	70	57.9
1960	132	38	28.8	11	8.4	6	4.5	6	4.5	71	53.8

자료: 한국개발연구원(1991), p. 628.

에 수반한 지방공무원의 증원에 원인이 있으며, 산업경제비의 팽창은 농산물증산, 한해(旱害)대책, 피폐한 농촌대책 등 긴급한 제 사업의 확충에 따른 농업관계비의 증대 때문이었다.

전후재건기 및 긴축기에는 제 지출금의 비중이 가장 높았다. 그 다음이 일반행정비, 공익사업비 순으로 나타나고 있다. 일반적으로 전후재건기에는 전재복구사업과 관련한 지방건설사업비가 크게 증가하는데, 공익사업비 비중의 증가가 그것을 반영하고 있다. 그리고 제 지출금의 높은 구성은 의무교육관계보조금을 비롯한 지방분여세 등 이전적 지출의 규모가 비약적으로 증대하였기 때문이다.

재건기에 이어 1957년 이후에도 제 지출금의 비중은 여전히 높았는데, 재건기와 차이가 있는 것은 의무교육관계보조금을 포함한 각종 보조금의 팽창 때문이라기보다는 교부재원인 지방분여세의 증가율이 재건기보다 상승한 데 있었다.[33)]

이상에서 보듯이 1950년대 지방자치단체의 세출은 일반행정비와 기타 지출이 주류를 이루고 있었다. 공익사업비와 사회복지비 그리고 산업경제비는 비중도 적었고 매우 불규칙한 구성을 보였다. 산업경제비의 경우 1951년에는 21%의 구성을 차지하였지만, 전쟁기간 동안에 급격히 비중이 낮아졌다가 이후 전후복구기에도 거의 회복되지 못하고 있다. 공익사업비의 경우 전쟁발발 이후 다소 비중을 높여 갔는데, 전재로 인한 사회간접자본에 대한 지출이 이루어졌기 때문이다. 사회복지비는 이 시기 거의 미미한 수준에 있었는데, 전쟁의 영향과는 상관없이 일정한 비중을 유지하였다.

V. 부산 재정비중의 하락: 실제와 통계의 불일치

1. 부산 재정의 비중

부산 재정의 규모와 비중에 관한 자료를 정리한 것이 〈표 7-17〉이다. 이것을 토대로 부산 재정의 비중추이를 나타낸 것이 〈그림 7-2〉이다. 부산/중앙 및 부산/(중앙+지방) 재정의 비중추이는 〈그림 7-1〉에서 살펴본 지방/중앙 및 지방/(지방+중앙) 재정의 비중추이와 약하지만 경향을 같이 하고 있다. 전후복구기에 증가하였다가 침체기에 들면서 줄어들고 있다.

그렇지만 부산/지방 재정의 비중추이를 보면 매우 특징적인 사실을 발견할 수 있다. 1950년대를 통해 계속 하락하고 있는 것이다. 1951년에 전체 지방재정에서 5%선이었던 부산 재정의 비중은 1958년에는 2% 밑으로 떨어지고 있다. 그러다 1962년부터 상승하기 시작하여 1969년에는 7%에 육박

33) 차병권(1984), p. 113.

표 7-17 전국, 지방 및 부산 재정의 규모와 비중

(단위: 억 원, %)

연도	중앙재정	지방재정	중앙+지방	부산재정	부산/지방	부산/중앙	부산/(중앙+지방)
1951	6	1.1	7.1	0.05	4.99	0.91	0.77
1952	22	3.44	25.44	0.14	4.19	0.66	0.57
1953	32	8	40	0.30	3.79	0.95	0.76
1954	67	29	96	0.80	2.76	1.19	0.83
1955	140	79	219	1.94	2.45	1.38	0.88
1957	146	85	231	1.74	2.04	1.19	0.75
1958	280	106	386	1.90	1.79	0.68	0.49
1959	319	127	446	2.80	2.21	0.88	0.63
1960	370	137	507	2.89	2.11	0.78	0.57
1961	520	161	681	3.40	2.11	0.65	0.50
1962	756	118	874	4.93	4.18	0.65	0.56
1963	608	160	768	7.28	4.55	1.20	0.95
1964	632	180	812	8.00	4.44	1.27	0.98
1965	844	233	1,077	12.06	5.17	1.43	1.12
1966	1,314	347	1,661	20.27	5.84	1.54	1.22
1967	1,789	464	2,253	28.96	6.24	1.62	1.29
1968	2,513	663	3,176	42.36	6.39	1.69	1.33
1969	3,289	1,027	4,316	69.47	6.76	2.11	1.61

주: 1) 일반회계 세입결산기준.
2) 1962년 이후는 순계규모.
3) 억 원으로 단위를 통일함.

자료: 1) 중앙 및 지방재정은 한국개발연구원(1991), pp. 626, 666에서 작성.
2) 부산 재정은 부산시(1970)에서 작성.

하고 있다.

이러한 지방재정 대비 부산 재정의 비중 하락은 일반적 예상과 일치하지 않는다. 사실 한국전쟁에서 유일하게 직접적 전장(戰場)이 아니었던 부산은 산업시설의 피해도 가장 적었다. 생산시설의 유지로 인해 다른 지역

에 비해 경제적 기반이 나았던 부산은, 특히 한국전쟁기 동안 부산항을 통한 물자의 유입에 힘입어 높은 가동률을 보였다.[34] 더구나 전쟁기에는 임시수도였고 또 경남의 도청소재지였다.

따라서 위에서 나타나는 지방재정에서 차지하는 부산 재정비중의 하락은 광역재정주체가 되지 못하였던 행정단위의 문제를 반영하는 것으로 이해된다. 앞의 〈표 7-13〉에서 보았듯이 1950년대를 통해 시 · 읍 · 면의 재정비중은 전체 지방재정에서 계속 낮아졌다. 결국 시단위에 속하는 부산도 이러한 일반적 경향에서 예외가 아니었던 것이다. 물론 당시 경남의 재정 가운데 많은 몫이 실제로는 부산에서 집행되었을 것이다. 그렇지만 그것은 부산이 아닌 경남의 통계 속에 잡히게 되고 또 국세 중심의 세제로 인해 지역경제의 기반이 그대로 지방재정으로 연결되지 못하였던 것이다.

부산의 재정이 지방재정에서 차지하는 비중이 지속적으로 낮아졌던 것은 국세 중심의 세제로 인해 부산의 경제여건이 부산의 재정으로 연결되지 못한 것도 있지만 그와 함께 정부로부터 받는 의존재원도 많지 않았기 때문이었다. 이것을 〈표 7-18〉에서 확인해 보기로 한다. 〈표 7-18〉은 부산의 재정을 중앙재정 및 경남도 재정과의 관계에서 파악해 본 것이다. A는 부산 일반회계 세출결산액이며, B는 중앙정부가 지방정부에 준 교부금이다. C는 부산이 받은 교부금 액수이며, D는 부산이 받은 보조금 액수이다. 교부금에는 지방재정조정교부금, 지방교부세, 지방교부금, 지방분여세, 분여금 등으로 된 것을 모두 합한 것이며, 이것은 중앙정부로부터 부산이 직접 받은 것을 의미한다. 도교부금은 부산시가 경남도로부터 받은 것으로 부산시가 직할시가 되는 1963년부터 없어지게 된다.

부산시의 일반회계 세입에서 교부금이 차지하는 비중은 25%를 차지한 1951년을 예외로 하면 1950년대를 통해 15% 이하에 머물러 있었다. 전쟁기

34) 배석만(2000); 박영구(2005) 참조.

그림 7-2 부산 재정의 비중추이

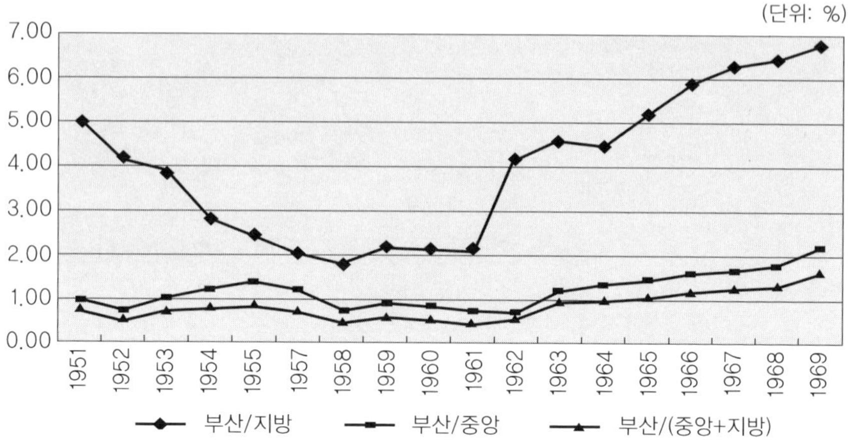

와 휴전 직후의 부흥에도 불구하고 교부금의 비율은 별로 높아지지 않았다. 그러다 1962년 경제개발이 시작되면서 교부금 비중은 거의 형편없는 비중으로 줄어들고 있다. 한편, 중앙정부의 교부금 재원에서 부산이 받은 교부금의 비율은 1951년의 일시적인 높은 비중을 제외하면 계속 낮은 수준에서 그것도 지속적으로 낮아지는 추이를 보여 왔다.

부산의 일반회계 세입에서 보조금이 차지하는 비중은 전쟁기와 휴전 직후까지도 거의 미미하였다. 이후 전후부흥기에 해당하는 1955년부터 늘어나기 시작하여 1962년에는 27%까지 늘어나는데, 그러다 경제개발계획과 더불어 거의 사라지고 있다. 보조금의 경우 부흥기에 부산 재정의 주요 보완수단으로 등장하였다가 곧 역할을 잃어버리고 있다.[35]

35) 한편, 보조금과 교부금을 합한 의존수입이 부산의 재정에서 차지하는 비중은 1951년의 경우 26%에 이르렀다가, 이후 전쟁기간 동안 그 비중은 오히려 낮아지고 있다. 그러다 전후부흥기에

표 7-18 일반회계 세입결산기준 교부금 및 보조금 추이

(단위: 백만 원, %)

연도	부산 일반 회계	중앙 정부 교부금 재원	부산 교부금			부산 보조금	부산 교부금 합계/일반 회계	부산 보조금/일반 회계	(부산 교부금+보조금)/일반회계	부산 교부금 합계/중앙 정부 교부금 재원
			합계	도교부금	중앙정부 교부금					
	A	B	C	D	E	F	C/A	F/A	(C+F)/A	C/B
1951	5.49	6	1.40	1.28	0.12	0.04	25.49	0.73	26.22	23.31
1952	14.41	26	2.04	1.79	0.25	0.39	14.15	2.72	16.87	7.84
1953	30.34	56	3.85	3.75	0.10	1.28	12.67	4.21	16.88	6.87
1954	79.92	124	5.72	5.39	0.33	2.44	7.15	3.05	10.20	4.61
1955	193.69	155	8.00	8.00	0.00	18.88	4.13	9.75	13.88	5.16
1957	173.51	200	17.60	17.60	0.00	23.88	10.14	13.76	23.90	8.80
1958	190.17	300	17.33	16.93	0.40	16.25	9.11	8.54	17.66	5.78
1959	280.09	1,500	45.13	21.97	23.16	39.65	16.11	14.16	30.27	3.01
1960	288.71	1,800	45.89	30.02	15.86	35.27	15.89	12.22	28.11	2.55
1961	339.80	1,700	44.56	28.12	16.44	71.55	13.11	21.06	34.17	2.62
1962	493.50	1,500	38.31	16.64	21.67	134.89	7.76	27.33	35.10	2.55
1963	727.72	2,100	1.34		1.34	116.91	0.18	16.07	16.25	0.06
1964	799.70	2,200	0.00		0.00	44.82	0.00	5.60	5.60	0.00
1965	1,206.69	2,800	2.26		2.26	115.42	0.19	9.56	9.75	0.08
1966	2,026.69	8,300	102.07		102.07	107.67	5.04	5.31	10.35	1.23
1967	2,895.65	15,600	951.25		951.25	78.29	32.85	2.70	35.55	6.10
1968	4,235.58	25,100	1111.10		1111.10	90.14	26.23	2.13	28.36	4.43
1969	6,946.83	36,900	2,019.40		2,019.40	167.47	29.07	2.41	31.48	5.47

주: 일반회계 세입결산기준.
자료: 한국개발연구원(1991) 및 부산시(1970)에서 작성.

다시 높아지기 시작하여 1962년에 35%로 정점에 올랐다가 경제개발 직후 거의 없어지는 상황으로 되고 있다.

표 7-19 부산과 중앙정부 재정지수 추이(1951=100)

(단위: %)

연도	부산			전국		
	계	일반	특별	계	일반	특별
1951	100.0	100.0	100.0	100.0	100.0	100.0
1952	121.3	121.5	120.4	162.6	169.1	160.5
1953	215.7	193.0	292.3	302.9	139.0	356.2
1954	388.4	363.7	471.8	420.5	269.3	469.7
1955	631.6	582.0	799.0	534.2	441.8	564.3
1957	390.6	315.2	645.3	392.2	285.4	426.9
1958	375.6	329.6	530.8	439.5	829.3	312.8
1959	529.8	444.1	819.5	419.4	905.1	261.5
1960	549.5	455.5	867.3	461.1	917.3	312.9

주: 세출결산기준.
자료: 한국개발연구원(1991), p. 19 및 부산시(1970)에서 작성.

전체적으로 볼 때 교부금과 보조금으로 대변되는 부산의 의존수입에서 한국전쟁으로 인한 특별한 증액은 크게 없었다. 다만 전후복구기에 보조금이 약간 더 늘어나면서 부산의 세입에서 비중증가를 보인 것이 확인될 뿐이다. 결국 전쟁과 전후복구라는 상황에서도 중앙정부가 부산에 직접 재정을 더 분배하는 형태로 재정운용을 하지는 않았다.

2. 재정규모

부산의 재정통계는 1951년부터 구하는 것이 가능하다. 1950년대 부산의 재정을 2000년 GDP 디플레이터를 이용하여 실질 값으로 환산하고 1951=100으로 한 재정지수를 구한 것이 〈표 7-19〉이다. 여기서 보면 1955년까지 부산의 재정은 매년 큰 폭의 증가를 보이고 있다. 이후 1957년에 큰 폭으로 줄어든 이래 완만한 증가세를 보이고 있다.

1951년을 100으로 하였을 때 부산의 일반회계는 약 4.6배, 특별회계는 8.7배의 규모로 늘어나 특별회계의 팽창이 더 컸다. 중앙정부 재정은 같은 기간에 일반회계 쪽의 증가가 훨씬 빨랐다. 이에 비추어 볼 때, 부산의 총재정 팽창은 중앙정부에 비해 다소 빠르긴 하였지만 더 불규칙한 모습을 보였다고 할 수 있다.

3. 세입과 세출

(1) 세입

부산 재정의 세입구성을 자체재원과 의존재원으로 구분하여 정리한 것이 〈표 7-20〉이다. 오늘날 지방자치단체에서 발행하는 지방채는 의존재원으로 분류되지만 1990년대 중반까지는 세외수입으로 분류되어 자체재원으로 인식되었다.[36] 본장에서는 과거의 관행에 따라 자체재원에 포함시켜 정리하였다.

우선 눈에 띄는 것은 1950년대 부산 재정의 높은 자립성이다. 지방채가 포함되어 있긴 하지만 총재정에서 자체수입이 차지하는 비중이 80% 밑으로 내려간 적이 없다. 몇 개 연도를 제외하면 재정자립도는 일반회계에서 더 높다. 전국적으로 볼 때도 시의 재정자립도는 광역단체나 읍 · 면에 비해 높은 것이 일반적이었다. 시단체에서 일반회계 세입 가운데 지방세 비중은 1951년 21.8%, 1954년 53.1%, 1958년 40.3%, 1960년 37.2%였다.[37]

부산은 이보다 좀더 높았다. 일반회계에서 지방세의 비중은 1951년

36) 지방채는 오랫동안 세외수입에 포함되어 자체수입으로 분류되었다. 그러다 1996년 이후에는 의존수입으로 분류되고 있다. 지방채에서의 이러한 인식전환은 매우 중요한 의미를 담고 있다고 여겨진다. 지방채를 자체수입으로 본 것은 의존수입을 중앙정부와의 관계에서 중앙정부로부터 받는 것을 의존수입으로 인식한 소산으로서 지방재정의 주체성 미확립의 표현으로 이해되기 때문이다. 그러다가 지방채를 의존수입으로 분류하기 시작한 것은 지방정부의 입장에서 자체 세입으로 충당하지 아니한 것은 모두 의존수입으로 보는 인식에서 나왔다고 볼 수 있다.

37) 차병권(1984), p. 251.

표 7-20 회계별 자체수입 및 의존수입 구성비 추이

(단위: %)

연도	전체		일반회계		특별회계	
	자체수입	의존수입	자체수입	의존수입	자체수입	의존수입
1951	97.7	2.3	97.2	2.8	99.3	0.7
1952	89.8	10.2	95.5	4.5	74.8	25.2
1953	95.9	4.1	95.5	4.5	96.8	3.2
1954	94.2	5.8	96.5	3.5	87.9	12.1
1955	83.4	16.6	90.3	9.7	68.1	31.9
1957	81.7	18.3	86.2	13.8	74.9	25.1
1958	88.8	11.2	91.2	8.8	85.0	15.0
1959	84.1	15.9	77.6	22.4	95.9	4.1
1960	82.4	17.6	82.3	17.7	82.5	17.5

자료: 부산시(1970).

51.6%, 1954년 68.8%, 1958년 58.4%, 1960년 45.6%였다. 이처럼 시단체의 재정자립도가 높고 또 부산이 더 높았던 것은 그만큼 도시화가 더 진전되어 있었던 결과라고 할 수 있다.

자립도가 높은 만큼 의존수입의 비중은 높지 않았다. 의존수입의 비중은 1950년대 후반기에 크게 높아지고 있는데, 대부분의 시기에 의존수입의 비중은 20% 이하에 머물고 있다.

(2) 세출

세출의 세부항목은 대단히 복잡하다. 이것을 일반회계와 특별회계 모두 일반행정비, 공익사업비, 산업경제비, 사회복리비, 지원제비의 다섯 개의 항목으로 구분하여 정리한 것이 〈표 7-21〉이다.[38)]

38) 일반행정비는 의회비, 선거비, 사무비, 호적기류정비비, 행정비, 재정비, 징세비, 징수비, 재산비, 기본재산조성비, 병사비, 시국대책비, 교화비, 훈련비, 공보비, 통계비, 접대비 등을 포함시

회계별로 항목별 구성비를 보면 일반회계의 경우 일반행정비가 1960년까지는 지속적으로 낮아지면서도 가장 높은 구성비를 보였다. 일반행정비는 전쟁기간 동안 높은 구성비를 유지하고 있다. 1951년 65.4%였던 일반행정비는 이후 계속 낮아졌는데, 1960년에는 41.2%로 저하되었다.

그에 반해 공익사업비의 비중이 높아지고 있다. 1951년 15%였던 공익사업비의 비중은 이후 줄곧 높아져 1959년에는 36%까지 높아지기에 이르렀다. 공익사업비의 경우 토목비를 중심으로 한 도시기반시설에 쓰이는 것이라는 점을 감안하면 전후 부산시 일반회계에서 도시개발에 관한 지출이 꾸준히 증가하였음을 알 수 있다.

산업경제비는 완만한 증가세를 보이고는 있지만 1960년까지 매우 미미하였다. 부산이 산업도시로서 활발한 성장세[39]를 보이고 있었음에도 불구하고 지방자치단체 차원에서의 산업경제 지원은 크지 않았던 것이다. 사회복리비의 경우 10~20% 사이에서 변동을 하였는데, 청소비와 보건비에 대한 지출이 주요 항목이었고 소득이전적 성격을 갖는 사회복지비의 지출은 거의 없었다.

특별회계는 일반회계와는 매우 다른 특징을 보여 주고 있다. 상당한 변동은 있지만 특별회계의 대부분은 공익사업비로 지출되고 있다. 일반회계와 특별회계를 합한 총재정의 경우 1950년대 전반기에는 일반행정비의 비중이 가장 높았지만, 1954년부터는 공익사업비가 가장 큰 비중을 차지하고 있다. 이것은 물론 특별회계의 영향 때문이다.

켜 정리하였다. 공익사업비는 토목비, 건설사업안전관리비, 도시계획비, 소방비, 영선비 등이며, 산업경제비는 농업비, 임업비, 토지개량비, 축산비, 상공수산비, 상공비, 광업수산비, 수산비, 관광운수비, 농촌진흥비, 농지개량비 등이 포함되어 있다. 사회복지비는 보건비, 사회사업비, 청소비, 청소위생비 등이며, 지원제비는 계속비, 보조금, 시채비, 지방채, 전출입금, 예비비, 과년도수입 등을 포함시켜 정리하였다.

39) 박영구(2005), 제2장 참조.

표 7-21 회계별 자체수입 및 의존수입 구성비 추이

(단위: %)

연도	총재정						일반회계		
		일반행정비	공익사업비	산업경제비	사회복리비	지원제비		일반행정비	공익사업비
1951	100	53.3	31.3	0.9	12.2	2.4	100	65.4	15.0
1952	100	50.8	34.2	1.3	12.7	0.9	100	61.5	19.4
1953	100	48.6	35.7	2.0	11.2	2.6	100	53.5	24.5
1954	100	40.0	43.8	2.7	8.3	5.2	100	49.7	29.9
1955	100	30.8	44.7	4.1	10.9	9.4	100	39.1	29.8
1957	100	31.7	48.6	3.0	9.9	6.8	100	46.2	24.9
1958	100	42.8	37.1	2.6	8.6	8.8	100	45.5	26.8
1959	100	37.8	40.7	3.3	8.9	9.2	100	39.7	36.0
1960	100	41.2	41.4	2.3	8.1	6.9	100	44.8	33.4

연도	일반회계			특별회계					
	산업경제비	사회복리비	지원제비		일반행정비	공익사업비	산업경제비	사회복리비	지원제비
1951	1.2	15.7	2.7	100	12.2	86.4	0.0	0.1	1.3
1952	1.7	16.4	0.9	100	14.3	84.5	0.0	0.0	1.1
1953	2.5	16.1	3.3	100	37.4	60.6	0.8	0.1	1.1
1954	2.9	11.4	6.0	100	14.7	79.8	2.3	0.0	3.1
1955	5.2	15.3	10.6	100	10.4	81.6	1.5	0.0	6.4
1957	4.8	15.2	8.8	100	7.9	87.7	0.0	1.0	3.5
1958	3.9	12.4	11.5	100	37.3	58.7	0.0	0.8	3.2
1959	5.2	11.9	7.3	100	34.3	49.4	0.0	3.4	12.8
1960	3.6	11.1	7.1	100	34.8	55.7	0.0	3.0	6.5

자료: 부산시(1970).

Ⅵ. 맺는 말

이상에서 한국전쟁을 전후한 시기의 한국 및 부산의 재정을 살펴보았다. 분석에서 드러난 주요한 것들을 정리하고 한국전쟁이 경부성장축에 미친 영향이라는 관점에서 재정을 파악해 보기로 한다.

1. 요약 및 정리

먼저 이상의 분석을 통해 밝혀진 것을 정리하면 다음과 같다.

첫째, 중앙정부 재정에서 특징적인 것은 한국전쟁 이전부터 국방비의 비중이 높았는데, 한국전쟁 이후 그 비중은 급격히 높아졌다. 경제적 기반이 충실하지 않은 상황에서 높은 국방비 부담을 가능케 한 것은 대충자금을 중심으로 한 외국원조였다. 1950년대의 재정은 한마디로 원조에 상당부분 의존하는 구조였다.

둘째, 전시세제의 구축과정에서 지방의 기간세원이 중앙으로 넘어갔으며, 농촌에 엄청난 부담을 안긴 임시토지수득세가 1960년까지 존속하였다. 특히, 농촌단체에 더 타격을 주었던 이러한 전시세제로 인하여 재정의 중앙집중이 극도로 진행되고, 상대적으로 도시화된 기존의 공업지역에 유리한 자원배분을 가져왔다. 아울러 종전 후 전시세제가 평시세제로 넘어오는 과정에서 부족한 세원을 확충하고 자본축적을 촉진하기 위해 간접세 중심의 조세체계가 형성되었다. 경제성장을 촉진하기 위한 간접세 우위의 조세구조는 기존의 도시화된 지역에 유리한 환경을 조성하는 것이었다.

셋째, 지방재정의 동향을 검토한 결과 전후복구기에 지방재정 비중이 이례적으로 높아진 점이 주목된다. 한국전쟁 초기에 오히려 낮아지는 추세

에 있었던 지방재정 비중은 한국전쟁 이후 돌출적으로 크게 높아졌는데, 이것은 전후복구에서 지방자치단체의 역할이 중요해졌기 때문이었다. 전란과 전후복구라는 특수한 사정의 산물이었던 이러한 비중증대는 전후복구기를 거쳐 인플레이션 억제를 위한 긴축으로 전환하면서 지방재정의 비중은 다시 낮아졌고, 이러한 추세는 경제개발이 시작되는 1962년에 저점에 이르렀다. 전후복구기, 안정기에 지방재정의 비중이 크게 높아지긴 하였지만 지방의 위상이 높아진 때문은 아니었다. 이것은 전후복구가 어느 정도 끝나 가면서 다시 원래의 비중으로 낮아졌던 것에서 확인할 수 있다.

넷째, 지방재정을 단체별로 볼 때 비중에서 큰 증가가 있었던 것은 특별시와 도의 재정이었다. 그에 비해 시와 읍 · 면의 재정비중은 하락하였다. 지방재정 전체에서 국가재정 의존도는 매우 높았는데, 지방재정의 자립도는 30%를 넘지 못하였다. 이런 상황에서 광역자치단체의 재정비중이 높아졌던 것은 중앙정부가 광역자치단체를 통해 지방을 통제하는 구조를 강화해 가려는 시도의 결과였다. 이것은 이 시기 중앙정부가 지방에 주었던 재정자금이 대부분 보조금의 형태를 취하였던 것과 맥을 같이 한다.

다섯째, 1950년대를 통해 부산의 재정이 지방재정에서 차지하는 비중은 저하하였다. 이것은 직할시 승격 이전의 경우 부산이 아직 독자적인 재정주체로서의 자립이 미흡한 데서 기인하였다. 아울러 국세 중심의 조세체계도 상대적으로 산업기반의 보존이 양호하였던 부산의 재정을 직접적으로 호전시키지 못한 이유가 되었다.

2. 재정과 경부성장축

이상과 같은 특징을 갖는 한국전쟁 전후의 재정이 경부성장축에 미친 영향을 간단히 정리하기로 한다. 전국을 대상으로 지출되는 중앙재정이 지역에 대해 중립적이라 한다면 재정이 지역에 미친 영향을 평가하는 방법의 하나

표 7-22 자치단체별 인구 및 소득 비중과 가용재원 비중

(단위: %)

구분	인구 비중 (1955)	GDP 비중 (1955)	지방세 수입비중 (1954)	국고지출금 비중 (1954)	인구 비중 (1960)	GDP 비중 (1960)	지방세 수입비중 (1959)	국고지출금 비중 (1959)
서울	7.3	12.8	27.0	9.0	9.8	21.3	38.8	2.3
경기	11.0	10.5	14.9	16.1	11.0	11.1	6.7	11.7
경북	15.6	15.7	10.4	6.4	15.4	13.1	9.8	16.0
경남	17.5	17.6	19.3	13.2	16.8	15.4	19.2	15.9
소계	51.4	56.6	71.6	44.7	53.0	60.9	74.5	45.9
강원	7.0	5.8	3.6	6.9	6.6	6.3	3.1	9.0
충북	5.5	4.8	3.0	9.7	5.5	4.6	2.8	7.7
충남	10.3	8.8	5.1	11.4	10.1	8.5	8.3	10.8
전북	9.9	9.2	5.4	12.7	9.6	7.8	4.2	10.6
전남	14.5	13.9	8.7	12.5	14.2	10.8	6.4	14.1
제주	1.3	1.0	2.5	2.1	1.1	1.0	0.7	1.9
전국	100.0	100.0	100.0	100.0	100.0	100.0	100.0	100.0

자료: 차병권(1984), pp. 272, 275에서 작성.

는 지방재정을 살펴보는 것이 될 것이다.

지방재정의 근간은 앞에서 검토한 바와 같이 지방세와 국고지출금이다. 즉, 자체적으로 조달할 수 있는 세원과 중앙정부로부터 받는 국고의 합이 지방이 쓸 수 있는 재원인 것이다. 이 재원의 도별 비중을 인구 및 소득(생산) 비중과 함께 정리한 것이 〈표 7-22〉이다.

1955년과 1960년의 인구비중은 경남>경북>전남>서울>경기의 순으로 나타나고 있다. 그리고 생산비중은 1955년에는 경남>경북>전남>서울>경기의 순에서 1960년에는 서울>경남>경북>경기>전남의 순으로 서울과 경기의 비중이 높아지고 있다. 한편, 지방세수입 비중은 1954년의 경우 서울>경남>경기>경북의 순이었는데, 1959년에는 서울>경남>경

북>충남>경기의 순서를 보이고 있다. 그리고 국고지출금은 1954년에 경기>경남>전북>전남의 순서에서 1959년에는 경북>경남>전남>경기의 순서를 보이고 있다.

위와 같이 인구와 생산에서 전남을 제외하면 경부축에 있는 경남-경북-경기-서울의 비중이 50%를 넘고 있다. 생산이 우위를 보이고 있는 이 지역에서 지방세가 많은 것은 당연한데 이 지역의 합이 70%를 넘고 있다. 그런데 국고지출금에서도 서울을 제외한 3지역이 상위권을 유지하고 있다. 그리하여 서울에 거의 국고지출금이 배정되지 않은데도 불구하고 이 네 지역의 국고지출금 비중은 45%에 이르고 있다. 결국 이 시기 국고지출금은 지역 간 재정력의 격차를 시정하기보다는 오히려 확대시키는 경향이 있었다.[40] 그런 점에서 국고지원은 발달된 지역과 그렇지 못한 지역 간의 생산력 격차를 줄이기보다는 확대시키는 데 기여하는 결과를 가져왔다.[41]

다시 말하면, 기존에 더 발전되어 있었던 지역들이 더 많은 지방세를 거두었음은 물론, 중앙정부로부터도 더 많은 국고를 지원받았는데, 이것은 지방재정을 통해 기존의 개발지, 특히 경부축에 유리한 자원배분이 이루어졌다는 것을 의미한다.

한국전쟁을 거치면서 나타난 재정의 중앙집중화 강화, 전시세제 구축과정에서 만들어진 지방세원의 중앙세원화, 그리고 보조금 중심의 지방재정 보전 등의 과정에서 피해를 보았던 곳은 농촌지역이었음을 앞에서 보았다. 이것은 전쟁과 부흥과정에서 농촌지역의 자원이 재정을 매개로 도시지역으로 유출되었다는 것을 시사한다.

결론적으로 한국전쟁은 전시재정 및 이후의 재정활동을 통해 농촌단체로부터 도시단체로의 잉여 이전을 강제하면서 상대적으로 더 도시화되었던 경부 공업축에 유리한 자원배분을 가져왔다고 할 수 있을 것이다.

40) 조경준(1999), p. 324.
41) 차병권(1984), p. 275.

참고문헌

강만길, 『한국자본주의의 역사』, 역사비평사, 2000.

경제기획원, 『재정관련통계집』, 각 연도.

김대래, 「20세기 후반기 지방재정 통계정비의 문제점(1950-2000) -부산의 사례를 중심으로-」, 『산업경제연구』 제16권 제4호, 한국산업경제학회, 2003.

______, 「1950-60년대 부산의 재정」, 『경제경영연구』 제7권 제1호, 신라대학교 경제경영연구소, 2006.

김대래 · 배석만, 「귀속사업체의 탈루와 유실(1945-1949) -부산지역을 중심으로-」, 『경제사학』, 2002. 12.

김명윤, 『한국재정의 구조』, 고려대출판부, 1971.

남황우, 「한국전쟁과 정부간 재정관계」, 『지방행정연구』 제10권 제4호, 1996. 2.

내무부, 『지방세연혁집』(제1권), 1996.

내부부 지방국, 『지방재정요람』, 1967.

박영구, 『현대 부산의 제조업 1945-2000: 통계와 발전』, 부산발전연구원, 2005.

배석만, 「해방후 한국전쟁기 부산지역 공업구조의 변화」, 『항도부산』 제16호, 2000.

______, 「1950년대 부산지역 고무공업의 구조변화」, 『역사와 현실』 제44호, 2002. 6.

부산상공회의소, 『부산경제사』, 1989.

부산시, 『재정연감』, 1970, 1975.

______, 『통계연보』, 각 연도.

손희준 외, 『지방재정론』, 대영문화사, 2001.

이대근, 『한국전쟁과 1950년대의 자본축적』, 까치, 1987.

이재은, 「1950년대 한국재정의 구조적 특징」, 『한국동서경제연구』 제15집 제2권, 한국동서경제학회, 2004.

재무부, 『재정금융의 회고』, 1958.

______, 『한국세제사』, 1979.

조경준, 『한국지방재정사론』, 유풍출판사, 1999.

차병권, 『한국지방재정연구』, 서울대출판부, 1984.

표학길, 「한국경제의 장기성장분석(1911~1999)」, 『한국경제의 분석』 제6권 제2호, 한국금융연구원, 2000. 8.

한국개발연구원, 『한국재정40년사』 1~7권, 1991.

한국은행조사부, 『경제연감』, 각 연도.

한국지방재정공제회, 『지방재정개요』, 1992.

행정자치부, 『지방교부세산정해설』, 2002.

찾아보기

ㄱ

ㄹ

ㅁ

ㅂ

ㅅ

ㅇ

ㅈ

ㅍ

ㅎ

저자 소개

김대래(제7장)
현직: 신라대학교 경제학과 교수(drkim@silla.ac.kr)
전공: 한국경제사
논저: 『부산 귀속사업체 연구』
『해방직후 부산 경남지역의 공업』
「귀속사업체의 연속과 단절(1945-1960)-부산지역을 중심으로-」(공저)
「20세기 후반기 지방재정 통계정비의 문제점(1950-2000)-부산의 사례를 중심으로-」
「이주와 지배: 개항 이후 부산거주 일본인에 관한 연구(1876-1910)」

김종한(제4장)
현직: 경성대학교 경제물류학부 교수(kimjhan@ks.ac.kr)
전공: 노동경제학, 정치경제학
논저: 『대안적 발전모델: 신자유주의를 넘어서』(공저)
『지역고용전략의 쟁점과 과제』(공저)
『지역 노동시장의 쟁점과 과제』(공저)
「부산지역 고용불일치 특징과 일자리창출 정책분석」
「한국 상장기업의 산업 및 기업유형별 생산시스템 분석」

김호범(제5장)
현직: 부산대학교 경제학과 교수(hobkim@pusan.ac.kr)
전공: 한국경제사, 동아시아경제사
논저: 『사람의 역사, 경제의 역사』(공저)
「노동력 공급감소와 질적 향상이 경제성장에 미치는 효과」(공저)
「식민지기 본점은행의 설립과 해체: 부산 3행의 경우」(공저)
「20세기 주요 도시별 예대출의 통계정비와 그 변동추세 분석」
「일본의 인구학적 요인과 경제성장간의 관계에 대한 분석」(공저)

박섭(제6장)
현직: 인제대학교 국제경상학부 교수(econseop@inje.ac.kr)
전공: 동아시아경제사

논저: 『근대 동아시아 경제의 역사적 구조』(공편)
『동아시아 경제의 형성과 발전』(공편)
「근대경제에 대한 한국인의 적응: 19세기 후반부터 20세기 전반까지」
「Cooperation between business associations and the government in the Korean cotton industry, 1950-70」
「한국과 대만 경제에서의 同業者團體의 역할, 1950-1980」

박영구(제1장)
현직: 부산외국어대학교 경제학과 교수(parkyg@pufs.ac.kr)
전공: 산업경제사, 경제발전
논저: 『근대부산의 제조업, 1900-1944: 통계와 발전』
『시장의 지배자들: 열강들의 성장과 퇴보, 세계경제 200년사』(공저)
『농촌지역 노동시장과 고용기회』(공저)
『한국 중화학공업화 연구 총설』
『현대부산의 제조업, 1945-2000: 통계와 발전』
『후발공업국의 발전전략과 산업경쟁력: 19세기 독일의 경쟁력 우위 원천과 시사점』

장지용(제2장)
현직: 부산대학교 경영경제연구소 전임연구원(symomm@kornet.net)
전공: 한국경제사
논저: 『동아시아의 경제, 20세기에서 21세기로』(공저)
『사람의 역사, 경제의 역사』(공저)
『일본자본주의와 한국 · 대만-제국주의 하의 경제변동』(공역)
「한국 공업화 과정에서 농촌의 역할: 도시가구와 농촌가구의 소득과 지출을 중심으로」(공저)

정이근(제3장)
현직: 동아대학교 강사(jung2gun@hanmail.net)
전공: 경제사, 정치경제학
논저: 『역사유물론과 자본주의』
『자본주의의 기원』(역서)
「갑오농민전쟁의 사회경제적 배경」
「4대 도시의 제조업 이윤율 비교, 1970~2000」(공저)

한국전쟁과 부산경제: 경부성장축의 강화

2010년 4월 26일 초판1쇄 인쇄
2010년 5월 3일 초판1쇄 발행

저 자 김대래 · 정이근 편
발행인 노현철
발행처 도서출판 해남
서울특별시 서대문구 충정로 3가 227-1 우리타워 6F
전화 739-4822 팩스 720-4823
e-mail haenam30@dreamwiz.com
homepage www.hpub.co.kr
등록 1995. 5. 10 제 1-1885호

정 가 22,000원

ISBN 978-89-6238-019-4 93320

이 저서는 2004년도 정부재원(교육인적자원부 학술연구조성사업비)으로
한국연구재단의 지원을 받아 연구되었음
(KRF-2004-042-B00026)